PRAKTISCHE INFOS

ANHANG

MAGISCHE MOMENTE

ÜBERRASCHENDES

D
DAS IST ...

Hongkong

Die fünf großen Themen rund
um den »Weihrauchhafen«.
Lassen Sie sich inspirieren!

Über den Yachthafen von Admiralty geht der Blick auf das glitzernde Hong Kong Central. ►

BAEDEKER

H

HONGKONG

Macau

»

Kein anderer Ort hat diese Mischung aus Ost und West, alt und modern, spektakulär und alltäglich.

«

Chris Patten

baedeker.com

DAS IST HONGKONG ...

TOUREN

SYMBOLE

Baedeker Wissen
● Special, Infografik, 3D

Baedeker-Sterneziele
★★ Top-Sehenswürdigkeit
★ Herausragende Sehenswürdigkeit

SEHENSWERTES IN HONGKONG

SEHENSWERTES IN MACAU

HINTERGRUND

ERLEBEN & GENIESSEN

PREISKATEGORIEN FÜR HONGKONG

Restaurants
Ein Abendessen pro Person ohne Getränke und ohne teure Spezialitäten

€€€€	über 400 HK-$
€€€	260–400 HK-$
€€	160–260 HK-$
€	unter 160 HK-$

Hotels
Für ein DZ bei Internetbuchung in der Nebensaison (inkl. 10 % »Servicegebühr«)

€€€€	über 3500 HK-$
€€€	1750–3500 HK-$
€€	1000–1750 HK-$
€	bis 1000 HK-$

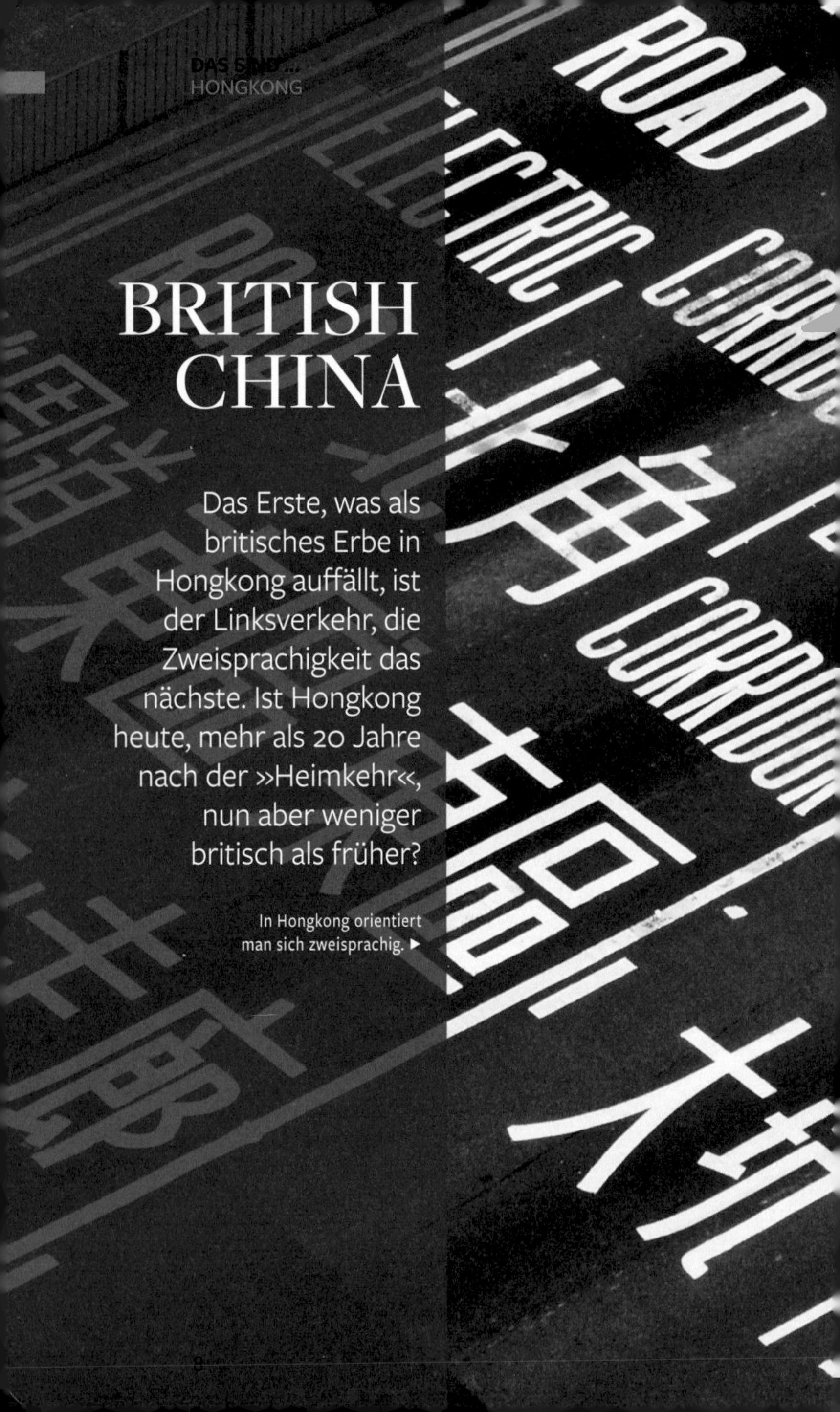

BRITISH CHINA

Das Erste, was als britisches Erbe in Hongkong auffällt, ist der Linksverkehr, die Zweisprachigkeit das nächste. Ist Hongkong heute, mehr als 20 Jahre nach der »Heimkehr«, nun aber weniger britisch als früher?

In Hongkong orientiert man sich zweisprachig. ▸

ISLAND
ISLAND
BAY

DIE Hongkonger werden sagen: Ja, natürlich. Manche bringen es sofort auf den Punkt: erst britische Kolonie, jetzt chinesische. Aber mal ehrlich: Was hat sich geändert – außer dem Kopf an der Spitze? Demokratisch war Hongkong nie, von einer sehr kurzen Phase unter dem letzten britischen Gouverneur abgesehen. Für Besucher ist das ohnehin irrelevant. Die Frage bleibt: Begegnet einem hier nun mehr China oder mehr Vereinigtes Königreich?

Hongkong ist kantonesisch

Die Antwort ist eindeutig, aber vielleicht nicht so, wie man es erwartet: Hongkong ist ganz klar mehr China als Britannien – aber es ist chinesisch in einem sehr eigenen Sinn, denn sehr zum Ärger chinesischer Nationalisten bleibt es in allererster Linie, was es immer war: kantonesisch. Man bemerkt es, wenn man den dreisprachigen Durchsagen in der U-Bahn und in manchen Bussen lauscht: Nicht Hochchinesisch (Mandarin) kommt da als Erstes und auch nicht Englisch, sondern Kantonesisch. Für knapp 90 Prozent aller Hongkonger ist es die Muttersprache, unverständlich für Nichtkantonesen. Auch **die kulturelle Identität ist regional geprägt.** Hier ist das in China unterdrückte religiöse Brauchtum stets lebendig geblieben, hier orientiert man sich traditionell mehr nach Übersee als nach Peking, reist visumfrei nach Europa und ist stolz auf alle Freiheiten.

Gottesdienst im Hochhaus

Was geblieben ist vom Kolonialerbe sind zum einen die Kirchen und kirchlichen Institutionen. Viele davon gehen allerdings auf amerikanische Initiativen zurück. Besonders die **Baptisten** sind daher stark vertreten. Kirchengebäude gibt es nicht viele – viel weniger als in Macau –, dafür finden sich kirchliche Räume, hongkongtypisch oft in Hochhäusern, kenntlich nur an Aufschriften an der Fassade.

Viele Institutionen verweisen mit ihrem Namen auf die koloniale Vergangenheit, ob Queen Mary Hospital oder Queen Elizabeth Stadium. Das gesamte

GESCHICHTE HINTER GITTERN

Tai Kwun: So heißt sie jetzt, die frühere Central Police Station mit angeschlossenem Gerichtsgebäude und Gefängnis. Nach endlos scheinenden Diskussionen und politischem Hin und Her um die zukünftige Nutzung erleben Sie hier seit 2018 ein echtes Stück Hongkonger Kolonialzeit – eine kluge Mischung aus Museum (zur Baugeschichte und Nutzung) über Gastronomie bis zur modernen Kunstgalerie – und Sie können im Schatten hoher Bäume auch einfach mal rasten (▶ S. 62).

Das ehemalige Zentralgefängnis, heute Tai Kwun Prison, ist noch ein echtes Stück Kolonialzeit.

Gesundheitswesen folgt britischem Vorbild. Straßen wie Prince Edward Road, Queen's Road (nach Königin Victoria), Des Voeux Road, Robinson Road oder Nathan Road (nach Gouverneuren) und viele weitere heißen heute noch wie ehedem.

Wetten für den guten Zweck

Den handgreiflichsten und schon finanziell gewaltigsten Einfluss auf die Hongkonger Kultur hatte allerdings die Institution des **Pferderennens**. Der Jockey Club unternimmt dank der enormen Einnahmen durch das Wettgeschäft vieles, das der ganzen Stadt zugute kommt, und auch diese Form von Gemeinsinn ist sehr britisch. Das neueste und architektonisch spektakulärste Beispiel dafür ist der von Zaha Hadid entworfene Jockey Club Innovation Tower, das Designzentrum der Polytechnic University.

Apropos Architektur: Anders als im traditionsbewussten England galt bauliches Erbe hier seit je als hinderlich, das Denkmalschutzamt hatte eine Alibifunktion. Viel hat sich daran bis heute nicht geändert. Die Folge: **Originalbauten aus der Kolonialzeit sind weitestgehend verschwunden,** nicht eine einzige Häuserzeile blieb aus der Ära vor Erfindung der Klimatisierung vollständig erhalten. Das größte Ensemble, das noch steht, ist ausgerechnet die einstige zentrale Polizeiwache.

TEE-HAUS KULINA-RISCH

Sie ahnen es schon: In Hongkong speist man anders als beim Chinesen zu Hause. So gut der auch sein mag – hier bewegen Sie sich kulinarisch in einem anderen Umfeld: dem der kantonesischen Teekultur

Lassen Sie sich im kantonesischen Teehaus von Dimsums »ins Hert« treffen. ►

JEDENFALLS machen die Hongkonger (und ihre Landsleute aus der Provinz jenseits der Grenze) ihre typischen Speisevorlieben nominell am Tee fest. Wenn sie sagen: »Wir gehen Tee trinken«, dann meinen sie damit »Wir gehen essen.« Auf Kantonesisch lautet das Schlagwort **»Yam cha!«**. Entsprechend fungiert das typische kantonesische Restaurant zugleich als Teehaus.

Tee ist Nebensache

Niemand trinkt hier nur Tee, aber Tee immer als Erste auf den Tisch, für gewöhnlich in einer weißen Porzellankanne. Getrunken wird aus henkellosen Bechern. Manchmal steht noch eine Kanne mit heißem Wasser bereit für den zweiten oder dritten Aufguss. In besseren Häusern wird vorher gefragt, was für einen Tee man möchte.

Tee trinkend wendet man sich dann der Speisekarte zu, und zwar einer speziellen: die für den kulinarischen Hauptteil der Teekultur, bekannt unter dem Namen **»dimsum«**. Das ist bitte englisch auszusprechen – »dimßam« – und bedeutet **»Herztreffer«.** Gemeint sind zwei bis drei Dutzend Leckereien, vielfach aus dem Dämpfkorb: mit Garnelen gefüllte Reismehlteigtäschchen, Rippchen in Schwarzbohnensoße, Wasserkastanienkuchen, Hefeteigklöße mit geröstetem Schweinefleisch darin oder, eine Anregung aus Portugal, Eiertörtchen. Dass das ganze Spektrum auf Büfettwagen verladen, von Frauen durch die Gänge geschoben und dabei ausgerufen wird, ist heute immer seltener der Fall. Meist wird das Gewünschte auf einem Zettel angekreuzt. Dann kommt alles frisch aus der Küche.

Der Tee wird ungefragt nachgegossen. Wer eingeschenkt bekommt, bedankt sich mit einem kurzen Fingerklopfen auf den Tisch. Wer keinen Tee mehr möchte, lässt den letzten vollen Becher stehen. Muss neu aufgegossen werden, legt man den Deckel der Kanne auf den Henkel.

Eine gesellige Angelegenheit

Das typische Teehaus-Restaurant ist kein Ort für ein trauliches Tête-à-Tête. Viele sind groß, manche gehen über mehrere Stockwerke. Die Gäste unterhalten sich mehr oder minder lautstark, denn typischerweise schart man sich in Grüppchen von vier bis sechs um einen der runden Tische.»Tee trinken« – also Dimsum essen – gehen Kantonesen **traditionell nur zum Frühstück und mittags,** eventuell auch noch am Nachmittag, jedenfalls nicht am Abend. Die Teehäuser sind natürlich auch zum Dinner geöffnet, aber dann werden keine Dimsum serviert, sondern »richtige« Gerichte, auch sie gern zum Tee.

Der **Kulturwandel** macht jedoch auch vor den Dimsum nicht Halt. Neuerdings gibt es tatsächlich Lokale, die sie noch am Abend auf den Tisch bringen. Aber warum auch nicht, lecker, wie sie sind? Nur eine Regel bleibt: Zu den Dimsum gehört Tee. Bier zum Dimsum geht nun wirklich nicht.

BAEDEKER DAS IST ...

MEHR TEEHAUS GEHT NICHT

Für das authentische Teekultur-Erlebnis gibt es keinen besseren Ort als das Luk Yu Tea House. Das Traditionslokal ist so etwas wie das Hongkong-Teehaus schlechthin, denn es geht über vier Etagen, öffnet schon zum Frühstück und serviert das ganze Spektrum der Dimsum-Klassiker. Dazu kommt als Mehrwert das Ambiente dieser bald 90-jährigen Adresse – eine Institution, deren betagte Kellner sich das mitunter auch anmerken lassen!
(24–26 Stanley St., MTR-Station Central)

FILM UND MYTHOS

Chinesische Pokerfaces, Mafiabosse, die vor keiner Grausamkeit zurückschrecken, eine Stadt aus Dschunken: Hongkong bot die ideale Vorlage für Filmexotik. Aber das ist nicht einmal die halbe Wahrheit.

Ihren Idolen ganz nah kommen Filmfans auf der Avenue of Stars. Der eigentliche Star aber ist das Hafenpanorama. ►

HONGKONG als Ort lauernder Gefahren und einer verstörend faszinierenden Fremdartigkeit, als Heimat skrupelloser Gangstersyndikate, in die ein Außenstehender nie eindringen wird – offenbar war die Stadt irgendwie prädestiniert für einen derartigen Leinwandmythos, den Hollywood profitabel verbreitete. So führte die Suche nach dem »Mann mit dem goldenen Colt« **James Bond** ins Luxushotel Peninsula (selbst schon ein Mythos) und in die Girliebar Bottoms-up (die es wirklich gab und die dann mit dem Bond-Mythos warb), und Jean-Claude van Damme sah sich in »Geballte Ladung« von Triaden, Hongkongs Mafia, verfolgt, denen er mit einer Flucht über die Dschunkenstadt von Aberdeen dann doch ein Schnippchen schlug.

Mit der Wirklichkeit hat dieses **Hongkong aus der Traumfabrik** wenig bis nichts zu tun. Die Triaden gibt es zwar wirklich – zumindest gab es sie, und noch lange, nachdem ihre goldene Zeit zu Ende gegangen war, regten sie noch die Fantasie von Autoren und Reportern an. Auch die Zeit der Korruption (die den Triaden Spielräume verschaffte) ist längst dahin. Die Stadt ist sicher wie wenige Metropolen und bestand auch früher weniger aus kriminellen Machenschaften denn aus harmlosem, biederem Alltag mit viel Arbeitsschweiß.

Goldene Zeiten für Hongkonger Geschichten

Aber auch Hongkong schuf sich seine Mythen vom **Kampf der Guten gegen die Bösen**. Darin ging es nicht um goldene Schießeisen, sondern um Kungfu, traditionelle waffenlose Kampfkunst, aber auch um die Handhabung altchinesischer Nahkampfwaffen. Beides erforderte perfekte Körperbeherrschung. Für diese Art des Kinomythos steht ein

Bruce Lee kennt jedes Kind, auch hoch oben auf dem International Conference Center.

Name ikonenhaft ganz oben: **Bruce Lee** (▶ Interessante Menschen). Der 1973 unter mysteriösen Umständen Verstorbene wurde zum Vorbild für viele andere. Er begründete **die große Zeit der Hongkonger Kungfufilme,** den Exportschlagern der Siebziger.
Damit wären wir bei Hongkongs Filmindustrie. In ihren besten Tagen war sie die drittgrößte weltweit. Unvergessen sind die Shaw Studios des Magnaten **Run Run Shaw** (▶ Interessante Menschen), später kam Golden Harvest dazu. Das Erfolgsgeheimnis der einheimishen Filme gründete aber nicht in dem viel zu kleinen Hongkonger Markt, sondern rührte vom großen chinesischen Markt außerhalb von Festlandchina her: vom chinesischen oder chinesischstämmigen Publikum in Taiwan, Südostasien, Kalifornien.

Und heute?

Die große Glanzzeit der 1980er und frühen 1990er ist nun vorbei, die Riesenstudios von einst sind abgerissen oder verfallen. Heute drehen die Hongkonger Filmleute meist Gemeinschaftsproduktionen mit dem Festland, aber die lokale Filmindustrie bringt pro Jahr immer noch vier bis fünf Dutzend Filme auf den Markt. Die Hongkonger Stars profitieren jetzt vor allem von ihrer Popularität auf dem Festland. Einige wurden auch außerhalb des chinesischen Kulturkreises bekannt, allen voran **Jackie Chan,** nach Bruce Lee wohl der Einzige, der es zu echtem internationalem Ruhm brachte.

FILMGESCHICHTE AUF FÜNF STOCKWERKEN

Mal ehrlich: Wer ist der Topstar auf der Avenue of Stars? Einer von den vielen, die in Ostasien ihre Fans haben, aber woanders nur ein Schulterzucken hervorrufen? Wir meinen: Das Hafenpanorama schlägt sie alle. Cineasten gehen besser in die Film Archives (50 Lei King Rd, Aldrich Bay), wo historische Filme laufen und Ausstellungen über Hongkongs Filmkunst informieren. Übrigens: James Bond & Co. kommen auf der Avenue of Stars nicht vor. Der Mythos vom Mafianest findet in Hongkong keine Anhänger – zu Recht.

COUNTRY-PARKS UND LAVA-SÄULEN

Bunte Schmetterlinge und exotische Blütenpracht, menschenleere Feuchtgebiete, 308 km Wanderpfade, einsame Strände: Hongkongs grüne Seiten bieten frische Luft, Bewegungsfreiheit und jede Menge Überraschungen.

◄ Nicht ganz 6 km lang ist der Ngong Ping 360 Rescue Trail im Countrypark von Lantau Island.

KLAR, meistens reicht die Zeit nicht. Wer bleibt in Hongkong schon eine Woche oder gar zwei? Aber angenommen, Sie wollen doch noch einen Tag dranhängen oder kommen noch ein zweites Mal, dann könnten Sie einen Tag – oder auch zwei – für das ganz andere Hongkongerlebnis reservieren. Aber schon beginnt damit auch die Qual der Wahl. Angenommen, die Stadt hätte nur ein einziges Naturschutzgebiet, wüsste man ja, wohin gehen. Aber weit gefehlt! **Hongkong hat rund 260 Inseln,** darunter drei größere und wenige kleinere, die zugleich bewohnt und autofrei sind – besiedelt mit alten Fischerdörfern, gut mit Fähren angebunden und allesamt schön für einen Tagesausflug inklusive einer kleinen Wanderung und vielleicht einem Bad im Meer. Andere Inseln können Sie per Sampan erreichen, das lohnt sich besonders im Insellabyrinth vor Sai Kung.

Und dann gibt es da die 24 so genannten **Country Parks.** Das sind von menschlicher Bebauung frei gehaltene Gebiete, die ursprünglich Hongkongs Wasserversorgung sicherten und heute wegen ihres Freizeitwerts geschätzt werden. Sie machen rund 40 Prozent von Hongkongs gesamter Landfläche aus, angesichts der notorischen Landknappheit im Sonderverwaltungsgebiet ein geradezu phänomenaler Anteil. Vier Hauptwanderwege erschließen die meisten von ihnen. Der längste, der **MacLehose Trail,** windet sich auf 100 Kilometern von Ost nach West durch die New Territories.

Wo die Zugvögel rasten

Zwar gibt es schon lange keinen Urwald mehr, und viele Hänge sind nur mit Gebüsch oder Gras bewachsen, aber es wurde auch viel aufgeforstet – zunächst zum Schutz vor Erosion, dann auch im Hinblick auf Ökologie und Artenvielfalt. An den feuchten Nordhängen regenerierte sich Wald oft von selbst. Der größte und artenreichste Wald steht als **Tai Po Kau Nature Reserve** unter besonderem Schutz.

Aber das ist noch längst nicht alles. Hongkongs ökologisch wertvollstes Gebiet sind die **Mai-Po-Marschen.** Wenn hier, vor der Hochhauskulisse von

TIEF DURCHATMEN

Um Ihnen die Qual der Wahl zu ersparen, schlagen wir als Ziel für einen Ausflug ins Grüne das autofreie Lamma Island vor. Die Anreise per Fähre ist nicht zu weit, Sie können wandern – von Fährhafen zu Fährhafen –, baden und herrlich Fisch und Meeresfrüchte essen. Dazu bieten die Ortschaften an den Fährhäfen mit ihren Lädchen, Tempeln und Lokalen ein wenig Flair vergangener Zeiten – und alles zusammen willkommene Erholung vom Hochhauswald. (▶ S. 82)

Shenzhen, Zugvögel zu Tausenden rasten und in den Wattflächen nach Essbarem stochern, bevölkern Ornithologen nicht nur aus Hongkong die Beobachtungsstände. Über 400 Vogelarten wurden hier schon gesichtet. Das von Süß- und Salzwasser geprägte Areal ist als Feuchtgebiet von internationaler Bedeutung anerkannt.

Lavasäulen und Korallen

Hongkongs Reichtum an Naturschätzen wird abgerundet durch geologische Attraktionen. Sie finden sich ganz im abgelegenen Osten der New Territories, zusammengefasst unter der Bezeichnung **Hong Kong Unesco Global Geopark.** Das klingt schon richtig wichtig, und das nicht ohne Grund. Die Hauptattraktion sind große Mengen 140 Millionen Jahre alter hexagonaler Lavasäulen. Davor, im Meer, gibt es weitere Schutzgebiete: für Korallen. Aber die bekommen fast nur Unterwasserbiologen zu Gesicht, sie sind also nichts für einen Tagestörn.

Auf den Wanderwegen aber werden Sie sich wirklich gut betreut fühlen. Sie sind anständig befestigt, Hütten bieten Schutz vor Regen oder Sonne, farbige Infotafeln, garantiert graffitifrei, klären über Flora und Fauna auf oder zeigen an, wo Sie gerade sind, und natürlich lassen sich auch entsprechend detaillierte Wanderkarten erwerben. Also: Schnüren Sie die Wanderschuhe und starten Sie in Ihr Naturabenteuer in Hongkong!

Vorne Natur, hinten die Skyline von Shenzhen: ein bizarres Bild aus den Mai-Po-Marschen.

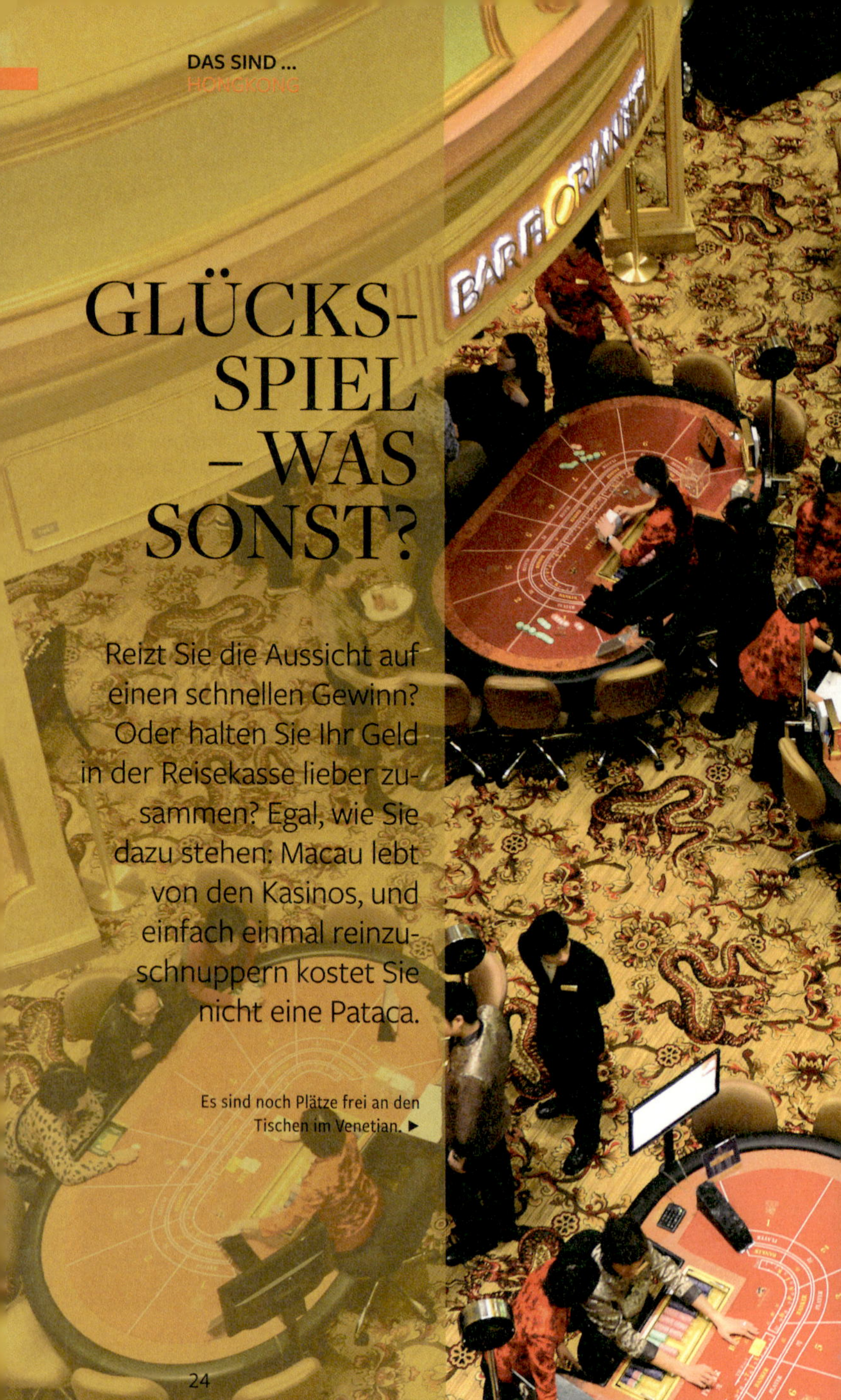

GLÜCKSSPIEL – WAS SONST?

Reizt Sie die Aussicht auf einen schnellen Gewinn? Oder halten Sie Ihr Geld in der Reisekasse lieber zusammen? Egal, wie Sie dazu stehen: Macau lebt von den Kasinos, und einfach einmal reinzuschnuppern kostet Sie nicht eine Pataca.

Es sind noch Plätze frei an den Tischen im Venetian. ▶

SIE fragen sich vielleicht, warum das Glücksspiel ausgerechnet hier so dominiert. Wobei man sofort hinzufügen muss: Die Kasinos sind zwar der Aufhänger, **das Drumherum** scheint mittlerweile aber mindestens ebenso wichtig zu sein: bombastische Luxushotels mit Wahnsinnsdeko, marmorglänzende Einkaufspassagen, stuntreiche Shows, dazu allerlei sonstige Attraktionen, sei es die irre Architektur des Morpheus, der Eiffelturm beim Parisian oder beim Wynn Palace die Anreise per Seilbahn, vorbei an goldenen Drachenmäulern. Einige dieser Kasino-Hotel-Konferenz-Shopping-Theater-Komplexe sind so groß, dass sich mancher Besucher dieser Kunstwelten nach einiger Zeit des Umherirrens fragt, ob überhaupt noch eine Außenwelt existiert.

Warum gerade hier?

Warum nun ausgerechnet Macau, ein Ort ohne Platz und reichlich abgelegen? Tatsächlich brauchte die Stadt ordentlich Anlauf, um zu dem zu werden, was sie heute ist: rund 150 Jahre. 1851, als das Glücksspiel legalisiert wurde, befand sich die portugiesische Kolonie im Niedergang – parallel zum Aufstieg Hongkongs, wo es mehr Platz, tieferes Wasser und einen Naturhafen mit großem Potenzial gab. Da kamen zusätzliche Einnahmen für das Stadtsäckel gerade recht.
Lizenziert wurden sogenannte **Fantan-Salons,** in denen Fantan, ein Wettspiel mit Spielsteinen, Gewinne versprach. Fantan wurde auch auf dem chinesischen Festland und unter Chinesen in den USA gespielt, es war nichts, was Spieler von außerhalb anlocken konnte. Das änderte sich erst mit **Stanley Ho** und der Sociedade de Turismo e Diversões de Macau (STDM), die Ho mit Geschäftspartnern gründete und die 1962 ein **vierzigjähriges Monopol aufs Glückspiel** erhielt. Die STDM führte erstmals westliches Glückspiel ein und investierte, und zwar nicht nur in neue Kasinos, sondern auch in ein Schiff, um Gäste aus Hongkong herüberzubringen. Das wiederum rief die Konkurrenz auf den Plan, die erstmals Tragflächenboote einsetzte und so die dreieinhalbstündige Überfahrt etwa halbierte; später verkürzten noch schnellere Boote die Zeit auf eine Stunde. Ikonisches Monument dieser Ära ist das alte **Kasinohotel Lisboa** am Kreisel vor der alten (schmalen) Brücke nach Taipa.
Richtig los ging es aber erst nach 2001. Nun lief das Monopol aus, und die Zahl der Lizenznehmer stieg bis auf sechs, darunter Las Vegas Sands aus den USA. Auch hier gilt: Konkurrenz belebt das Geschäft.

Ein gigantischer Spielplatz

Die größten Kasinokomplexe haben inzwischen eine Fläche von 51 Hektar erreicht. Der enorme wirtschaftliche Erfolg, der vorab gigantische Investitionen inklusive Landaufschüttung erforderte, wäre freilich nicht möglich gewesen ohne einen anderen Umstand: grassierende Korruption jenseits der Grenze. Chinesische Unternehmer und KP-Funktionäre fielen in wachsenden Scharen ein, um illegal erworbenes Vermögen zu verprassen. Zudem half der neue Flughafen, Glücksritter von Japan bis Indien anzulocken.
Die Familie von Stanley Ho ist weiter im Geschäft, so gehört einem seiner Söhne die City of Dreams.

Zum Verwechseln ähnlich .... ▶

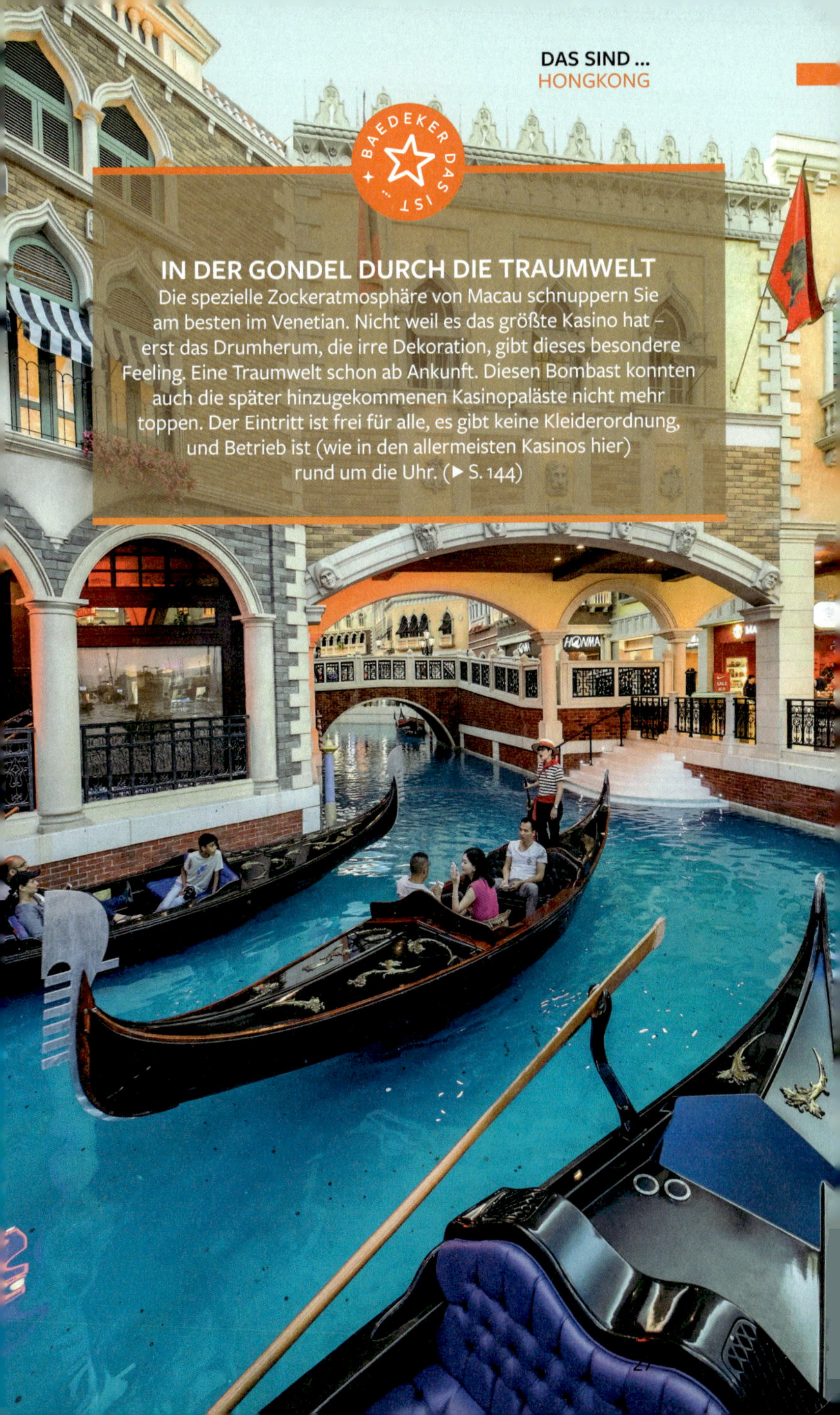

IN DER GONDEL DURCH DIE TRAUMWELT

Die spezielle Zockeratmosphäre von Macau schnuppern Sie am besten im Venetian. Nicht weil es das größte Kasino hat – erst das Drumherum, die irre Dekoration, gibt dieses besondere Feeling. Eine Traumwelt schon ab Ankunft. Diesen Bombast konnten auch die später hinzugekommenen Kasinopaläste nicht mehr toppen. Der Eintritt ist frei für alle, es gibt keine Kleiderordnung, und Betrieb ist (wie in den allermeisten Kasinos hier) rund um die Uhr. (▶ S. 144)

T

TOUREN

Durchdacht, inspirierend, entspannt

Mit unseren Tourenvorschlägen lernen Sie Hongkongs und Macaus beste Seiten kennen.

Mit der Dschunke auf Entdeckungstour ▶

PHILIPS
Allianz
AQUALUNA 99P.
張保仔

UNTERWEGS IN HONGKONG UND MACAU

Entspanntes Sightseeing

Mehr und mehr Touristen kommen nicht als Schnäppchenjäger auf Einkaufstour, sondern als Besucher im klassischen Sinne. In den einzelnen Stadtteilen geht Sightseeing gut zu Fuß, aber auch mit Bus, Straßenbahn und MTR erreichen Sie problemlos die Ziele (▶ Verkehr).
Bei unseren Spaziergängen kommen Sie am besten zu Fuß voran oder zur Überbrückung längerer Strecken auch mal mit dem Bus. So sehen Sie am meisten vom Alltagsleben in den Gassen und auf den großen Plätzen und Straßen. Für die Ausflüge außerhalb des Stadtgebiets sollte man die MTR nutzen (▶ Verkehr). Die bei den Touren angegebenen Zeiten dienen nur zur Orientierung, am besten gehen Sie Ihre Entdeckungstouren mit reichlich Muße an.

BUNTES TREIBEN: DIE MÄRKTE IN KOWLOON

Start: MTR-Station Prince Edward | **Ziel:** Broadway Cinematheque
Dauer: ca. 2 Stunden, zzgl. Mittagessen

Tour 1

Wie überall in Asien sind Märkte Anziehungspunkte für Einheimische und Besucher der Stadt. In Hongkong ist das vor allem der Night Market in der Temple Street, dessen Stände immer erst am Spätnachmittag aufgebaut werden. Dann aber trifft sich hier halb Hongkong zur Einkaufstour. Während der »normalen« Geschäftszeiten lohnt es sich, den Ladies' Market zu durchstöbern: In dem großen Angebot findet man nicht selten edle Teile.

Zwei Viertel in Kowloon

Die Tour führt durch zwei ältere und bis heute wenig touristisch erschlossene Stadtteile auf der Halbinsel: **Mong Kok** und **Yau Ma Tei**. Dort ist die Siedlungsdichte hoch, es gibt wenige Hochhäuser von mehr als 20 Etagen, stattdessen viele ältere, kleinere Wohnbauten von bis zu acht Etagen Höhe. Die Wohnflächen sind klein, die alten Häuser nicht gut ausgestattet, entsprechend bewegen sich die Mieten wie auch das Einkommensniveau der Bewohner eher im unteren bis mittleren Bereich. Von daher besteht auch eine hohe Nachfrage nach preisgünstigen Waren des täglichen Bedarfs, die nun wieder auf Straßenmärkten billiger angeboten werden als in Supermärkten mit hohen Mietkosten. Beginnen Sie die Tour am Vormittag, können Sie sie mit einer mittäglichen Rast bequem in zwei Hälften teilen.

Vom Blumenmarkt zum Einkaufszentrum

Der **Einstieg** erfolgt am besten beim MTR-Bahnhof Prince Edward, Ausgang B1, von wo aus man auf der Nordseite der Prince Edward Road 220 m ostwärts geht. (Alternativ können Sie zur MTR-Station Mong Kok East fahren und von dort nordwärts zur Prince Edward Road gehen, die Sie dann überqueren).
Die ersten beiden Märkte auf dieser Route haben mit dem angesprochenen Bedarf nur wenig zu tun. Es sind der ❶ ★ **Blumenmarkt** und der ❷ ★ **Vogelmarkt.** Während der Blumenmarkt an der Flower Market Road vor allem aus festen Läden im Erdgeschoss von Wohnhäusern heraus betrieben wird, ist der Yuen Po Street Bird Garden eine speziell geschaffene, hübsch begrünte Anlage für Hongkongs Vogelliebhaber – meistens ältere Männer. Wieder entlang der Prince Edward Road geht es nun westwärts bis zur **Fa Yuen Street,** der man südwärts (nach links, andere Straßenseite) folgt. Auf über 300 m präsentieren ❸ **Marktstände** ein buntes Warensortiment, viel Kleidung, aber auch Obst, Taschen, Spielzeug, Kissen, Modeschmuck, Kämme, Uhren ... Falls Sie Kleidung kaufen wollen, beachten Sie auch die Läden hinter den Marktständen.
Gehen Sie anschließend durch die **Bute Street,** eine Querstraße, einen Block westwärts zur **Tong Choi Street** mit ihren Zierfischhändlern. Natürlich ist außer bunten Fischlein alles zu haben, was fürs Aquarium sonst noch gewünscht wird.
Südwärts gelangt man nun zur **Mong Kok Road** mit ihrem breiten Fußgängerviadukt. Es endet an der **Nathan Road,** Kowloons großer Verkehrsachse. Wenden Sie sich dort wieder nach Süden (links ab) bis zur großen Kreuzung mit der **Argyle Street,** überqueren Sie dort beide Straßen und folgen Sie der Argyle Street 200 m westwärts bis zur **Canton Road.** Dort sehen Sie bereits den großen ❹ **Lebensmittelmarkt,** der sich hier ausbreitet und sich auch einen Häuserblock weiter südlich entlang der Nelson Road erstreckt. Hier bekommt man vor Augen geführt, wie vielfältig die Zutaten zur kantonesischen Küche sind – auch an lebenden Tieren. Der interessanteste Marktabschnitt folgt westlich der Canton Road: Dort werden die Schätze des Meeres präsentiert.
Kehren Sie zur Argyle Street zurück und lassen Sie sich in dem riesigen ❺ **Einkaufszentrum Langham Place** zwischen Portland und Shanghai Street zu einem Mittagessen nieder. Auf den oberen Etagen gibt es reiche Auswahl, günstig essen Sie auch bei Marks & Spencer im Untergeschoss. Wenn Sie jedoch gegen 13 Uhr eintreffen, müssen Sie jeweils mit etwas Wartezeit rechnen.

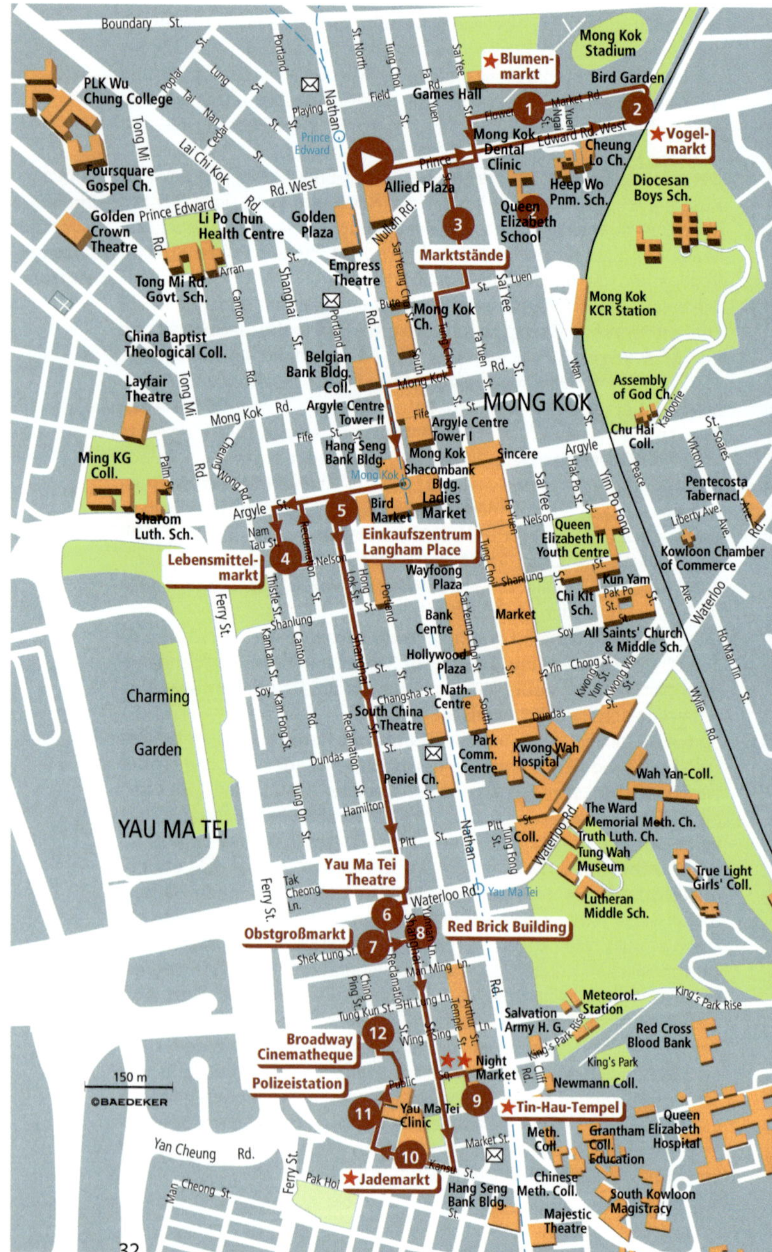
Blumenmarkt
Vogelmarkt
Marktstände
Lebensmittelmarkt
Einkaufszentrum Langham Place
Yau Ma Tei Theatre
Obstgroßmarkt
Red Brick Building
Broadway Cinematheque
Polizeistation
Jademarkt
Tin-Hau-Tempel
Night Market
MONG KOK
YAU MA TEI
Mong Kok Stadium
Bird Garden
Games Hall
Allied Plaza
Mong Kok Dental Clinic
Queen Elizabeth School
Diocesan Boys Sch.
Mong Kok KCR Station
PLK Wu Chung College
Foursquare Gospel Ch.
Golden Crown Theatre
Li Po Chun Health Centre
Golden Plaza
Empress Theatre
Tong Mi Rd. Govt. Sch.
China Baptist Theological Coll.
Belgian Bank Bldg.
Layfair Theatre
Argyle Centre Tower II
Argyle Centre Tower I
Hang Seng Bank Bldg.
Ming KG Coll.
Sharon Luth. Sch.
Bird Market
Ladies Market
Sincere
Charming Garden
Wayfoong Plaza
Bank Centre
Hollywood Plaza
Nath. Centre
South China Theatre
Park Comm. Centre
Kwong Wah Hospital
Peniel Ch.
Wah Yan Coll.
The Ward Memorial Meth. Ch.
Truth Luth. Ch.
Tung Wah Museum
True Light Girls' Coll.
Lutheran Middle Sch.
Meteorol. Station
Salvation Army H. G.
Red Cross Blood Bank
Newmann Coll.
Yau Ma Tei Clinic
Queen Elizabeth Hospital
Grantham Coll. Education
Meth. Coll.
Chinese Meth. Coll.
South Kowloon Magistracy
Hang Seng Bank Bldg.
Majestic Theatre
Assembly of God Ch.
Chu Hai Coll.
Pentecosta Tabernacl.
Kowloon Chamber of Commerce
Queen Elizabeth II Youth Centre
Chi Kit Sch.
Kun Yam
All Saints' Church & Middle Sch.
Mong Kok Ch.
Mong Kok Shacombank Bldg.
Prince Edward
Mong Kok
Yau Ma Tei
Boundary St.
Nathan Rd.
Prince Edward Rd. West
Argyle St.
Waterloo Rd.
Shanghai St.
Reclamation St.
Ferry St.
Yan Cheung Rd.
King's Park Rise
150 m
©BAEDEKER

Von der Shanghai Street ins Café

Am rückwärtigen Langham-Place-Ausgang an der Shanghai Street stoppen die **Busse 36B und 46.** Mit dem ersten, der kommt, fahren Sie nun zwei Haltestellen bis Pitt Street (▶ Verkehr). Gehen Sie in Fahrtrichtung weiter bis zur **Waterloo Road.** Markant sind an der Einmündung die Eckhäuser: Mit ihren fünf bis acht Stockwerken, den Fensterbändern und der gerundeten Eckgestaltung sind sie typisch für die Wohnhäuser der 1950er- und 1960er-Jahre.
Schräg gegenüber stehen an der Südseite der Waterloo Road zwei niedrige Gebäude. Das linke ist eine Müllsammelstation, das rechte ein Theater. Dieses nach dem Stadtteil benannte ❻ **Yau Ma Tei Theatre** ist das älteste erhaltene Kino in Kowloon. Es wurde um 1930 eröffnet. Die Notlösung Pornokino hielt dann auch nur ein gutes Jahrzehnt. 1998 wurde es unter Denkmalschutz gestellt. Neun Jahre später endlich fand man eine Lösung hinsichtlich seiner zukünftigen Verwendung: als neue Spielstätte für die vom Niedergang bedrohte **Kantonoper.** Unterdessen präsentiert sich der frisch restaurierte Bau in neuem Glanz (▶ S. 228).
Überqueren Sie die Waterloo Road und gehen Sie an der Seite des Theaters die **Reclamation Street** entlang, schauen nun aber nach rechts: Der urigste Fleck auf diesem Spaziergang liegt vor Ihnen – Gebäude aus den 1930er-Jahren oder noch älter (an einer Fassade ist der Stern der chinesischen Republik noch deutlich erkennbar), manche sind von Pflanzen überwuchert, selbst ein Baum hat oben schon Halt gefunden, alte Inschriften sind zu sehen: Es ist der ehemalige ❼ **Obstgroßmarkt.** Gegründet wurde er bereits 1913, damals noch als allgemeiner Großmarkt auch für Fisch und Gemüse. Der Großmarkt wurde verlegt, stattdessen halten noch Einzelhändler die Stellung, und so wird es zumindest fürs Erste auch bleiben: Die Gebäude stehen unter Denkmalschutz.
Gehen Sie auf der Rückseite des Theaters durch die **Shek Lung Street** zurück zur Shanghai Street. Links voraus ragt ein 40-stöckiger Hochhauskomplex auf – und darunter duckt sich, geradezu winzig wirkend, das sogenannte ❽ **Red Brick Building,** ein zweigeschossiges Backsteinhäuschen mit Giebeldach und einem Laubengang im Obergeschoss. Es entstand 1895 als Ingenieursbüro im Zusammenhang mit dem ersten Kowlooner Wasserwerk.

Südlich der Shanghai Street

Der nun südwärts folgende Abschnitt zählt zu den **kuriosesten Ladenzeilen in Hongkong.** Es gibt (mit ein paar Ausnahmen) nur zwei Arten von Läden: Die einen verkaufen Küchenbedarf – Hackklötze, Messer, Kochtöpfe, Pfannen, Tischkarussells, Waagen, Kuchenformen –, die anderen alles für den religiösen Bedarf: Hausaltäre, Götterfiguren, Weihrauch, geomantische Spiegel, geomantische Kompasse, Toten- und Opfergeld sowie Eimer, in denen es verbrannt wird. Dass sich die letztere Art von Läden hier konzentriert, hängt mit dem ❾ ★ **Tin-Hau-Tempel** zusammen, der an dem nun folgen-

den öffentlichen Platz steht (▶ Yau Ma Tei). Mit seinen vier Hallen und der Vielzahl seiner volkstümlichen Bildwerke lohnt er eine ausführliche Erkundung, umso mehr, wenn dort gerade Papierhäuser, Personal und mehr für eine Totenfeier vorbereitet werden.
Die Shanghai Street noch ein Stückchen nach Süden und unter der Hochstraße rechts ab, so folgt der letzte Markt des Spaziergangs: der ⑩ ★**Jademarkt** (▶ Yau Ma Tei). Wer unerfahren darin ist, Qualitäten von Jade und anderen Mineralien zu unterscheiden, die zu Schmuck verarbeitet werden, hält sich mit einem Kauf besser zurück. Gehen Sie durch den Jademarkt ganz nach Westen (zwischendurch müssen Sie die Battery Street überqueren, die ihn zweiteilt) und wenden Sie sich auf der **Canton Road** nach Norden (rechts). Schräg rechts gegenüber sehen Sie einen kolonialzeitlichen Bau: die ⑪ **Polizeistation** von Yau Ma Tei, ein zweigeschossiges Gebäude aus dem Jahr 1923 mit Kolonnaden im Erdgeschoss.
Überqueren Sie nordwärts die Public Square Street und gehen Sie in das vor Ihnen liegende Quartier »Prosperous Garden« hinein. Am großen Innenhof rechts finden Hongkongs Cineasten ihr Lieblingskino, die ⑫ **Broadway Cinematheque,** und gleich nebenan folgt als Bestandteil einer Filmkunstbuchhandlung das **Café Kubrick** (▶ S. 194), wo Sie bei einem guten Kaffee oder einem frischen Fruchtsaft (und noch ein bisschen mehr) das Gesehene und Erlebte noch einmal Revue passieren lassen können.

CENTRAL: DÖRRFISCH, GINSENG UND ANTIKES

Start: Western Market, Central | **Ziel:** SoHo
Dauer: ca. 1,5 Stunden, zzgl. Tee- oder Kaffeepause

Tour 2

Auf diesem Spaziergang auf Hong Kong Island folgen Sie den exotischen Düften durch den »Hauptstadtbezirk« Victoria bis zur Gasse der Antiquitätenhändler und schließlich nach SoHo, wo Dutzende von Lokalen warten. Hier trifft man noch auf das eine oder andere mehr oder weniger gut erhaltene alte Hongkong. Am Weg liegen nicht nur einige Märkte, sondern auch die wichtigste religiöse Kultstätte der Insel: der Man-Mo-Tempel.

Bevor es losgeht

Am Westrand des Bürohausviertels von Central wird es gleich ziemlich exotisch: Dörrwaren werden hier angeboten, teils zum Genuss, teils zur Heilung.

Ein wenig bergan, und man schaut den Antiquitätenhändlern an der Hollywood Road in die Auslagen. Wenn Sie den Bummel am Nachmittag unternehmen, dürfen Sie sich nach einer Teeverkostung und einem Tempelbesuch dann schon bald aufs Abendessen freuen: in dem populären Bar- und Restaurantviertel SoHo.
Für Sonn- und Feiertage ist die Tour nicht zu empfehlen. Zu viele Läden, die erst den Reiz ausmachen, sind dann geschlossen.

Vom Markt zur Hollywood Road

Es geht los am oder im ❶ **Western Market** (MTR-Station: Sheung Wan, Ausgang B, schöner noch: mit der Straßenbahn anreisen). Das rote alte Marktgebäude aus dem Jahr 1906 birgt heute die Tuchhändler und ein paar nette Souvenirläden. Gehen Sie von dort einen Block weiter nach Süden, wo Sie vor dem ❷ **Sheung Wan Market** mit dem Cooked Food Centre rechts in die ❸ **Wing Lok Street** abbiegen, die schon am Zugang mit einem Schild als »Ginseng and Bird's Nest Street« ausgewiesen ist (▶ Sheung Wan).
Der chinesische Name darunter verweist auf noch eine andere Spezialität: das Bastgeweih von Hirschen. Es wird ähnlich wie Ginseng und andere hier angebotene Präparate als Arznei- oder Stärkungsmittel in der traditionellen chinesischen Medizin eingesetzt. Die Schwalbennester ähneln kleinen Schalen, sind weißlich und liegen zu mehreren in runden, durchsichtigen Plastikschachteln. Die feinen, für Dessertsuppen verwendeten Nester einer südostasiatischen Höhlenschwalbe stammen vor allem aus Vietnam und Indonesien. Der hier verkaufte Ginseng wird von Ginsengfarmen geliefert. Doch auch andere medizinische Kräuter, oft Wurzeln, werden in getrockneter Form verkauft, ebenso Pilze.
Die Händler hier verstehen sich in erster Linie als Grossisten, die meisten verkaufen aber auch direkt an Verbraucher. Schon hier trifft man auf **Dörrfischhändler.** Manche trocknen ihre Ware auf der Straße, besonders Seegurken und Abalone (Seeohren) sieht man häufig draußen ausliegen, entsprechendes Wetter vorausgesetzt.
Am Ende biegt man links in die ❹ **Des Voeux Road West** ein. Dort folgt hinter der nächsten Kurve eine ganze Zeile von Dörrfischhändlern. Außer ganzen Fischen sieht man Fischlippen, Fischmagen, Schwimmblasen, Seegurken und viel Kurioses mehr.
Links ab geht es nun durch die **Sutherland Street** und ein wenig bergan zur **Queen's Road West.** Am besten queren Sie dort gleich und schauen sich die Läden auf der anderen Straßenseite an. Dort werden Gaben an die Götter und an die Ahnen verkauft. So ziemlich alles, was zum Leben benötigt wird, und mehr noch: Was in der modernen Welt das Leben erleichtert und möglichst auch Prestige verleiht, ist hier als Papiermodell zu haben – es wird später verbrannt. Denn Mutter und Vater soll es im Jenseits an nichts mangeln, und so findet sich hier alles, von der Kleidung über das Mobiltelefon bis zum Pkw. Totengeld, Weihrauch und Kerzen gehören dabei zum Standard-

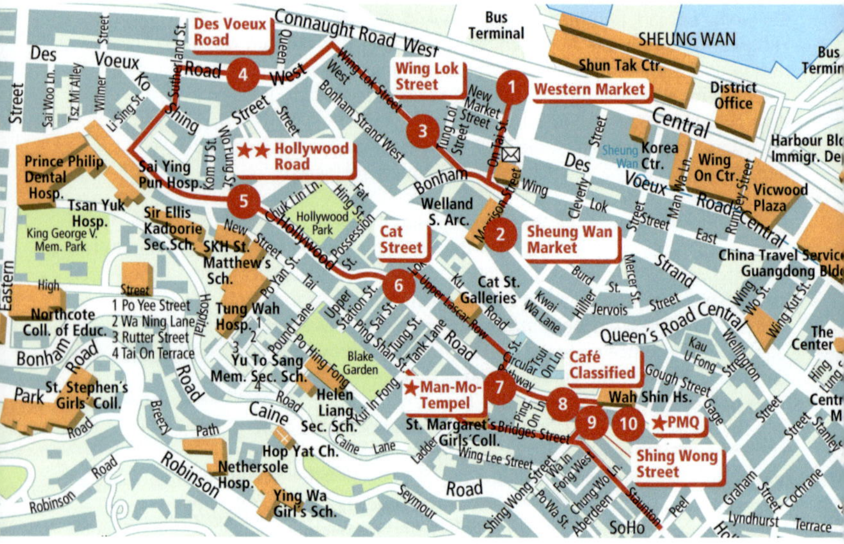

sortiment. Weiter geht es nach links, Richtung Osten, wozu Sie zunächst wieder auf die andere Straßenseite wechseln (die linke, in Gegenrichtung zum Autoverkehr), denn die ist mit ihren Läden die interessantere. Hinter der nächsten Kurve wechseln Sie die Straßenseite erneut und biegen noch einen Block weiter nach rechts in die 5★★ **Hollywood Road** ein.

Von der Hollywood Road zum Man Mo Temple

Die Straße steigt hier leicht an. Der hübsch gestaltete **Hollywood Park** auf der linken Seite bietet sich für eine kleine Rast an. Bäume bieten Schatten, die Pavillons bei jedem Wetter Schutz. Gegenüber dem Parkeingang sehen Sie in einem Laden merkwürdige hölzerne Gebilde. Es sind chinesische Särge. Sie erfordern deutlich mehr Material als solche europäischer Machart – aber Letztere werden auch geführt. Folgen Sie weiter der Hollywood Road. Beim italienischen Restaurant duecento otto (Hausnr. 208) werfen Sie einen Blick in den Gastraum: Die Wände sind komplett mit Fayencekacheln im Stil europäischer Chinoiserie bedeckt. Von links herauf kommt die **Possession Street**. Ihr englischer Name erinnert daran, dass die Briten hier einst Hongkong in Besitz nahmen.

In einer S-Kurve beginnt nun die Gegend der Antiquitätenhändler, die die Hollywood Road berühmt gemacht haben. Bald folgen die Läden so dicht aufeinander, dass die Straße wie eine einzige große Kunstgalerie wirkt. An der Tung Street biegen Sie nach links ab zur 6 **»Cat Street«,** offiziell Upper Lascar Row. In dieser Fußgängerzone breiten

viele Händler ihre Ware auch auf Ständen an der Straße aus. Das Gässchen ist keine 100 m lang und endet ostwärts an der Ladder Street. Die »Leiterstraße« ist eine von mehreren Treppenstraßen, die in dieser Gegend bergan führen, aber nur diese verrät es auch in ihrem Namen.
Zurück auf der Hollywood Road steht ein Tempelbesuch an. Der 7 ★ **Man-Mo-Tempel** hat Atmosphäre, und wer mehr über seine Zukunft erfahren möchte, findet dort auch einen Wahrsager.

Richtung SoHo

Weiter geht's entlang der Hollywood Road. Zunächst fällt links ein mit schwarz-weißen Mustern bedecktes Hochhaus auf. Bald darauf bildet das 8 **Café Classified** (Hausnummer 108) eine Vorhut der internationalen Gastronomie, die sich alsbald verdichten wird.
Hinter der Hausnummer 84 führt die 9 **Shing Wong Street** über Stufen bergan (schmal, leicht zu verpassen!). Oben angekommen auf der Staunton Street, wenden Sie sich nach links. Gleich das erste Gebäude ist Teil des Komplexes 10 ★ **PMQ,** Hongkongs neuen Designerzentrums: Studios und Shops, aber auch außergewöhnliche Ausstellungen. Gehen Sie anschließend die Staunton Street noch einen Block weiter ostwärts, gelangen Sie zu einer bemerkenswerten Kreuzung von fünf Straßen. Vor allem der Blick abwärts von etwas weiter oben, wo sich die Sichtachsen zweier Straßen treffen, ist spektakulär, ein echtes Stück Hongkong. Fotografen, die erst im Dunkeln ankommen, vermissen hier garantiert ein Stativ. Vor Ihnen liegt nun **SoHo** mit Dutzenden von Lokalen, darunter Soul Food Thai (▶ S. 245).

HISTORISCHES FLAIR: MACAUS ALTSTADT

Start: Largo do Senado | **Ziel:** A-Ma-Tempel (Largo da Pagode de Barra) | **Dauer:** 2,5 Stunden

Tour 3

Alles Wichtige auf einer Tour! Die 2,7 km laufen Sie wahrscheinlich problemlos, aber seien Sie auf viele, viele Eindrücke gefasst: Sie werden den größeren Teil von Macaus UNESCO-Welterbestätten zu sehen bekommen, dazu ein schönes Stück Altstadtatmosphäre. Sie wollen ausgiebig schauen und entdecken? Die Tour lässt sich gut in zwei Etappen aufteilen, der erste Teil endet dann mit dem Besuch des Pfandhausmuseums oder dem Gang durch die Rua da Felicidade. Sie haben nur Zeit für einen Teil? Die erste Hälfte ist die buntere!

Senatsplatz

Der 1 ★★ **Largo do Senado,** der Senatsplatz, ist der Mittelpunkt der Altstadt. Von hier aus bewegt man sich zunächst unweigerlich mit einem Strom anderer Touristen. Der schöne Platz mit seiner dekorativen Pflasterung, der historischen Randbebauung und dem Brunnen gefällt umso mehr, je besser man die faden Hochhäuser auszublenden versteht, die darüber hinausragen. Den **Leal Senado** an der Stirnseite sollte man sich auch von innen ansehen, beim **Holy House of Mercy** genügt es vielleicht, das schöne Haus von außen zu würdigen.

Rund um São Paulo

Nächste Station ist die Kirche **São Domingos** (St. Dominik) am Nordende des Platzes. Von dort führen Wegweiser die Besucher schon gleich auf den richtigen Pfad entlang der Rua da Palha und der Rua de São Paulo mit ihren vielen Geschäften zu Macaus Wahrzeichen, der 2 ★★ **Ruine von São Paulo.** Mit einem Fernglas können Sie die Details des reichen Bildschmucks an der Fassade gut erkennen. Nach rechts geht der Blick hinauf zum Bergfort 3 ★ **Fortaleza do Monte** mit seinem Macau-Museum, aber dessen Besuch soll nicht Teil dieses Rundgangs sein. Gehen Sie hinter der Fassade ans Ende des Platzes und steigen Sie ins 4 **Museu de Arte Sacra** hinab. Es ist nicht groß, aber gehört mit ins Paulskirchenprogramm.

Wenn Sie nun nach einer Stippvisite im kleinen 5 **Nezha-Tempel** am Stadtmauerrest die Calçada de São Francisco Xavier entlang und hinab zur Rua de São Paulo gehen, lassen Sie die Massen der anderen Touristen im Nu hinter sich. Biegen Sie unten links ab und an der nächsten Möglichkeit rechts, so erreichen Sie über die Treppen der 6 **Calçada do Amparo** die **Rua de Nossa Senhora do Amparo**, und dort gehen Sie weiter nach rechts. Hier umgibt Sie schon echte Altstadtatmosphäre, Antiquitätenhändler verkaufen hier, und manchmal findet sogar ein Flohmarkt statt. Aber Sie haben auf dieser Straße nur knappe 40 m, denn dann biegen Sie links in die **Travessa da Dorna** ein. Gehen Sie zwischen den Häusern weiter (über die gleich folgende Querstraße hinaus), die Gegend wirkt hier, als befände man sich in einem Hinterhof. Rentner treffen sich hier gern zum Mahyongg-Spiel.

Weiter nach Süden

Links geht's nun um die Ecke in die sehr schmale **Beco da Pinga.** Bald endet sie an der **Rua das Estalagens,** einer der historischen Hauptgeschäftsstraßen der Stadt. Sie überqueren sie nur, um geradeaus durch die **Rua de Camilo Pessanha** weiterzugehen. Bleiben Sie hier am a vorletzten 7 **Haus** auf der linken Seite stehen, einem dreigeschossigen Bau im Stil der Kolonialarchitektur mit offenen Lauben und drei goldglänzenden Zeichen über dem Eingang. Darin hat immer noch eine ehrwürdige **Wohlfahrtsinstitution** ihren Sitz, die immer noch aktiv ist. Wer kein Geld für Medikamente oder eine medizinische Behandlung hat, erhält hier Hilfe. Drinnen hängen Fotos all der

frommen Menschen aus, die großzügige Stiftungen leisteten. Sie können auch noch einen Blick in die zugehörige Apotheke auf der anderen Straßenseite werfen. Gleich das nächste Gebäude links ist ein beinahe fensterloser Turm. Er gehört zum 8 **Pfandhausmuseum** – Eingang erfolgt von der Avenida de Almeida Ribeiro aus, Macaus Hauptgeschäftsstraße. Ihr chinesischer Name lautet übersetzt schlicht: »Neue Pferdestraße« – sie wurde erst ab 1918 durchs unregelmäßige Netz der Altstadtgassen gebrochen, »pinselgerade«, wie die Chinesen sagen. Zum Pfandhausmuseum gehört auch ein kleines Kulturzentrum mit Teeausschank, eine nette Gelegenheit für eine Rast.

BAEDEKER ÜBERRASCHENDES

6X DURCHATMEN

Entspannen, wohlfühlen, runterkommen

1. LO SO SHING

Der **Strand** auf der autofreien Insel Lamma ist etwas für Liebhaber: nie überlaufen, der Stadt ab- und dem Sonnenuntergang zugewandt, dabei gut ausgestattet und beaufsichtigt wie alle öffentlichen Strände. (▶ S. 83)

2. SIGNAL HILL

Ganz nah dran an allem steht der alte **Turm** fürs Zeitsignal zum Justieren der Schiffsuhren, und doch finden nur wenige den Weg hinauf in den Signal Hill Garden. Grün ist's hier und ruhig. (▶ S. 118)

3. BLAKES PIER

Seeluft von drei Seiten! Stanley ist ohnehin fast so etwas wie Hongkongs Sommerfrische mit der **Promenade,** dem Strand und vielen Restaurants, aber der Pier bildet doch das i-Tüpfelchen. (▶ S. 109)

4. KÜSTENWEG IN MACAU

Ganz im Süden gehen Sie vom **Hac-Sa-Strand** westwärts am Wasser entlang. Der Weg führt über die Küstenfelsen, etwas uneben, aber gut gesichert. Mit etwas Glück sehen Sie Delfine. Am Ende links geht's zur Bushaltestelle. (▶ S. 143)

5. POK FU LAM COUNTRY PARK

Vom Peak geht's Richtung Südwesten talwärts auf autofreiem Weg durch **subtropischen Dschungel.** Sie sehen Schmetterlinge und große Spinnennetze und rasten in einer Hütte; unten geht's per Bus wieder stadtwärts. (▶ S. 89)

6. KLEINE OASE IM ZENTRUM

Man ahnt nicht, dass es auf dem Shoppingpalast des International Finance Centers einen so schönen **Dachgarten** gibt – auch mit Gratis-Sitzplätzen. (▶ S. 62)

Zum Teatro Dom Pedro V

Auf der anderen Straßenseite führt die Travessa do Mastro zur 9 **Rua da Felicidade.** Sie ist eine der bekanntesten Altstadtstraßen. In den 1930er-Jahren war sie noch eine Bordellgasse, dann zogen mehr und mehr Restaurants hierher. 1996 schließlich führte die Regierung von Macau umfangreiche Maßnahmen durch, um die heruntergekommene historische Bausubstanz zu restaurieren, und die Straße wurde zu einem Aushängeschild für Macaus neue Denkmalschutzpolitik. Das ist inzwischen schon wieder Vergangenheit. Die Anwohner hoffen auf neue Revitalisierungsmaßnahmen. Eine Sehenswürdigkeit ist die Straße mit ihren einheitlichen Fassaden und einfachen Läden immer noch. Hier gibt es auch die preiswertesten Unterkünfte von Macau.
Folgen Sie der »Glücksstraße« nach links (Süden) bis ans Ende, dann gehen Sie rechts in die Rua da Alfándega und kurz darauf wieder links in die Calçada do Gamboa, die zum **Largo de Santo Agostinho** ansteigt. Gehen Sie dort rechts und bis um den großen Banyan-Baum herum, der den Platz beschattet. Nun blicken drei 10 **UNESCO-Welterbestätten** auf Sie herab: rechts hinter den Arkaden die Bibliothek des Sir Robert Ho Tung, links um die Ecke die Kirche St. Augustine (Santo Agostinho) und ihr gegenüber das Dom-Pedro-Theater (Teatro Dom Pedro V), das dem Platz allerdings die Seite und den Rücken zukehrt.

Vom Largo de Santo Agostinho zum A-Ma-Tempel

An der stattlichen Front des Theaters führt die Calçada do Teatro in wenigen Schritten hinab zur **Rua Central,** die früher einmal die Hauptstraße der Stadt war. Dem mit ihr beginnenden Straßenzug werden Sie nun bis zum Ende der Tour folgen. Gut 200 m sind es bis zur zweitürmigen Seefahrerkirche **São Lourenço**, zu der man ein hinaafsteigen muss. Vom Vorplatz hielten die Daheimgebliebenen Ausschau nach ihren Männern, Vätern oder Brüdern Ausschau .
Unter dem Namen Rua do Padre António führt dieselbe Straße weiter zum 11 **Largo do Lilau,** einem der hübschesten alten Plätze der Stadt. Dort in der Nähe steht das **Haus des Mandarins** (Mandarin's House), das größte traditionell-chinesische Wohnanwesen, das in der Stadt noch erhalten ist, wenn heute auch restauriert. Es waren die Zheng, gebildete und wirtschaftlich erfolgreiche Menschen, die hier als Großfamilie mit bis zu 300 Personen, verteilt auf mehrere Höfe, zusammenlebten.
Erneut wechselt die Straße ihren Namen: **Rua da Barra** heißt sie nun und verweist damit auf das Südende der Halbinsel (Barra). Nicht zu besichtigen ist die auffällige **Maurische Kaserne** (Quartel dos Mouros) linker Hand. Es geht weiter bis zum nächsten Platz, dem Largo do Pagode da Barra. Hier endet der Rundgang mit der Besichtigung von Macaus ältestem Heiligtum, dem 12 ★**A-Ma-Tempel**, der Schutzpatronin der Seefahrer Tian hou oder »Himmelskaiserin« geweiht

AUSFLUG AUF DIE HALBINSEL SAI KUNG

Start und Ziel: Pier Ma Liu Shui, New Territories | **Dauer:** 1 Tag

Tour 4

Für diesen schönen Tagesausflug heißt es früh aufstehen! Am besten befüllen Sie einen kleinen Rucksack schon am Vortag mit Proviant, Badesachen und Sonnenschutz. An die Füße gehören geschlossene Wanderschuhe. Ihr Ziel: eine beinahe menschenleere Gegend und ihre großartigsten Strände. Vergewissern Sie sich, dass kein Taifun unterwegs ist.

Abfahrt

Der ideale Monat für die Tour ist zwar der November, aber auch zu anderen Jahreszeiten gibt es geeignete sonnige Tage.
Die größte Herausforderung stellt sich am Beginn: Sie müssen vor 8.30 Uhr am Pier von **Ma Liu Shui** sein. Er ist rund 15 Minuten Fußweg von der MTR-Station University in den New Territories entfernt, aber der Weg ist ein bisschen kompliziert. Sicherheitshalber sollten Sie mit der MTR schon gegen 8 Uhr am Bahnhof eintreffen. Gehen Sie ab Ausgang B nach links und folgen Sie den Schildern »Pier« bzw. »Landing Steps« . Die Fähre legt nur zweimal am Tag ab, und bis zur Nachmittagsfähre um 15 Uhr werden Sie kaum warten wollen. Sind Sie dann erst auf dem Schiff, können Sie entspannt die Ufer des Tolo Harbour an sich vorüberziehen lassen. Manchmal sehen Sie hier **fliegende Fische**. Erst nach knapp zwei Stunden, um 10.20 Uhr, gehen Sie wieder von Bord.

Tai Long Wan

Chek Keng heißt die Anlegestelle. Folgen Sie vom Anleger dem Ufer nach rechts bis ans innerste Ende der Bucht (ca. 400 m). Dann geht es landeinwärts über einen Pfad, der auf einen 1 km Luftlinie entfernten Bergsattel führt. Von oben sehen Sie schon Ihr Ziel: **Tai Long Wan,** die **»Bucht der großen Wogen«.** Sie kommen an dem südlichsten von drei Stränden an. Der mittlere, jenseits einer Felsnase gelegen, ist der größte und 700 m lang. Wochentags und außerhalb der Schulferien sind Sie dort wahrscheinlich die einzigen Gäste. Beim Baden sollten Sie bitte im Bereich der kräftigen Brandung bleiben. Die **Strände** sind unbewacht, und Haiattacken oder andere Notfälle sind nie ganz auszuschließen.
Für den Weg zurück gibt es verschiedene Möglichkeiten. Wenn Sie die Fähre abpassen möchten, müssen Sie gegen 16.50 Uhr am Anleger sein. Flexibler sind Sie mit dem Bus. Dazu gehen Sie zunächst wieder Richtung Chek Keng, wo Sie auf die Bucht treffen. Hier wenden Sie sich nicht nach rechts zum Anleger, sondern links ab zur nächsten Bucht (gut 4 km). Dort, ab **Wong Shek,** verkehrt alle halbe

Stunde ein Bus nach Sai Kung, wo Sie sich zur Abrundung der Erlebnisse ein gutes Abendessen in einem der Fischrestaurants an der Hafenpromenade gönnen können.

ÜBER DIE GRENZE: AUSFLUG NACH SHENZHEN

Start und Ziel: Lo Wu | **Dauer:** 1 Tag

Tour 5

Einmal kurz nach China! Shenzhen, nach Zahl der Einwohner und Fläche größer als Hongkong, bietet sich dafür an. Um einen Eindruck von der Stadt zu bekommen, genügt ein Tagesausflug. Konzentrieren Sie sich dabei am besten auf drei unterschiedliche Gegenden, die ebenso viele Gesichter der Stadt repräsentieren.

Vorbereitungen

Da man für einen Aufenthalt von bis zu fünf Tagen ein so genanntes Special Economic Tourism Visa für die Einreise nach China bekommen kann (Reisepass nötig!), ist es verlockend, diese Möglichkeit auch zu nutzen. Trotzdem ein Wort vorab: Shenzhen bietet kaum echte Sehenswürdigkeiten, und die Preisvorteile beim Einkauf sind meist gering. Dennoch birgt es einen gewissen Reiz, nach Festlandschina zu reisen.
In Shenzhen wird **nur mit chinesischen Yuan** (Renminbi, RMB, d. i. »Volkswährung«) bezahlt, das gilt schon fürs Visum. Sie können in Hongkong bereits einen Betrag eintauschen und sich in Shenzhen weiteres Geld vom Bankautomaten ziehen. Besorgen Sie sich in einer Wechselstube bei der Einreise am besten auch einen **Vorrat an Münzen** für die Fahrkarten-Automaten in der U-Bahn.

Anreise

Nehmen Sie zur Anreise die S-Bahn **(MTR)** bis Lo Wu Station, passieren Sie die Hongkonger Grenzkontrolle und gehen Sie über die Brücke. Am Visumschalter (nur tagsüber geöffnet) macht man von Ihnen an Ort und Stelle ein Foto. Füllen Sie die bereitliegenden Einreisezettel aus, ehe Sie sich anstellen. Dann folgt die eigentliche Einreise. Auf der anderen Seite haben Sie U-Bahn-Anschluss.

Von der Grenze zum Children's Palace

Die ❶ **Huaqiang Beilu** (Huaqiang North Road) ist die quirlige Haupteinkaufsstraße der Stadt. Sie erreichen sie ab dem Grenzübergang (Station Luohu) per U-Bahn ohne Umsteigen (Huaqiang Road,

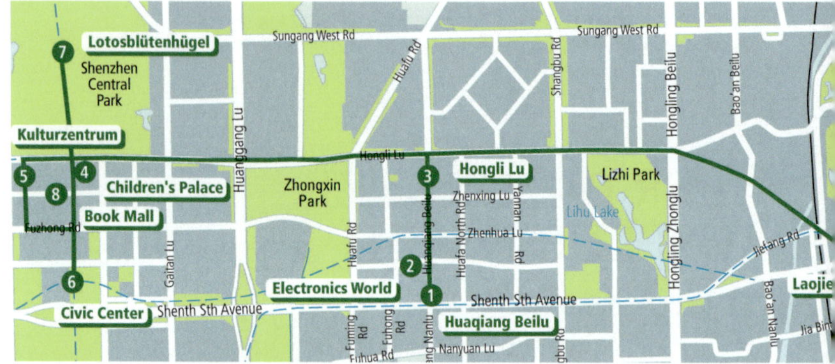

5. Haltestelle, Ausgang A, bis zur Huaqiang North Road 70 m zurückgehen, an der großen Kreuzung links).

Eine Hauptattraktion ist nach 150 m auf der linken Seite zu sehen: die ❷ **Huaqiang Electronics World,** ein gigantisches Kaufhaus mit über 10 000 Einzelhändlern auf 120000 m² Fläche. Man muss es gesehen haben, um es sich vorstellen zu können – und das ist nicht einmal das einzige Elektronikkaufhaus an der Straße. Auch in den Neben- und Parallelstraßen reihen sich die Geschäfte aneinander. Dort finden Sie ebenfalls Restaurants und Cafés.

Folgen Sie der Haupt- oder einer Parallelstraße nordwärts bis zur ❸ **Hongli Lu (Hongli Road)** und nehmen Sie dort erneut die U-Bahn: ab Station Huaxin zwei Haltestellen bis ❹ **Children's Palace,** dort einen der Ausgänge außer F. Gehen Sie hoch bis aufs Dach und schauen Sie sich um. Vor Ihnen liegt das neue Stadtzentrum. Sie stehen hier auf einer über 2,5 km langen, nach Feng-Shui-Gesichtspunkten angelegten Nord-Süd-Achse (▶ Baedeker Wissen, S. 96).

Interessanter als der Kinderpalast, der der U-Bahn-Station den Namen gab, sind zwei Gebäude westlich gegenüber: das vom renommierten japanischen Architekten Arata Isozaki entworfene ❺ **Kulturzentrum**. Was aber schon längst Ihren Blick gefesselt haben dürfte, ist das riesige ❻ **Civic Center,** zu dem das Rathaus und Veranstaltungssäle gehören. Seine wie frei schwebend erscheinende Überdachung, geschwungen wie die Flügel eines segelnden Adlers, ist 486 m lang. Ein ebenso riesiger, leerer Platz erstreckt sich an einer Achse; dessen einzige Funktion scheint darin zu bestehen, eine Fotografierperspektive auf das Civic Center zu ermöglichen.

Richtung Norden fällt der Blick auf den ❼ **»Lotosblütenhügel«**, auf dessen Spitze hin die erwähnte Nord-Süd-Achse ausgerichtet ist – wie in Peking u. a. beim Kaiserpalast verfahren wurde. Wo Sie von der U-Bahn aus das Straßennivau erreichten, befindet sich die ❽ **»Book Mall«** bzw. »Book City«, eine Bürgerbibliothek mit Läden, Cafés und

Restaurants. Während sich auf den endlosen Außenflächen des Civic Centers niemand aufhalten mag – Radfahren oder Skateboardfahren ist dort verboten –, gefällt es den Leuten hier umso besser. Wer das klimatisierte, künstlich beleuchtete Innere weniger schätzt, kann seinen Cappuccino auf Rohrsesseln im Freien genießen.
Falls Sie nach der kleinen Rast schon wieder etwas unruhig werden, können Sie noch auf den Lotosblütenhügel steigen. Die **Aussichtsterrasse** in 106 m Höhe bietet einen guten Panoramablick. Die Bronzefigur auf dem Gipfel stellt denjenigen dar, dem Shenzhen seine Existenz verdankt: Deng Xiaoping. Auf sein Betreiben hin richtete China die ersten Wirtschaftssonderzonen ein, unter denen Shenzhen die erfolgreichste wurde.

Über Laojie zur Grenze

Begeben Sie sich wieder hinab zur U-Bahn-Station und fahren Sie fünf Haltestellen bis ⑨ **Laojie.** Die Gegend, in die Ausgang A, E und G münden, ist so etwas wie eine Altstadt. Auch wenn es dergleichen in Shenzhen nicht wirklich gibt, findet sich hier doch ein recht engmaschiges Netz aus schmalen Straßen, vorwiegend als Fußgängerzone gestaltet, mit einer bunten Fülle an einfachen Läden und Lokalen. Hier herrscht ein wenig Lokalkolorit.
Ab Laojie sind es nur noch zwei U-Bahn-Stationen, und Sie sind zurück an der Grenze zu Hongkong.

Aufpassen!

Überschreiten Sie keinesfalls die **höchstzulässige Aufenthaltsdauer** in Shenzhen. Selbst wenn Sie bei der Weiterfahrt von Shenzhen ins Landesinnere nicht kontrolliert werden, bekommen Sie doch erhebliche Scherereien, falls Ihnen außerhalb des Gültigkeitsbereichs Ihres Visums etwas zustoßen sollte. Schon der Versuch, außerhalb in einem Hotel einzuchecken, könnte unangenehme Folgen haben.

Auf den folgenden Seiten steht »SVR« für Sonderveraltungszone.

S

SEHENS-WERTES

in Hongkong

Magisch, aufregend, einfach schön

Alle Reiseziele sind alphabetisch geordnet. Sie haben die Freiheit der Reiseplanung.

Auch in Kowloon kann man die Nacht zum Tag machen. ►

德興海味
翡翠麵家
JADE NOODLE
JADE RESTAURANT
翡翠茶餐廳
海味
耀才證券
德興海味

ABERDEEN

Lage: Südwesten von Hong Kong Island | **Bus:** 70 ab Central (Exchange Sq.) bis Endstation

Auf in den Süden! Aberdeen ist heute vor allem eine kleine Satellitenstadt, aber im Bewusstsein Auswärtiger lebt sie doch von ihrem Ruf, der sich aus zwei Quellen speist: der ehemals großen Dschunkenstadt im Hafen sowie den prächtigen »schwimmenden« Restaurants, ebenfalls im Hafen. Heute lockt zudem eine hübsche Promenade. Der Rest hat, trotz Hochhäusern, eher ein bisschen Kleinstadtatmosphäre.

Seinen englischen Namen verdankt Abeerdeen dem britischen Außenminister Hamilton-Gordon, der zur Zeit des ausgehenden Opiumkriegs im Amt war und den Titel eines »Earl of Aberdeen« trug. Der chinesische Name »Heung Kong Tsai« lautet übersetzt schlicht: »Klein-Hongkong«. Ursprünglich scheint sich der Name Hongkong nur auf diesen von der vorgelagerten Insel Ap Lei Chau geschützten Naturhafen bezogen zu haben, ehe die Briten ihn missverstanden und für die ganze Insel verwendeten.
Aberdeen hatte einst die größte schwimmende Siedlung der Stadt mit einigen Zehntausend Bewohnern, und als solche war sie wegen ihrer Exotik ein beliebter Drehort für Spielfilme. Damals war der Hafen noch deutlich größer. Das heutige Ortszentrum mit seinem Hochhauswald steht auf Land, das erst in den 1970er-Jahren aufgeschüttet worden ist. Hier wohnt nach wie vor ein Großteil jener »schwimmenden Bevölkerung«, Tanka und Hoklo, die einen eigenen Dialekt sprechen.

Zu Ehren der Meeresgöttin

Tin-Hau-Tempel

Der Tempel der Schutzheiligen der Seefahrer blickte einst aufs Wasser. Wo die Fischer ihn 1851 errichteten, steht er immer noch, doch das Wasser ist inzwischen rund 300 m entfernt. In den Nebenhallen der schönen, gepflegten Anlage werden auch die buddhistische **Guanyin** und der heilmächtige **Huang Daxian** (Wong Tai Sin) verehrt.
Aberdeen Main Road (vom Busbahnhof landeinwärts gehen) | tgl. tagsüber geöffnet

Aberdeens Schauseite

Promenade

Die schön angelegte, begrünte Promenade, die man vom Busbahnhof aus über eine Fußgängerbrücke erreicht, macht einen recht adretten Eindruck. Von ihr fällt der Blick über den Dschunkenhafen auf die Insel Ap Lei Chau und die dortige Satellitenstadt, die ab 1980 entstand. Bis dahin war die Insel praktisch unbesiedelt. Ausländische

Aberdeen führt den Namen »Klein-Hongkong« zu Recht.

Touristen werden von älteren Damen zuweilen mit den Worten »Sampan, Sampan« angesprochen: Man möge doch eine Rundtour mit ihnen unternehmen. Die dauert dann etwa 20 Minuten und kostet je nach Ihrem Verhandlungsgeschick 80 bis 100 HK-$. Vom östlichen Bereich der Promenade legen Fähren nach Lamma Island ab.

Als Appetitanreger eine Fahrt durch den Hafen

Jumbo Floating Restaurant

Einen kleinen Gratistörn durch den Hafen bieten die Boote, die zu zwei »schwimmenden« Restaurantpalästen übersetzen, die im südöstlichen Hafenteil (jenseits der nach Ap Lei Chau führenden Brücke) auf festen Stützen stehen. Der englische Name für das größere der beiden – »Jumbo« – ist eine geniale Wiedergabe des chinesischen Originalnamens, der genauso ausgesprochen wird, aber »kostbare Schätze« bedeutet – gemeint sind die hier servierten Meeresfrüchte. Die Hongkonger kommen gern zum Teetrinken und Dimsum-Essen hierher. Gegenüber liegt ein großer Yachtklub. Bei der Fahrt zum »Jumbo« sieht man neben der Brücke noch alte Dschunkenwerften, in denen heute aber nur noch Reparaturen durchgeführt werden.

Meerblick für die Ahnen

Chinese Permanent Cemetery

Der große chinesische Friedhof, der sich am westlichen Ortsrand über drei Berghänge erstreckt, ist eine Sehenswürdigkeit. Er wurde angelegt an einem Ort mit besonders gutem Feng-Shui (▶ Baedeker Wissen, S. 96), das heißt hier: mit schönem Meerblick. Durch die Hochhäuser rundum wird er heute jedoch etwas eingeengt. Manche Gräber sind mit aufwendigen Steinmetzarbeiten verziert.

Zugang über Treppen ca. 200 m westlich der Fußgängerbrücke

ADMIRALTY

Lage: Garden Road (Hong Kong Island) | **MTR-Station:** Admiralty
Pacific Place: **www.pacificplace.com.hk**

Das Bürohausviertel ist ein wichtiger Orientierungspunkt: Hier treffen drei U-Bahn- und zahlreiche Buslinien plus Straßenbahn zusammen. Noch interessanter ist: Von hier aus erfolgt der Hauptzugang zum Hong Kong Park. Das Wichtigste aber: Von Admiralty aus wird die ganze Stadt regiert, und hier beginnt eine parkartige Hafenpromenade.

Wie ein breiter Riegel trennte das Viertel bis gegen Ende der 1970er-Jahre den Central District von den Stadtteilen weiter östlich. Beide verband ursprünglich nur die Straße Queensway (die schmaler war als heute). Von hohen Mauern gesäumt durchschnitt sie das **Marinegelände,** später kam die Harcourt Road dazu. Auf potenziell teuerstem Baugrund standen lediglich die Kasernen der Garnison. Fast alles, was man hier sieht, ist daher noch ziemlich neu. Die ältesten Geschäftshäuser entstanden erst in den 1980er-Jahren. Den Schub brachte die U-Bahn. 1982 ging die MTR-Station in Betrieb, 1985 wurde sie **Umsteigebahnhof** zwischen Island- und Tsuen-Wan-Linie.

Der Name »Admiralität« verweist darauf, dass sich hier über 100 Jahre lang der britische Marinestützpunkt befand. Ein Teil des Geländes ist immer noch militärisches Sperrgebiet – jetzt belegt von einer Einheit der Volksbefreiungsarmee.

Schauen, Shoppen, Schlemmen

Pacific Place

Der **riesige Komplex** auf der Südseite des Queensway besteht aus einem mehrgeschossigen Einkaufszentrum, drei Türmen mit Luxushotels, einem Bürohochhaus und einem Verwaltungs- und Gerichtsgebäude; auch dank der günstigen Verkehrsanbindung ist Pacific Place seit 1988 (Eröffnung des ersten Bauabschnitts) ein Mittelpunkt von Admiralty.

TROPENMAGIE IN DEN WIPFELN

Mitten in der Stadt den Vögeln nahe kommen, die in der riesigen Voliere im Hong Kong Park turnen, zwitschern, knabbern, schwirren: Auf dem bequem zu begehenden Baumwipfelpfad schreiten Sie fast wie durch eine andere Welt. Es macht Spaß, nach und nach immer mehr Arten zu entdecken – und manche Vögel werden auch an Ihnen Interesse zeigen! Stehen Sie still, kann Ihnen der weiße Balistar zum Greifen nah kommen.

 Hong Kong Park

Hongkongs schönster Park

Schöne Oase inmitten der Stadt

Rolltreppen gleiten vom Pacific Place aufwärts zur Supreme Court Road, die nach wenigen Schritten an Hongkongs schönstem Stadtpark endet. Er konnte erst angelegt werden, nachdem sich die Garnison von dem Gelände zurückgezogen hatte. Überragt von Wolkenkratzern, ist der Park eine wunderbar gepflegte, grüne Oase mit Wasserläufen und Teichen. Es gibt **Gewächshäuser mit Tropen- und mit Wüstenklima** sowie eine große Freiflughalle für 150 tropische Vogelarten; auf Baumwipfelhöhe führt ein Besuchersteg hindurch. Dank eines Standesamts am Rand des Parks liefern Brautpaare, die für Fotografen posieren, auch für den Fotoamateur immer wieder schöne Motive. Beim Westausgang des Parks liegt die **Talstation der Tram auf den ▶ Peak.**

www.lcsd.gov.hk/en/parks/hkp/

Das älteste erhaltene Kolonialgebäude der Stadt

Flagstaff House

Im Norden des Hong Kong Park steht das Flagstaff House aus dem Jahr 1846. Es ist nach dem Flaggenmast (»flagstaff«) benannt, der dazugehörte, denn hier war der **Sitz des britischen Kommandanten.** Heute ist in den Räumlichkeiten Hongkongs liebenswertestes Museum untergebracht – das **Museum of Tea Ware.** Anhand von Teegeschirr und Fotos informiert es über die Entwicklung der chinesischen Teekultur, und so erfährt man z. B., wie man Teeblätter früher aufgegossen hat.

10 Cotton Tree Drive |Mi.–Mo. 10–18 Uhr
https://hk.art.museum

Museum oder Musik?

K. S. Lo Gallery

Das Nachbargebäude des Flagstaff House birgt eine Keramik- und Siegelsammlung, die ein Mäzen der Stadt stiftete; zudem erfreut dort das kleine, feine **Teehaus Lok Cha** seine Gäste: mit vegetarischen Dimsum und sonntagnachmittags auch mit einem Konzert.

Teehaus: 10 Cotton Tree Drive, Ground Floor, The K. S. Lo Gallery|
www.lockcha.com

Central Government Offices und Central Harbourfront

Das Tor zum Hafen

Bau mit Symbolik

Solch eine Regierungszentrale besucht man doch gern: schick, modern, grün und mit Hafenpanorama! Hongkongs Stadtverwaltung versteckte sich jahrzehntelang in unscheinbaren Bauten in unscheinbarer Lage. Die kleine **City Hall** (»Rathaus«) und das **Government House** als Residenz des Gouverneurs konnten nur als Andeutungen einer komplexen Verwaltungsmaschinerie gelten. Was ansonsten an Regierungsgebäuden existierte, wirkte wenig prägnant.

Seit 2011 ist nun alles anders. Auf der Hafenseite von Admiralty entstand nach einem sehr ansehnlichen Entwurf des Hongkonger Büros Rocco Design Architects ein **Komplex in Form eines riesigen Tors,** durch das hindurch sich ein Park bis an die neue (ostwärts noch im Ausbau befindliche) Hafenpromenade erstreckt. Im östlichen Flügel fand Hongkongs Parlament, das Legislative Council (LegCo) eine neue Heimat. Laut Rocco Architects symbolisiert der Komplex Offenheit (das nicht schließbare Tor), Freude (der immergrüne Park), Nachhaltigkeit (der Blick durchs Tor in den blauen Himmel) und Kommunikation (das Gegenüber der zwei Flügel). Jedenfalls überrascht das Gebäudeensemble mit seiner Großzügigkeit und einem **heiteren Grundton,** der in Hongkong sonst eher selten ist.

★ CAUSEWAY BAY

Lage: Hong Kong Island | **MTR-Station:** Causeway Bay, Tin Hau
Victoria Park: **www.lcsd.gov.hk/en/parks/vp**

Geschäftshäuser, Wohnblocks, Einkaufszentren, Kinos und ein Park: Dieser Stadtteil an Hong Kong Islands Nordküste ist das wohl quirligste Viertel der ganzen SVR. Nirgends sonst wird das spezielle Hongkong-Feeling greifbarer.

Eine Bucht (»bay«) mit einem darüber hinwegführenden Damm (»causeway«) gibt es schon lange nicht mehr. Sie erstreckte sich ursprünglich noch weiter nach Süden, wo die Tung Lo Wan Road in etwa den historischen Uferverlauf markiert. Heute befindet sich hier der Victoria Park. Der chinesische Name des Viertels, **»Bronzegongbucht«,** soll sich auf die ursprüngliche Form der Bucht beziehen.
In Causeway Bay können Sie die Nacht zum Tag machen: Die Geschäfte hier schließen später als überall sonst im restlichen Hongkong, teils erst um Mitternacht.

Hier ist immer was los

Victoria Park

Benannt nach Königin Victoria, die hier mit einem Standbild präsent ist, wurde er 1957 eröffnet. Er ist **weit mehr als eine Grünanlage.** Hier finden übers Jahr größere Veranstaltungen statt – Neujahrsmarkt, Laternenschau, Blumenschau und Sonderaktionen –, zudem gibt es Fußballplätze, Tennisplätze, ein Tennisstadion und zwei Schwimmbäder. Sonntags treffen sich im Park und in den umliegenden Straßen indonesische Hausmädchen, und jeden Morgen finden sich Anwohner zu chinesischer Frühgymnastik ein.

Schutz vor den Naturgewalten

Taifun- und Yachthafen

Nördlich des Parks, jenseits der Victoria Park Road, liegen Steinwälle, die Boote vor eventuellen größeren Wogen schützen, wie Taifune (► S. 300) sie verursachen. Früher, als es für Fischerei und Transport noch viel mehr kleine Schiffe in Hongkong gab (und Menschen, die auf Schiffen wohnten), lagen sie hier dicht aneinander, wenn sie nicht unterwegs waren, und bildeten eine kleine Dschunkenstadt mit Läden und Restaurants. Heute sieht man außer etlichen Sampans fast nur noch private Segel- und Motoryachten.

Nicht erschrecken

Noon Day Gun

Ein liebenswertes Relikt der alten Zeit ist die Sitte, gegenüber vom Excelsior Hotel genau um 12 Uhr mittags einen **Kanonenschuss** abzufeuern. Mit einem ähnlichen Schießgerät wie diesem blitzblanken Nachbau begrüßte das Handelshaus Jardine's einst seine einlaufenden Schiffe. Zu erreichen ist es durch einen Fußgängertunnel, der von der Tiefgarage des World Trade Centers (westlicher Nachbar des Excelsior) unter der Autobahn hindurchführt.

Hier kommen alle zusammen

Kaufhäuser, Einkaufszentren

In einem gewissen Sinn sind Park, Taifunhafen und Kanone nur Randerscheinungen des Viertels, denn der Großteil der Besucher strömt am Abend hierher zum Einkaufen und um essen zu gehen. Die größten und bekanntesten Konsumtempel sind das **Kaufhaus Sogo** (Hennessy Road, Ecke Eastpoint Road) und das **Einkaufszentrum Times Square** in der Russell Street). Die Nebenstraßen werden abends zur Fußgängerzone. In dem Sträßchen Jardine's Crescent sorgt ein Freiluftmarkt für Kontrast zum Big Business. Eine noch hongkongtypischere Sehenswürdigkeit sind Beverley Plaza und Causeway Place am Westende der Great George Street, Einkaufszentren aus Minilädchen auf mehreren Etagen, vor allem für Mode, Schmuck und allerlei lustigen Schnickschnack.

Am Shoppingcenter Times Square führt kein Weg vorbei.

CENTRAL

Lage: Hong Kong Island | **MTR-Station:** Central

Hongkongs eigentliches und historisches Zentrum ist das Hauptgeschäftsviertel der Stadt. Hier befinden sich die Zentralen der Notenbanken und die Aktienbörse, hier residierte der britische Gouverneur. Central ist eng bebaut und auch auf den zweiten Blick wenig spannend, bietet aber dennoch ein paar Top-Attraktionen: die Hafenfront, den Statue Square, die ehemalige Polizeiwache Tai Kwun sowie einige urige Ecken mit Straßenmärkten und Garküchen. Außerdem befinden sich hier zwei Brennpunkte des Nachtlebens: Lan Kwai Fong und SoHo.

Central ist das einzige Viertel mit überwiegend alten Hochhäusern (▶ Baedeker Wissen, S. 80) – »alt« heißt hier: aus den 1960er- und 1970er-Jahren. Im Untergrund, in den zusammenhängenden Stationen Hong Kong und Central, treffen vier **MTR-Linien** aufeinander. Wer zu den anderen größeren Inseln fahren will, kommt an Central nicht vorbei: Von den Piers 2 bis 6 legen die wichtigsten **Fähren** zu den bewohnten Inseln im Westen ab, ab Pier 7 fährt die Star Ferry nach Kowloon.

Von »Central« spricht man erst seit einigen Jahrzehnten. Ursprünglich dominierte der Name Victoria (bzw. **»City of Victoria«**), der sich freilich auch auf die angrenzenden Stadtteile im Norden/Nordosten der Insel bezog. Mit dem Zusammenwachsen der Teile Hongkongs, namentlich dem Aufstieg Kowloons, wurde der Name allmählich aber als obsolet empfunden. Dann setzte sich für das Viertel die Bezeichnung »Central District« durch. Da es jedoch heute nur mehr Teil des Distrikts »Central and Western« ist, wird gewöhnlich das »District« weggelassen – wie auch beim Namen der zugehörigen MTR-Station.

Drei lange, parallel verlaufende Straßenzüge erschließen den Stadtteil: die bergseitige **Queen's Road** war einst die Uferstraße. Nach Norden folgt die nach einem Gouverneur benannte **Des Voeux Road** mit der Straßenbahn, und noch einen Block weiter nördlich verläuft die autobahnähnlich ausgebaute **Connaught Road.** Die Landgewinnung hat das Ufer inzwischen um bis zu 750 m weit ins Meer vorgeschoben.

★ Statue Square

Auch ohne das ursprüngliche Standbild interessant

Hongkongs »gute Stube«

Über Jahrzehnte nahm der Central District am **zentralen Platz** seine Besucher in Empfang, denn genau hier landete die Star Ferry an – passé, wie so vieles in Hongkong. Da es auch keine Restaurants oder Straßencafés gibt, wirkt der Platz heute manchmal ein wenig verlo-

ren, doch laden Bänke und Pavillons ebenso zur Rast wie das Grün und die Brunnen. Richtig viel los ist nur am Sonntag, wenn sich hier und in den angrenzenden Straßen philippinische Hausmädchen der Stadt zum weltgrößten regelmäßigen Picknick treffen.
Seinen Namen hat der »Statuenplatz« nach einem Standbild von Königin Victoria, das jedoch von den Japanern im Zweiten Weltkrieg abgebaut und eingeschmolzen wurde – ein Neuguss steht heute im Victoria Park. Die einzige Statue, die heute noch den Namen rechtfertigt, ist diejenige von Sir Thomas Jackson (1841 bis 1915), eines Managers der Hong Kong & Shanghai Banking Corporation. Deren Hauptsitz beherrscht von der Südseite her den ganzen Platz. In Europa ist es gewöhnlich das Rathaus, also der Kern des Gemeinwesens, zu dessen Füßen sich der zentrale innerstädtische Platz erstreckt. Hier dagegen trumpft eine **Phalanx aus drei Banken** auf: neben der erwähnten HSBC sind es die Standard Chartered Bank sowie der Altbau der Bank of China – Hongkongs drei Notenbanken. So viel zu den wahren Machtverhältnissen, könnte man meinen.

Eine transparente Bank

HSBC Building

Ob der Bau schön ist, mag jeder für sich beantworten, aber ein Hingucker ist der 179 m hohe, vom Briten Norman Foster entworfene Turm des HSBC allemal. Bei seiner Fertigstellung 1985 war es das erste Hongkonger Gebäude, das auch in der internationalen Presse Beachtung fand (▶ Baedeker Wissen, S. 58). Es demonstriert eine für ein Bankhaus **ungewöhnliche Transparenz.** Von oben fällt Tageslicht hinein, aber nicht auf direktem Weg, sondern über ein Spiegelsystem. Zu ihm gehört eine so genannte Lichtschaufel, die an der Südfassade beweglich angebracht ist. Die aufwendigen Konstruktionsmerkmale machten das Gebäude bei Fertigstellung zum teuersten Bürogebäude der Welt. An seinem Fuß wachen als einzige Relikte des Vorgängerbaus die Bronzelöwen Stephen und Stitt.

Gefällt nicht jedem

Bank of China

Darunter fassen wir hier zwei Gebäude: Das eine ist der östliche Nachbar der HSBC, ein vom **Hongkonger Büro Palmer & Turner** entworfener, 1950 fertiggestellter Bau. Er zeichnet sich vor allem dadurch aus, dass er noch nicht abgerissen und durch einen höheren Bau ersetzt worden ist. Die Bank of China verließ dieses Gebäude 1990 und zog 150 m weiter östlich in den **Bank of China Tower** um, jenen durch auffällige Diagonalen charakterisierten Turm mit zwei antennenartigen Spitzen. Der Entwurf stammt vom Sinoamerikaner **Ieoh Ming Pei.** Bei Fertigstellung 1990 war der 367 m hohe Wolkenkratzer der höchste der Stadt. Der Bauherr (letztlich der

Eine »Lichtschaufel« bringt Tageslicht auch in die untersten Etagen des HSBC.

HONG KONG & SHANGHAI BANK

52 Stockwerke auf 179 m Höhe: Das von dem britischen Stararchitekten Lord Norman Foster entworfene Verwaltungsgebäude der Hong Kong & Shanghai Bank zählt zu den kleinen Hochhäusern der Metropole. Doch was die Bausumme anbelangt, belegte das 1985 fertiggestellte Gebäude seinerzeit den Spitzenplatz: Mit rund 1 Mrd. € war das Bankhaus viele Jahre das teuerste Bürogebäude der Welt.

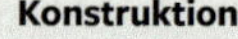

Konstruktion
Gut sichtbar ist die Struktur der Bauwerkskonstruktion. Acht Stahlmasten aus jeweils vier Röhren tragen das Gebäude. In sie sind die einzelnen Stockwerke eingehängt. Da der Bau aus fünf aufeinandergestapelten Brücken besteht, unter denen jeweils mehrere Stockwerke aufgehängt sind, konnte fast das ganze Erdgeschoss als öffentlicher Platz frei gehalten werden.

Gebäudegliederung
Das Gebäude besteht aus drei Blöcken, die im 11., 20., 28., 35. sowie im 41. Stockwerk Doppelgeschosse bilden.

Beleuchtung
Über riesige computergesteuerte Spiegel wird das Tageslicht in die Schalterhalle gelenkt.

1 Atrium
Über zwei Rolltreppen – die längsten freitragenden der Welt – gelangt man in das 10 Stockwerke (ca. 52 m) hohe Atrium, das in der Bank als Schalterhalle genutzt wird.

2 Glasdecke
Das weitläufige Erdgeschoss wird durch eine eingehängte Glasdecke, die als Klimaschranke fungiert, von der Schalterhalle abgetrennt.

chinesische Staat) wollte damit gegenüber der britischen Kolonie ein deutliches Zeichen setzen, doch hielt der Rekord gerade einmal zwei Jahre. Peis Bauten zeichnet bei aller geometrischen Strenge stets eine hohe ästhetische Qualität aus. Der graue, fensterlose und obendrein mit Zinnen bewehrte Sockel der Bank of China wirkt jedoch abweisend und feindlich – das genaue Gegenteil des lichten, offenen HSBC-Sitzes. Die Hongkonger kritisierten das Gebäude wegen seiner spitzen Winkel (▶ Baedeker Wissen, S. 96), und manchen erschienen die zwei Spitzen wie Weihrauchstäbchen bei der Totenfeier.

Weitere Bauten am Statue Square

Understatement nach Feng-Shui

Cheung Kong Centre

Ein quaderförmiges Hochhaus ragt zwischen Alt- und Neubau der Bank of China auf: das Cheung Kong Centre, Hauptquartier des von Li Ka-shing (▶ Interessante Menschen) geführten Unternehmensimperiums. Der 1999 fertiggestellte, 283 m hohe Turm ist ein Entwurf von César Pelli, der hier den Rat von Feng-Shui-Experten berücksichtigt haben soll – offenbar mit sehr unauffälligem Ergebnis.

Hier ist Justitia zu Hause

Oberster Gerichtshof

Das kleinste Gebäude am Statue Square fällt besonders ins Auge. 1899 bis 1910 errichtet, ist es das letzte Bauwerk im Zentrum, das den **typischen Kolonialstil** aufweist. Es stammt zudem aus einer Zeit, da die Klimatisierung der Räume durch die Architektur selbst bewerkstelligt wurde: Dank der umlaufenden Laubengänge bleibt das Innere schattig, und selbst bei Regen kann man die Fenster geöffnet lassen. Das Gebäude wurde später Sitz des Legislative Councils (Hongkongs Parlament), das nun sein neues Domizil in ▶ Admiralty fand. Jetzt dient der historische Bau als **Sitz des obersten Hongkonger Berufungsgerichts** wieder seinem alten Zweck. Dann passt auch wiederum der Schmuck oben an der platzseitigen Fassade: Justitia mit den verbundenen Augen, Waage und Schwert.

Ein hübsches Stück Grün

Chater Garden

Jenseits des Gerichtshofs, also in nächster Nachbarschaft des Statue Square, befindet sich eine zweite **öffentliche Freifläche.** Es handelte sich einst um ein abgegrenztes Rasenstück. In makelloses Weiß gekleidet, pflegten dort die Mitglieder des Cricket Clubs die britischste aller Sportarten, und zwar noch bis 1975.

Geschlossene Gesellschaft

Hong Kong Club

Im Nordosten des Platzes (gegenüber vom Luxushotel Mandarin Oriental) steht ein Hochhaus, das mit seinen **schmalen Fensterbändern**

wenig einladend wirkt. Bis 1981 glänzte hier das prachtvollste Gebäude der Kolonialzeit – der Sitz des einflussreichen Hong Kong Club. Aber in Hongkong zählt Tradition weniger als Geld, und schon gar nicht zählt die Meinung von Denkmalschützern. Dem Club gehört auch das heutige Hochhaus, er belegt darin nur die Stockwerke 1 bis 4. Das Zenotaph vor dem Gebäude erinnert an die Gefallenen beider Weltkriege.
www.lcsd.gov.hk

Lan Kwai Fong

Geballtes Vergnügen

Hongkongs Ausgehmeile

Hongkongs Synonym für Nachtleben, nicht groß, aber geballt, mit Kneipen (gelegentlich mit Schleppern davor), Restaurants (edel drinnen, populär draußen), Shisha-Bars, Diskos und Musikclubs. Ein Besuch ist natürlich vor allem am Abend angesagt, aber es spricht nichts dagegen, hier auch schon tagsüber zu bummeln und beispielsweise zum Mittagessen herzukommen. Manche Lokale öffnen sogar noch früher.
Lan Kwai Fong ist nur eine schmale, winklige Gasse, dennoch steht ihr Name heute für das gesamte Gebiet von Hongkongs **Eldorado für Nachtschwärmer.** Vor allem gehört die D'Aguilar Street dazu, von der Lan Kwai Fong abzweigt, außerdem die Gässchen **Wo On Lane** und Wing Wa Lane, die ebenfalls von der D'Aguilar Street abzweigen, sowie in weiterem Sinne auch das obere Ende der Wyndham Street bis zur Pottinger Street. In den angrenzenden Straßenabschnitten haben sich ebenfalls Bars, Kneipen, Klubs und Diskotheken etabliert. Bemerkenswert ist besonders die sogenannte **Sitting-out Area** am Ende der Wo On Lane. Sie ist wie eine Arena angelegt, ein großer, offener Raum mit reichlich Sitzplätzen. Vor allem junge Leute kommen am Wochenende abends hierher und picknicken, machen Musik oder veranstalten irgendwelche Aktionen. Argyle Street und Lan Kwai Fong sind am Wochenende abends autofreie Partymeile.

Früher Eiskeller, heute Clubhaus

Ice House Street

Der Name der Straße verweist auf einen Eiskeller: Hier wurde einst, vor Erfindung der Kältemaschine, per Schiff herantransportiertes Eis in großen Blöcken für den Sommer eingelagert. Auch nachdem ab 1874 künstliches Eis in Hongkong produziert worden war, blieb die Funktion als **Eiskeller und Eisverteilstation** noch lange erhalten. Die heutigen Gebäude am Ende der Ice House Street (Lower Albert Road 2) entstanden jedoch erst um den Ersten Weltkrieg.
Eines ist jetzt Sitz des Klubs der Auslandskorrespondenten, das Nachbarhaus wird vom Fringe Club (▶ S. 228) belegt. Horizontale Backsteinstreifen verleihen dem Komplex eine unverwechselbare Ästhetik. Eindrucksvoller als die Front ist übrigens die Rückseite an der Wyndham Street.

Der Norden von Central

Der Name führt in die Irre

City Hall

Der Statue Square hat im Norden keinen echten Abschluss. Nur der elfstöckige Hochhausflügel der City Hall deutet eine Begrenzung an. Der 1962 eröffnete Komplex fungierte nie als »Rathaus«: Mit seinen Theater- und Konzertsälen dient er vor allem **Kulturveranstaltungen**.

3 Edinburgh Place | www.cityhall.gov.hk

Hongkongs Stadtplanungsmuseum

City Gallery

Der seeseitige Nachbar der City Hall, die City Gallery, öffnete 2012 erstmals seine Pforten. Auf interaktive Weise erfährt man hier alles über Hongkongs Landesgestalt, Infrastruktur und bauliche Zukunft.

Tel. 31 02 12 42 | Mo., Mi., Do. 10–18, Fr.–So. 10–19 Uhr | Eintritt frei
www.citygallery.gov.hk

Maritime Geschichte(n) auf drei Stockwerken

Maritime Museum

Von Pier 8 legen keine Schiffe mehr ab, hier lässt sich nur noch in der Fantasie verreisen. Das **Seefahrtmuseum** ist nicht eben groß, aber sehr gut gemacht und wie die meisten der Hongkonger Museen ausstellungstechnisch und museumspädagogisch auf dem neuesten Stand. Es geht nicht nur um die Seefahrt ab bzw. nach Hongkong, sondern auch um die Geschichte der chinesischen Seefahrt.

Tel. 37 13 25 00 | Mo.–Fr. 9.30–17.30, Sa. und So. 10–19 Uhr
Eintritt: 30 HK-$ | www.hkmaritimemuseum.org

Jeder Metropole ein Riesenrad!

Central Harbourfront Event Space und Observation Wheel

So hat man wohl gedacht, als es um die Frage ging, was mit der neuen Freifläche geschehen soll, die an zentraler Stelle beim Abriss des alten Star-Ferry-Anlegers und Neuaufschüttung einer großen Landfläche entstand. Nun haben wir hier eine Art Festplatz, der für wechselnde Aktionen genutzt wird, dauerhaft (mindestens bis Ende 2020) überragt vom 60 m großen Observation Wheel. Einmal fahren ist billig: 20 HK-$ für eine Viertelstunde. Unter der Bezeichnung AIA Vitality Park gibt's am Fuß des Rads diverse Fitnessangebote.

Tgl. 11–23 Uhr | https://hkow.hk | Event-Space-Veranstaltungen s. www.cvm.com.hk/en/category/calendar

Bulle und Bär

Exchange Square

1985 fand die **Hongkonger Börse** eine neue Heimat in diesem Komplex aus vier Gebäuden mit einem recht geräumigen Platz dazwischen, der sich oberhalb des Straßenniveaus (auf dem Dach eines Busbahnhofs) befindet. Hier ist der eigentliche Knotenpunkt des Netzes von Fußgängerbrücken und Passagen, das sich westwärts weiter bis jenseits des Macau-Fährterminals und südwärts ein gutes Stück den Berg hinauf erstreckt.

Ganz oben ist es am schönsten

International Finance Centre

Der riesige Komplex, kurz IFC, beherrscht die Hafenfront von Central vor allem durch den 415 m hohen Turm 2. Er ist zwar gefällig gestaltet, und doch stören seine **gigantischen Ausmaße** eher den Anblick des Ufers vom Kowlooner Ufer aus (Entwurf: César Pelli). Er wurde 2003 fertiggestellt, vier Jahre nach dem nur halb so hohen Turm 1. Die Hochhäuser verfügen über keine Aussichtsetagen. Mehr Öffentlichkeit bietet die **IFC Mall,** ein weitläufiges, die Teile verbindendes Einkaufszentrum (mit Check-in-Bereich für den Flughafen) sowie die Station Hong Kong tief unter den Gebäuden: Sie ist Endhaltestelle des Airport Express und einer U-Bahn-Linie. Außerdem ist das 2005 eröffnete Luxushotel Four Seasons (▶ S. 275) Teil des IFC. Ein Aufenthalt in dessen Spa ist eine Überlegung wert – und so luxuriös wie teuer. Gratisvergnügen dagegen bietet der **Dachgarten der IFC Mall:** mit Grün, Sitzplätzen, Gastronomie und Hafenblick.

www.ifc.com.hk/en/index.html

Mit der Rolltreppe zur Arbeit

Central Escalator

Über Fußgängerbrücken gelangt man westlich vom Exchange Square durchs Obergeschoss des stillgelegten Central Market zu Hongkongs ungewöhnlichstem Verkehrsmittel: der **Rolltreppenstraße,** die bis hinauf in die Wohnviertel der Midlevels führt. Die Rolltreppen, 880 m lang, laufen morgens bis 10 Uhr bergab, danach bergan. Ihnen verdankt das Restaurantviertel ▶ SoHo seine Existenz.

Storytelling im Gefängnis

Tai Kwun

Wann waren Sie zuletzt im Gefängnis? Wann zuletzt bei der Polizei oder im Gericht? Das gibt's alles hier, »in echt«, freilich nun außer Betrieb. Das größte historische Gebäudeensemble im Zentrum und ein neuer Besuchermagnet, 2018 eröffnet, ist die ehemalige **Central Police Station,** die zentrale Wache, zu der auch ein Gefängnis und ein Gerichtsgebäude gehörten. Es ist der größte vollständig erhaltene Komplex von Bauten der Kolonialära, entstanden in den Jahren 1864 bis 1925, wobei ein Gefängnisbau sogar aus den 1850er-Jahren stammen soll. Ein Teil der Räumlichkeiten ist Museum, ein beherbergt Gastronomie, und zwei recht spektakuläre Neubauten geben Raum für Veranstaltungen und Ausstellungen.

Als die Gebäude um das Jahr 2000 leer geräumt wurden, begann eine große Debatte um dieses innerstädtische Filetstück – also teuersten Baugrund: Wie weiter nutzen? Die Regierung strebte eine rein kommerzielle Lösung aus Shopping und Gastronomie an. Dagegen erhob sich Protest. Schließlich wurde dank des Engagements des gemeinnützigen Jockey Clubs (▶ Baedeker Wissen, S. 68), auch in Kooperation mit den Schweizer Architekten Herzog & de Meuron, die heute realisierte Antwort gefunden, die vielen Bedenken Rechnung trägt und neue Ideen umsetzt. Ein Ergebnis, mit dem Hongkong, seine Ein-

Ohne Stau zur Arbeit und zurück mit dem Central Escalator

wohner und seine Gäste sehr zufrieden sein können. Es ist das der erste wirklich geschichtsträchtige öffentliche Raum der Stadt – mit Zusatznutzen!
Die historische Bausubstanz blieb erhalten, und jeder kann die Anlage besichtigen und erkunden, ohne Geld zu bezahlen. Die kommerziell genutzten Flächen beschränken sich auf einige Restaurants, Cafés und Läden, die den Gesamtcharakter jedoch nicht beeinträchtigen. Im Vordergrund stehen vielmehr Geschichte und Kunst. So gibt es sechs »story telling places«, darunter am Originalschauplatz **»Life in Victoria Prison«,** veranschaulicht durch eine Art Schattenspiel in den Zuchthauszellen. Damit wurde das einstige Gefängnis zum Museum seiner selbst. Zum bergseitigen Ende hin ergänzen zwei Neubauten das historische Ensemble: **JC Contemporary** mit Ausstellungen aktueller Kunst sowie **JC Cube** für Theater und Konzerte. Der Hauptzugang zu dem Komplex erfolgt jedoch von unten, von der Hollywood Road aus. Von dort gelangt man zunächst auf einen der zwei großen Innenhöfe. Dort können Sie im Schatten hoher Bäume rasten, ohne etwas konsumieren zu müssen. Eine Besichtigung ist jedoch nicht unbedingt spontan möglich. Besser besorgen Sie sich vorab unter www.taikwun.hk/en/visit/taikwun_pass eine Gratis-Eintrittskarte, die für eine bestimmte Uhrzeit des Eingangs gilt. Sofern die Anlage nicht überfüllt ist, gewährt man Ihnen an den Pforten aber auch ohne »Taikwun-Pass« Zugang.
10 Hollywood Road | tgl. 10–23, Visitor Centre bis 20 Uhr; JC Contemporary 11–19, Fr. bis 21 Uhr | www.taikwun.hk/en

PARTYTIME BEIM ERDGOTTSCHREIN

Wo sich Peel Street, Staunton Street und Elgin Street kreuzen, tobt besonders freitagabends der Kneipentrubel. Bergab blicken Sie in die Schluchten von Peel Street und Elgin Street, die sich spitzwinklig treffen. In ebendieser Richtung ein paar Stufen treppab und nach rechts – und Sie stehen in einem urtümlichen Heiligtum der Volksreligion, einem Erdgottschrein mit Dutzenden von Weihrauchspiralen.

Traditioneller Markt, Architektur und Graffiti

Graham Street, Stanley Street und Peel Street

In nächster Nähe zum glitzernden Superhochhaus »The Center« überlebt noch ein Rest uriges Althongkong: der traditionelle **»wet market«,** ein Lebensmittel-Freiluftmarkt im unteren Ende der Graham Street, ein Garküchenmarkt am Westende der Stanley Street und weiteren Marktständen im unteren Ende der Peel Street. Bürger kämpfen um den Erhalt des leer stehenden Hauses 120 Wellington Street (Ecke Graham Street): Gebaut gleich nach dem großen Stadtbrand von 1878, sei es das einzige verbliebene Exemplar dieses Shophouse-Typs. Ob es erhalten bleibt? In dieser Gegend finden Sie auch – selten in Hongkong – Graffiti an Hauswänden, wobei die besseren »offiziell« bei Tageslicht entstanden und ziemlich groß und aufwendig gemacht sind. An der Ecke Peel Street/Hollywood Road etwa wurden Marylin Monroe, Frank Sinatra und Audrey Hepburn verewigt.

★★ CHEUNG CHAU ISLAND

Lage: 12 km südwestlich von Hong Kong Island | **Fähren:** ab MTR-Station Central, Pier 5, Hong Kong Island, tgl. 6.25–23 Uhr; von Cheung Chau tgl. 5.45–22.30 Uhr, ca. zweimal pro Stunde

Hongkong als Kleinstadt! Die Insel mit der größten traditionellen Ortschaft Hongkongs ist ein schönes Ziel für einen Tagesausflug per Fähre – mit Wanderung, Badespaß, einem Tempelbesuch, einer Sampanfahrt und einer Mahlzeit in einem Fischlokal.

Der chinesische Name der etwa hantelförmigen Insel mit rund 40 000 Bewohnern bedeutet so viel wie »Langes Land«. Über den schmalen, flachen Mittelteil erstreckt sich die traditionelle Ortschaft – an der schmalsten Stelle sind es von Ufer zu Ufer gerade mal 150 m. Die Bucht auf der Westseite fungiert als Hafen mit Fähranleger, auf der Ostseite erstreckt sich ein **750 m langer Strand** mit Wassersportangeboten. Geistlicher Mittelpunkt von Cheung Chau ist der im Norden gelegene Pak-Tai-Tempel. Der Ort ist **auto- und hochhausfrei,** bietet Restaurants und Ferienwohnungen. In der Ortsmitte, am Weg zum Strand, wird ein alter Banyanbaum als heilig verehrt. Der Inselsüden ist das Ziel einer ein- bis zweistündigen Wanderung.

Das »Lange Land«

Dem Nördlichen Himmelsherrn geweiht

Pak-Tai Tempel

Am Nordende der Bak She Street, jenseits eines großen Vorplatzes mit Fußball- und Basketballfeldern, liegt dieser schmuck restaurierte Tempel, erbaut im Jahr 1873 aus Spenden der Einwohner. Er zeigt einen **typischen Aufbau** mit einem Torgebäude und einem Hof, der Zugang zur zentralen Haupthalle und zwei Nebenhallen bietet. Hauptgottheit ist der Nordkaiser (kantonesisch: Pak Tai). Sein Altar und prächtiger Schrein wird von zwei kampfbereiten Wächtern geschützt. Die linke (nördliche) Nebenhalle birgt einen Schrein der buddhistischen Barmherzigkeitsgöttin Kwun Yam (Guanyin), die rechte ist der »Himmelskaiserin« Tin Hau (Tianhou) geweiht. Mit seinem bunten First- und Traufschmuck und den feinen Holzschnitzarbeiten weist der Bau **typische Elemente der kantonesischen Tempelarchitektur** auf.

tgl. 7–17 Uhr

Auf den Spuren eines berühmten Piraten

Rundweg im Süden

Am Südende des Strandes bietet sich das Warwick Hotel für eine Übernachtung an. An einem der Felsen unterhalb davon blieb eine **prähistorische Ritzzeichnung** erhalten. Wer rechts um das Hotel herumgeht, erreicht die Cheung Chau Sports Road. Links zweigt die Kwun Yam Wan Road ab; von hier gelangt man zu einem kleinen **Tempel.** Der weitere Weg führt über Fa Peng Road und Peak Road Richtung Westen und passiert den großen Ortsfriedhof.

Im äußersten Westen können Sie zur **Cheung Po Tsai Cave** hinabsteigen, die diesem bis heute berühmten Piraten (▶ S. 191) als Unterschlupf gedient haben soll. Die Peak Road endet im sogenannten CARE Village, von wo aus man sich mit einem Kaido (einer Sampanfähre) zum Hauptort übersetzen lassen kann. Dort stärken Sie sich in einem der vielen Fischrestaurants, z. B. im **So Bor Kee.** Es liefert gute Qualität zu deutlich niedrigeren Preisen als in der Stadt. Auch Imbisslokale sind zahlreich. Achten Sie auf die Fischbällchen am Spieß!

So Bor Kee: 11C Pak She Praya Road, Hafenpromenade, nahe dem Nordende | Tel. 29 81 09 98)

HAPPY VALLEY

Lage: Hong Kong Island | **MTR-Station:** Causeway Bay
Rennbahnen/Jockey Club: **www.hkjc.com/home/english/index.asp**

Der Name Happy Valley ist beinah synonym mit »Pferderennen« – die werden hier nämlich schon seit 1846 ausgetragen, und der chinesische Name des Stadtteils bedeutet auch nichts anderes als »Pferderennbahn«. Anreisen müssen Sie nicht auf dem Pferderücken: Nach Happy Valley führt eine Zweigstrecke der Straßenbahn.

Die Rennbahn füllt fast das gesamte Tal aus – das einst die einzige größere Ebene auf Hong Kong Island war. Die Anlage mit den Zuschauertribünen und dem Zieleinlauf auf der Westseite wurde 1995 erneuert; sie bietet Platz für rund 55 000 Personen. Die Rennen finden vorwiegend am Mittwochabend unter Flutlicht statt (▶ Baedeker Wissen, S. 68). Im Innern der Rennbahn befinden sich mehrere Fußballfelder. Auf den unteren Rängen mit den Stehplätzen kostet der Eintritt übrigens gerade mal 10 HK-$. Noch besser: Für 130 HK-$ (190 für spezielle Rennen) können Sie einen sogenannten **Tourist Badge** erwerben, der Ihnen Zugang zum Mitgliederbereich des Jockey Club verschafft! Sie erhalten ihn am Mitgliedereingang der Rennbahnen (http://entertainment.hkjc.com/entertainment/english/index.aspx). Die Rennsaison dauert von Anfang/Mitte September bis Ende Juni/Anfang Juli. Danach ist es zu heiß und regnerisch – Sommerpause.

Von Pferden und Menschen

Racing Museum

In dem Museum erfährt man alles über Pferderennen in Hongkong und China, die Herkunft der Pferde – nämlich aus der Mongolei – und über die Rolle, die der Jockey Club als Wohlfahrtsinstitution spielt. Zugabe: ein schöner Blick über die ganze Rennbahn.

Wong Nai Chung Road (gegenüber der Einmündung der Queen's Road East) | Tel. 29 66 80 65 | tgl. 12–19 Uhr | Eintritt frei
http://corporate.hkjc.com/

Hier ruhen Abenteurer neben Soldaten

Hong Kong Cemetery

Auf Hongkongs von Briten angelegtem Kolonialfriedhof wurden ab 1845 vorwiegend Europäer (neben Briten auch Deutsche, Franzosen, Russen) und vorwiegend Protestanten bestattet, über 12 000 an der Zahl. Erst 1909 erhielten Chinesen hier ebenfalls das Recht auf ein Grab. Zu den prominentesten Toten zählt **Karl Friedrich August Gützlaff** (1803–1851), ein aus Pommern gebürtiger Abenteurer und sprachgewandter Missionar, der noch vor dem Opiumkrieg an der chinesischen Küste entlang in britischen Diensten auf Spionagemis-

6x ERSTAUNLICHES

Hätten Sie das gewusst?

1. BLEISTIFT-HÄUSER

In Hongkong stehen auf winzigen Grundstücken Hochhäuser so schlank wie ein Bleistift. Jahrelang hielt **Highcliff** (Stubbs Road 41 D) den Weltrekord: mit 252 Metern 20-mal so hoch wie die kürzeste Diagonale der Grundfläche.

2. THE VENETIAN

Dass es **das größte Kasino weltweit** ist, wissen Sie schon. Aber das ist nicht alles: Flächenmäßig hat es das größte Hotelgebäude in Asien, und der ganze Baukomplex ist der sechstgrößte weltweit. (▶ **S. 144**)

3. TUNNEL UND BRÜCKEN

Die zerklüftete Topografie nötigte zu aufwendigen Verkehrsbauten. 2018 gab's fast **40 km Straßentunnel**, die vier größten Hochbrücken summieren sich auf 5,5 km, der Expresszug fährt unterirdisch bis zur Grenze: 26 km.

4. PFERDE IM STALL

Wie viele Pferde stehen wohl für die **Rennen** bereit? 100? 200? Es sind viel mehr, in Hongkong rund 1200! Erst dadurch werden die Rennen spannend – und zur Herausforderung für die Wetter: Wer mehr Pferde gut kennt, hat bessere Chancen. (▶ **S. 68**)

5. HÄNGE-REGISTRATUR

Nachdem es früher bei Taifunen zu manchmal verheerenden **Erdrutschen** kam, erhielten sämtliche Berghänge der Stadt ein Schild mit einer amtlichen Registraturnummer. Etwa 60 000 werden nun je nach Risikostufe regelmäßig kontrolliert.

6. ROLLS-ROYCE

Das **Peninsula** ist berühmt für seine Rolls-Royce-Flotte: 14 Wagen der absoluten Luxusklasse stehen den Gästen zur Verfügung – natürlich nur mit livriertem Chauffeur. (▶ **S. 114, 278**)

VIER BEINE HAT DAS GLÜCK

Nirgendwo wird so viel Geld darauf verwettet, wessen vier Beine ihren leichtgewichtigen Reiter am schnellsten über die Distanz bringen, wie in Hongkong. Pro Jahr fließen umgerechnet etwa sechs Milliarden Euro in die Kassen der Wettschalter des Hong Kong Jockey Clubs.

Eigentlich sind Glücksspiele in Hongkong ja verboten; den mehr oder weniger spielsüchtigen Einwohnern von Hongkong bleibt nur die schnelle Überfahrt nach Macau. Doch das wiederum passt einer Institution, die sich bis zur Rückgabe der Kronkolonie an China nur allzu gerne mit dem Beinamen **»Royal«** schmückte, ganz und gar nicht. Und es scheint, als fehlte irgendetwas seit dem Augenblick, als man von den Türschildern dieses Wörtchen entfernte.

Ein Club als Autorität

Der **Hong Kong Jockey Club** ist nicht nur eine Institution, sondern eine Autorität. Wer in Hongkong etwas auf sich hält, ist Mitglied in diesem Kreis – oder würde es gerne werden. Zeitweise stammten bis zu zehn Prozent der Steuereinnahmen der Metropole aus den Einnahmen des Clubs.
Daneben sollte man nicht vergessen, dass der Club der größte **Wohltäter** der Stadt ist. Viele soziale Einrichtungen wie Altenheime und Schulen stammen aus den Erlösen, die auf den beiden Rennbahnen in Happy Valley und Sha Tin erwirtschaftet werden. Auch der ▶Ocean Park wurde mit Geldern gebaut, die auf den Ausgang von Pferderennen gewettet wurden.Dem Jockey Club verdankt Hongkong auch einen schön gelegenen Golfplatz: Er befindet sich auf einer unbewohnten Insel, Kau Sai Chauc (▶Sai Kung), und steht der Öffentlichkeit gegen Green-Fee-Zahlung zur Verfügung (www.kscgolf.org.hk).

Die Nacht wird zum Tag

Als der Hong Kong Jockey Club 1884 gegründet wurde, war die Rennbahn auf Hong Kong Island bereits 38 Jahre alt. 1978 kam eine zweite Bahn in ▶Sha Tin in den New Territories hinzu. 85 000 Besucher finden dort Platz. Doch die unvergleichliche Atmosphäre eines Rennabends erlebt man am besten in **▶Happy Valley,** wo gleißende Flutlichtscheinwerfer die Nacht zum Tage machen. Tausende wertloser Wettscheine bedecken nach einem Rennabend den Boden. Und auf tausend Enttäuschte kommt vielleicht eine Handvoll glücklicher Gewinner, die es verstanden haben, ihren Einsatz zu vermehren.

Zwei Jahre Wartezeit

Mitglied »des Clubs« zu sein, zählt in Hongkong mehr als alle irdischen Reichtümer zusammen. Mindestens zwei Jahre muss man warten, um seine Aufnahmegebühr entrichten zu dürfen. Die laufenden Beiträge liegen dann bei gerade mal 200 Euro im Monat. Hat man diese Hürden überwunden, ist man zumindest ein »normales« Mitglied und hegt vielleicht die Hoffnung, irgendwann einmal in den Olymp der exakt 200 Erlauchten aufzurücken, die laut Satzung allein die

Geschicke des Clubs lenken dürfen. Ganz zu schweigen vom höchsten Gremium des Clubs, den sogenannten Stewards: Die Satzung schreibt vor, dass dieser **»inner circle«** nur ein Dutzend Mitglieder zählen darf. Hier wird ein Nachrücker erst dann bestimmt, wenn einer der Stewards das Zeitliche segnet ...

Ein Deutscher hält die Zügel in der Hand

Den Rennbetrieb organisiert übrigens ein Deutscher: **Winfried Engelbrecht-Bresges**, studierter Volkswirt und nebenbei Mitbesitzer des Gestüts Zoppenbroich in Mönchengladbach, fungiert als **Renndirektor.** Er hat die mehr oder weniger undankbare Aufgabe, die Einnahmen des Clubs weiter sprudeln zu lassen. »EB«, wie ihn die Chinesen nennen, kämpft hier gegen zwei nicht beeinflussbare Feinde: Macaus Kasinos und das Internet. Onlinewetten sind seit dem Frühjahr 2002 offiziell verboten, lassen sich aber kaum verhindern, wenn der Anbieter außerhalb der Stadtgrenzen sitzt. Einige Jahre lang gingen die Wetteinnahmen daher zurück. Ein Strategiewechsel, um gezielt auch Jüngere anzusprechen, brachte jedoch neue Umsatzrekorde bei den Wetteinnahmen.

Um Pferde geht es natürlich auch auf der Rennbahn ...

sionen mitreiste und christliche Traktate unters Volk brachte. Nach ihm ist in Central sogar eine Straße benannt. Neben dem eigentlichen Kolonialfriedhof gibt es noch einen katholischen, einen muslimischen, einen Parsen- und einen Hindufriedhof.

tgl. 7–19, Okt.–März 7–18 Uhr | Eintritt frei, Zugang unter der Autobahnzufahrt zum Aberdeen-Tunnel

★★ HOLLYWOOD ROAD

Lage: Hong Kong Island, Central und Sheung Wan | **MTR-Stationen:** Central; Sheung Wan

Die genau einen Kilometer lange Hollywood Road ist ein Synonym für Kunst- und Antiquitätenhandel, und das seit den 1950er-Jahren. Die Herkunft des Straßennamens ist nicht endgültig geklärt, mit dem Stadtteil des kalifornischen Los Angeles hat er aber nichts zu tun.

Während der **Kunsthandel** einerseits entlang der Straße auch mal etliche Häuserblocks überspringt, finden sich Galerien und Antiquitätenhändler andererseits auch ein wenig abseits davon, mal in Querstraßen oder – wie im Falle der sogenannten Cat Street – parallel dazu (▶ Tour 2). Dieses Viertel beginnt eigentlich schon im oberen Teil der Wyndham Street, der östlichen Fortsetzung der Hollywood Road. Am dichtesten stehen die Antiquitätenläden jedoch nahe dem entgegengesetzten Ende, westlich vom Man-Mo-Tempel.

Schlendern und Stöbern

Cat Street

Die Cat Street heißt offiziell **Upper Lascar Row.** Sie ist eine kleine Fußgängerzone, und obwohl auch hier ehrbare, teure Händler residieren, erfreut sie dank der draußen aufgebauten Stände mit Flohmarktatmosphäre (▶ Tour 2).

 Man-Mo-Tempel

Hollywood Road 124–130 | tgl. 8–18 Uhr | www.tungwah.org.hk

Für einen guten Zweck

Zivil-Militär-Tempel

Wo sich Hollywood Road und Ladder Street kreuzen, steht dieser 1847 erbaute **Man-Mo-Tempel.** Er ist weder der größte noch der meistbesuchte und auch nicht der schönste, aber unter Ausländern wohl der bekannteste Hongkonger Tempel.

Der Name (hochchinesisch: Wen Wu Miao) bedeutet »Zivil-Militär-Tempel« und verweist auf die hier verehrten Schutzpatrone der Literaten und der Soldaten, wobei Letzterer in Hongkong auch für zahlreiche zivile Gewerbe als zuständig gilt. Das Heiligtum war ursprünglich Haupttempel der chinesischen Siedlung, die hier bald nach Ankunft der Briten entstand. Es diente auch als Versammlungsraum der chinesischen Kaufleute, die 1870 das Tung Wah Hospital gründeten; die daraus hervorgegangene **Tung Wah Group of Hospitals ist Eigentümerin des Tempels,** und die mit dem Tempel generierten Einnahmen kommen daher den Krankenhäusern und anderen sozialen Einrichtungen des gemeinnützigen Unternehmens zugute.

Etwas fehlt

Außenansicht

Das Äußere wirkt unharmonisch. Üblicherweise sollte die durch ihre Größe herausgehobene Haupthalle in der Mitte stehen und nicht links außen. Tatsächlich gab es ursprünglich auch links zwei Nebenhallen. Die wurden jedoch dem Bau der Grundschule geopfert, die die Tung-Wah-Gruppe dort betreibt. Zwei steinerne **Löwen** im typisch kantonesischen Stil mit lose im Maul liegenden Steinkugeln flankieren den Torweg zur Haupthalle. Laut den Inschriften an den Sockeln wurden die Löwen 1851 von der Schweineschlachterzunft gestiftet. An der Front reihen sich beiderseits des Eingangs je vier vergoldete Prozessionstafeln, unter anderem mit den Aufschriften: »Unreines darf nicht hinein« und »Schweigt ehrerbietig, weicht zurück!« Über dem Eingang prangt der Name des Tempels.

Durch die Geisterpforte

Innen

Dem Eintretenden versperrt zunächst eine üppig geschnitzte, vergoldete »Geisterpforte« die Sicht in Richtung Altar. Jenseits eines weihrauchvernebelten Atriums sitzen an der **Altarwand** als Hauptfiguren im zentralen Schrein Wen Chang (links) und »Kaiser Guan« (Guan Di). **Zwei Nebenschreine** bergen Bao Gong (links, Gott der Gerechtigkeit) und den Stadtgott. Letzterer meldet den schräg gegenüber (neben der Tür) dargestellten zehn Höllenrichtern, wie sich ein Verstorbener zu Lebzeiten betrug.

Das gesamte Figurenprogramm bedeutet daher so viel wie **Schutz für die Stadt und ihre Bürger** sowie **Gerechtigkeit** im Diesseits wie im Jenseits, und es enthält die Mahnung, dass im Diesseits begangene Missetaten spätestens im Jenseits vergolten werden.

Was noch fehlt, ist das Mitleid. Es wird durch die Hauptfigur in der Nebenhalle Lit Shing Kung ins Spiel gebracht: die barmherzige Guan-yin. Die rechte Nebenhalle ganz außen schließlich dient dem **Totengedenken.** Hier kann man sich einen Stellplatz fürs Ahnentäfelchen kaufen. Im hinteren Raum zahlt man dafür, wenn's ein wirklich guter Platz in der Mitte sein soll, 180 000 HK-$ – das Preisschild hängt aus!

Hollywood Park und Possession Street

Westen der Hollywood Road

Eine Straße mit Geschichte
Westwärts, wo die Zeilen der Antiquitätenhändler in einer S-Kurve enden, führt die **Possession Street** abwärts. Hier hissten die Briten am 26. Januar 1941 erstmals den Union Jack und nahmen so Hongkong symbolisch in Besitz. Der chinesische Name der Straße will davon nichts wissen. Er lautet übersetzt: »Wassergrubenstraße«.
Wenige Schritte weiter, jenseits des Hotels Butterfly, lädt der Hollywood Park zur Rast. Ihn zieren Elemente klassischer **chinesischer Gartenarchitektur.**

★ KAT HING WAI

Lage: Kam Tin Road, Kam Tin, New Territories | **MTR-Station:** Kam Sheung Road (ca. 1,1 km Fußweg)| Das Dorf ist Privateigentum, daher sollte die Besichtigung rücksichtsvoll erfolgen; Parkplätze gibt es außerhalb vor dem Tor

NORD-WESTL. C 1

Mehr als 120 ummauerte Sippendörfer existierten einst auf Hongkonger Territorium. Kat Hing Wai ist das wohl bekannteste unter ihnen und in jedem Falle das baulich eindrucksvollste, auch wenn Neubauten das Innere mittlerweile stark verändert haben.

Privates Dorf

Während die meisten der Sippendörfer relativ klein sind und manche letztlich nur aus einem einzigen, mehrhöfigen Gebäude bestehen, enthält Kat Hing Wai lauter **Einzelhäuser,** die von einer 6 m hohen **Stadtmauer mit Ecktürmen** umgeben sind. Der Grundriss ist annähernd quadratisch mit 80 bis 85 m Seitenlänge. Der ursprünglich vorgelagerte Stadtgraben brachte die Anlage auf einen Umfang von etwa 90 mal 100 m, doch ist das Gewässer inzwischen verlandet bzw. zugeschüttet worden. Neben der Mauer blieb auch der innere Grundriss weitgehend erhalten. Es gibt nur ein schmales Tor auf der Westseite; die Hauptachse führt geradewegs zu dem Ahnentempel, der in die östliche Stadtmauer integriert ist und sie mit seinen geschwungenen Giebeln überragt.
Das Sippendorf gehört bis heute dem **Tang-Klan,** der ältesten der fünf großen Sippen, die sich ab dem 11. Jh. in den New Territories niederließen. Mit seiner heutigen Mauer entstand es jedoch erst gegen Ende des 17. Jahrhunderts. Der Hongkonger Denkmalschutz würde es gern unter Schutz stellen, doch dagegen hat sich die Tang-Sippe bis heute erfolgreich gewehrt – denn sonst dürften sie nichts mehr ändern. Ummauerung und Tempel werden aber kaum je angetastet werden.

KOWLOON (NORD)

Lage: äußerster Norden von Kowloon

Bis in den Norden ist es ein Stück. Wer die Strecke auf sich nimmt, gelangt zu einem Kammergrab aus der Han-Zeit und zum Kreativzentrum des Jockey Clubs. Und wenn man schon da ist: Auch der ▶ Wong-Tai-Sin-Tempel und das ▶ Chi-Lin-Nonnenkloster sind einen Besuch wert.

Historisch betrachtet endete die Halbinsel Kowloon **(»neun Drachen«)** im Norden an der Boundary Street (»Grenzstraße«). Da sich die Stadt seit 1898 darüber hinaus ausdehnte, spielte diese alte Grenzlinie schließlich keine Rolle mehr, und der Begriff Nord-Kowloon begann alles zu bezeichnen, was südlich des Lion Rock lag. Später umfasste er nach einer weiteren Ausdehnung des Stadtgebiets auch die Stadtteile am Ostufer der mittlerweile weitgehend zugeschütteten Kowloon Bay wie Kwun Tong, Ngau Tau Kok oder Choi Hung. Die Stadtstruktur ist hier zumeist anders als weiter südlich: Die meisten Menschen wohnen in Siedlungen mit Sozialwohnungen, deren Umgebung mit Grünanlagen und Sportplätzen gestaltet ist.

Südlich des Lion Rock

Eine natürliche Grenze

Lion Rock

Treffender wäre der 495 m hohe Gipfel als »Löwenkopf« zu bezeichnen. Der Name Lion Rock (analog auch im Chinesischen) übertrug sich auf den ganzen, zum großen Teil bewaldeten **Gebirgszug,** der das niedrige Kowlooner Hügelland nach Norden abschließt.

Dieses Stück Geschichte wurde nur zufällig entdeckt

Lei Cheng Uk Han Tomb

Das **Kammergrab aus der späteren Han-Zeit,** etwa 1800 Jahre alt, ist die mit Abstand bedeutendste archäologische Entdeckung auf Hongkonger Territorium. Sie wurde 1955 Bei Planierungsarbeiten für eine Siedlung entdeckt. Der Name des Grabherrn ist nicht bekannt, und das Alter lässt sich nur anhand von Konstruktions- und Stilmerkmalen schätzen. Ziemlich sicher ist, dass hier ein chinesischer Beamter, wahrscheinlich ein Militärkommandant, bestattet wurde. Das Grab ist kreuzförmig und besteht aus vier Kammern mit Tonnengewölben aus gebrannten Ziegeln; die Vierung ist überkuppelt. Es muss schon früh ausgeraubt worden sein, vermutlich von Feinden des Toten kurz nach der Bestattung: Es fehlen sowohl sterbliche Überreste wie auch Beigaben aus Edelmetall. Erhalten blieben jedoch 58 andere Beigaben. Sie sind in einer angeschlossenen Ausstellung zu sehen.
41 Tonkin Street | MTR-Station: Cheung Sha Wan, Ausgang A3
Fr.–Mi. 10–18 Uhr | Eintritt frei | www.lcsd.gov.hk en/facilities/facilitieslist/museums/lcsdmuseums.html

Verlieren für den guten Zweck

Jockey Club Creative Arts Centre

Wer immer bei Pferdewetten in Hongkong Geld verliert, unterstützt damit den Jockey Club und tut damit auch etwas Gutes für das Gemeinwesen (▶ Baedeker Wissen, S. 68. Davon profitiert ebenfalls dieser siebenstöckige Häuserblock, in dem Kreativbüros und Galerien versammelt sind. Zudem gibt es ein Café, ein Teehaus und einen Theatersaal.

30 Pak Tin Street, Shek Kip Mei | MTR-Station: Shek Kip Mei, Ausgang C | www.jccac.org.hk

 Chi Lin Nunnery

Lage: Kowloon | **MTR-Station**: Diamond Hill, Ausgang C2 | **Zugang**: Ostende der Fung Tak Road | **Kloster**: tgl. 9–16.30, innerer Vorhof 7–19 Uhr | **Nan Lian Garden**: 7–21 Uhr, Eintritt frei (an Tagen mit erhöhtem Andrang kann der Zugang vorübergehend eingeschränkt sein) | www.nanliangarden.org

Nach japanischem Vorbild

Architektur

Schon genug Tempel gesehen? Aber keiner ist wie dieser! Wer all das bunt kolorierte Schnitzwerk, das Rot der Säulen und Schreine und die Dachdekorationen der anderen Heiligtümer im Sinn hat, wird hier über die edle Würde staunen. Das buddhistische Nonnenkloster wur-

Edle Würde im Schatten der Hochhäuser verströmt die Chi Lin Nunnery.

de im Jahr 2000 fertiggestellt im Stil japanischer Klosterarchitektur. Diese beruht ihrerseits auf dem chinesischen Architekturstil der Tang-Zeit (618–906) und hat dessen Merkmale bis in die Gegenwart tradiert. Dazu zählen vor allem die von mächtigem Konsolenwerk gestützten, weiten Dachüberstände und die geringe Neigung der nur wenig geschwungenen Dächer.

Ein Paradies aus Holz

Innerer Vorhof, Halle der Himmelskönige

Eine breite Fußgängerbrücke dient als Vorplatz der **Torhalle,** des sogenannten Bergtors, das in den inneren Vorhof führt, den vier Becken mit Seerosen gliedern. Geradeaus fällt der Blick auf die Halle der Himmelskönige, die flankiert wird von Trommelturm (links) und Glockenturm. Dieses Ensemble imitiert die Phönixhalle des Klosters Byôdô-in im japanischen Uji, die ihrerseits den Versuch unternahm, das Paradies des Buddha Amitabha zu visualisieren. Es ist daher kein Zufall, dass die Gebäude, die man hier vor Augen hat, auch dank der Seerosenteiche an **Paradiesarchitektur** erinnern, wie sie sich auf chinesischen Wandbildern der Tang-Zeit dargestellt findet.
Inmitten der **Halle der Himmelskönige** sitzt ein Maitreya-Buddha (Buddha der Zukunft) vor einem prächtigen Ganzkörper-Heiligenschein und blickt wie beim japanischen Vorbild durch einen Ausschnitt in einem Holzgitter ins Freie. Die Figur zeigt die Geste der Wunschgewährung. Der in China an dieser Position sonst übliche Dickbauchbuddha gilt ebenfalls als zukünftiger Maitreya, war zur Tang-Zeit jedoch noch unbekannt und hätte stilistisch auch nicht hierher gepasst. Auch die vier Himmelskönige, die den Maitreya umstehen, sind anders gestaltet als üblich (vor allem deutlich kleiner), ähneln vielmehr frühen japanischen Darstellungen. Seitliche Durchgänge führen in den **Haupthof.** Über ihn wacht auf der Rückseite der Himmelskönigshalle die Generalsfigur des Skanda. Er ist zwar mit Helm und Rüstung dargestellt, wirkt aber eher sinnend denn martialisch; seine Rechte stützt sich auf ein Donnerkeilzepter, das die Macht und Unzerstörbarkeit der buddhistischen Wahrheitslehre ausdrückt.

Weisheit und Erlösung

Trommel- und Glockenturm

Die Erdgeschosse von Trommel- und Glockenturm bergen jeweils einen **Schrein mit einem Bodhisattva.** Im Trommelturm ist dann Akashagarbha dargestellt, Herr des Raums und Schützer der Weisheit. Er trägt das Dreijuwel und zeigt die Wunschgewährungsgeste.
Die Figur im Glockenturm ist Kshitigarbha, der den Seelen der Verstorbenen in den Höllen beisteht, in denen sie für die zu Lebzeiten begangenen Missetaten büßen müssen. Seine Darstellung als Mönch mit kahl geschorenem Kopf und dem Wunschjuwel in der Hand folgt japanischem Muster. Beide Bodhisattvas verkünden gemeinsam die Erlösungshoffnungen und -pfade in der Menschen- wie auch in der Unterwelt.

Wo Wünsche wahr werden

Haupthof

Der mit kunstvoll gestutzten Kiefern bestandene Haupthof ist kleiner als der Vorhof. In der Mitte des **Wegkreuzes,** das die Hallen an den vier Seiten miteinander verbindet, steht ein bronzenes **Weihrauchgefäß,** das jedoch nicht benutzt wird. Sein Fuß zeigt unterhalb von Lotosblättern ein Ornamentband mit den zwölf Jahrestieren. Den lotosblütenförmigen Deckel krönt eine elektrisch erleuchtete Darstellung des flammenden Wunschjuwels, das dem gläubig Opfernden die Erfüllung seiner Wünsche verheißt.

Buddha und seine Jünger

Haupthalle

An der Stirnseite des Hofs steht als größtes Gebäude im Tempeltrakt die fünf Joch breite Haupthalle. Ihr mächtiges Walmdach zieren vergoldete Firstköpfe. Das Innere birgt ein goldglänzendes **Fünf-Figuren-Ensemble:** in der Mitte Buddha Shakyamuni, flankiert von seinen engsten Jüngern Ananda (links) und Kashyapa, beide in der Geste der Ehrerbietung; links außen sitzt Samantabhadra (Bodhisattva des Gesetzes) mit der Lotosblüte (Symbol der Reinheit) und rechts außen Manjushri (Bodhisattva der Weisheit) mit einem stilisierten Wunschzepter. Das Beeindruckendste sind aber womöglich die goldenen, filigranen Mandorlas hinter den drei Hauptfiguren sowie die Baldachine über ihnen.

Schutz und Ermutigung

Seitenhallen

Die linke (westliche) Seitenhalle birgt eine **Guanyin-Figur** in entspannt sitzender Haltung mit einem angezogenen Bein (▶ S. 206). Dieser weibliche Bodhisattva der Barmherzigkeit betrachtet eine (nicht dargestellte, nur zu imaginierende) Mondspiegelung im Wasser – Sinnbild für die Flüchtigkeit und Wahnhaftigkeit der Erscheinungen des Diesseits.

In der Halle gegenüber sitzt eine ebenfalls sehr populäre Figur: der **Medizinbuddha,** hier begleitet vom Sonnen- und vom Mond-Bodhisattva. Seine Linke hält ein Arzneigefäß, die Rechte zeigt die Schutzgewährungs- und Ermutigungsgeste.

Nicht alles kann besichtigt werden

Zugang

Die genannten Höfe und Gebäude nehmen weniger als die Hälfte der **Klosteranlage** ein; der Rest ist nicht öffentlich zugänglich, mit Ausnahme eines gut sortierten Buch- und Andenkenladens, zu dem man auf der Ostseite gelangt. In der äußersten Nordostecke des Klosters erhebt sich eine siebenstöckige Pagode.

Nichts ist dem Zufall überlassen

Nan-Lian-Garten

Dem Kloster südlich gegenüber liegt der zu ihm gehörende Garten. Auf drei Hektar Fläche eher ein Park, ist er mit seinen kunstvoll zurechtgestutzten Pflanzen, seinen Goldkarpfenteichen, den Steinset-

IM PARADIES DER NONNEN

In der Tang-Zeit, vor etwa 1400 bis 1200 Jahren, erfanden die Chinesen die Paradiesarchitektur, zu betrachten in den Buddhagrotten an der Seidenstraße – und im Chi-Lin-Nonnenkloster. Im Licht der Spätnachmittagssonne erstrahlt dort im paradiesisch schönen Nan-Lian-Garten das zentrale Ensemble aus zwei zinnoberroten Bogenbrücken, die sich hinüber zu einer Teichinsel mit einem goldenen Pavillon darauf schwingen, zu wahrlich überirdischer Pracht.

zungen und den überaus solide und akkurat gepflasterten Wegen ebenso beeindruckend wie das Kloster.

In seiner Mitte glänzt inmitten eines Seerosenteichs ein vergoldeter Pavillon, ein achteckiger, zweigeschossiger Bau, zu dem zinnoberrot lackierte Bogenbrücken führen.

 Wong Tai Sin Temple

Lage: Kowloon, Lung Cheung Road | MTR-Station: Wong Tai Sin | tgl. 7–17.30 Uhr | www.siksikyuen.org.hk

Heilige und Wahrsager

Publikumsmagnet

Kein Hongkonger Tempel zieht mehr Besucher an als dieser. Rund drei Millionen Gläubige kommen jedes Jahr, und sie kommen aus ver-

schiedenen Gründen. Der wichtigste Grund ist natürlich die Hauptfigur: der als heilmächtig gerühmte Wong Tai Sin (hochchinesisch: Huang Daxian; ▶ S. 206).
Nicht von ungefähr betreibt eine gemeinnützige Organisation, die Eigentümerin des Tempels ist, hier ein Krankenhaus. Dem Heiligen wird zudem die Fähigkeit zugesprochen, die Zukunft vorhersagen zu können, deshalb ist dem Tempel ein Gebäude mit **160 Wahrsagerpraxen** angeschlossen, die sich in Chiromantik und Physiognomie üben. In Seitenhallen werden weitere Heilige verehrt, darunter der taoistische Unsterbliche Lü Dongbin, die buddhistische Barmherzigkeitsgöttin Guanyin sowie Konfuzius. Auf diese Weise ist jede chinesische Glaubensrichtung einbezogen. Die 1973 geweihte Haupthalle kann nicht betreten werden. Alle Opferhandlungen finden auf dem Vorplatz statt. Der größte Andrang herrscht zum chinesischen Neujahrsfest und in den darauffolgenden zwei Wochen.

KOWLOON (WEST)

Lage: Kowloon | **MTR-Stationen:** Kowloon; Austin

D/E 4–6

Hier entsteht die Zukunft. Die Pläne versprechen ein urbanes Geflecht aus Wohnen, Arbeiten, Restaurants und Erleben ohne massive Verdichtung, stattdessen soll alles grün und ökologisch werden – mit einer Hafenpromenade unter Bäumen.

Grüne Zukunft

Der höchste Wolkenkratzer der Stadt markiert das neue Viertel bereits wie ein gigantisches Ausrufezeichen, aber noch Gigantischeres ist 400 m weiter östlich eher im Verborgenen entstanden: der Endbahnhof für die **neue Expresszugstrecke Hongkong – Kanton (Guangzhou).** Die Strecke des Express Rail Link verläuft auf Hongkonger Gebiet durchgehend unterirdisch. Entsprechend liegt auch der Bahnhof weitgehend unter der Erde, oben jedoch erkennbar an einem geschwungenen, begrünten Dach. Einweihung war Ende 2018.Nicht minder bedeutsam wird das neue Kulturzentrum sein, das am neuen Südufer entsteht und unter der Bezeichnung **West Kowloon Cultural District** firmiert. Zwei internationale Architektenwettbewerbe wurden bereits entschieden. Schon fertig ist das **Xiqu Centre,** das den traditionellen chinesischen Opernformen neues Leben verschaffen soll. Der Theaterbau ist ein gemeinsamer Entwurf von Bing Thom Architects aus Kanada und dem Hongkonger Büro Ronald Lu & Partners. Mit seinen geschwungenen Formen erinnert er an sich öffnende oder schließende Bühnenvorhänge.

Gigant unter der Erde: der neue Endbahnhof für die Expresszüge von und nach Kanton

Kunst nach Mao

Museum M+

Am Westende der Kulturmeile nähert sich das Museum M+ der Vollendung. Nach Plänen des Schweizer Architektenbüros Herzog & de Meuron erhält es die betont schlichten Formen eines liegenden und eines darauf stehenden Quaders. Als Zentrum für visuelle Kultur des 20. und 21. Jh.s konzipiert (Museum for Visual Culture), wird es endgültige Heimstatt der Sammlung Sigg und damit das chinesische Kunstschaffen der Mao- und vor allem Nach-Mao-Zeit in weltweit einmalig breitem Spektrum präsentieren. Bis das Museum eröffnet, kann man schon mal die Zukunft erschnuppern: Im **M+Pavilion**, der in wechselnden Ausstellungen einen kleinen Teil der Schätze zeigt und im Niemandsland zwischen der Museumsbaustelle und der Hafentunneleinfahrt liegt.

Pavillon: Mi.–So. 11–18 Uhr (Zeiten können wechseln!) | Aktuelle Infos, wie der Pavillon zu erreichen ist, unter »M+Pavilion« auf der Website | Eintritt frei | https://www.westkowloon.hk/en/mplus

Hongkong aus der Vogelperspektive

International Commerce Centre

118 Etagen auf 484 m Höhe – erstmals hält ein Gebäude auf der Kowloon-Seite den Höhenrekord in Hongkongs Wolkenkratzerwald. Keine 70 m fehlen beim **ICC** bis zur Gipfelhöhe des Peak.

HOCHHÄUSER IN HONGKONG

In Hongkong hat sich eine vielfältige Hochhaus-Architektur mit mittlerweile über 7700 Wolkenkratzern der unterschiedlichsten Stilrichtungen herausgebildet. Die Hafenstadt ist damit Weltspitze. Den Rekord hält sie aber nicht.

▶ Die Entwicklung der Skyline Hongkongs

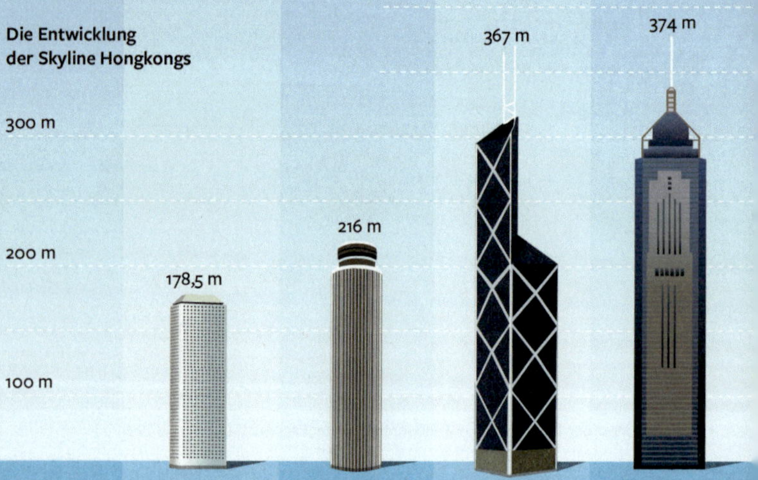

300 m
200 m
100 m

	178,5 m	216 m	367 m	374 m
NAME	**Jardine House**	**Hopewell Center**	**Bank of China Tower**	**Central Plaza**
ETAGEN	52	64	70	78
BAUJAHR	1972	1980	1990	1992

▶ Wolkenkratzer nach Kontinenten

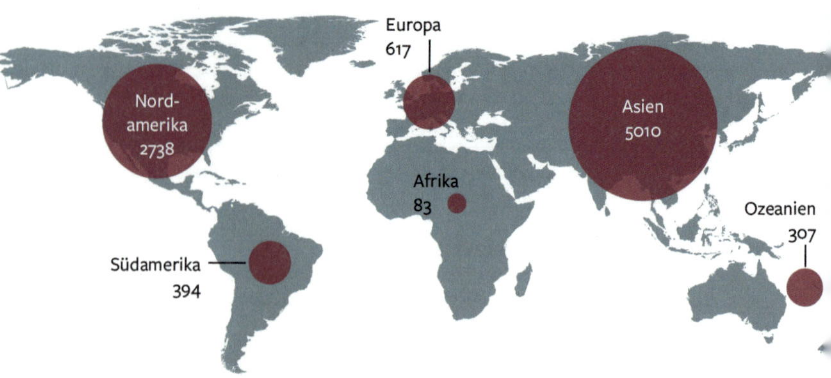

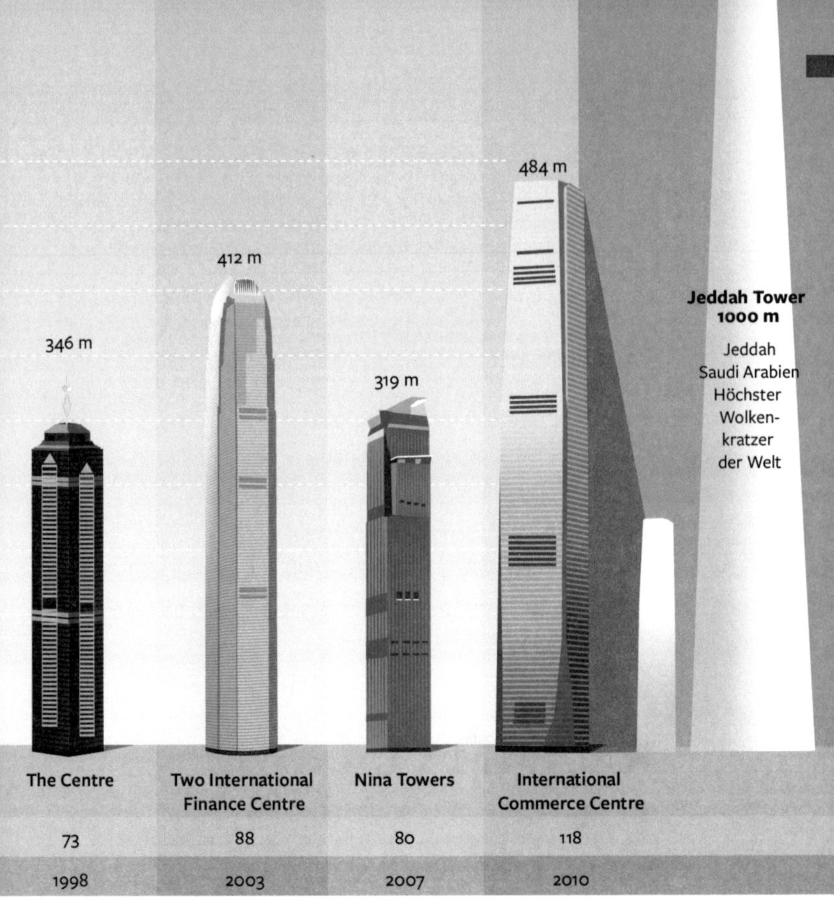

Das Skyline-Ranking – die höchsten Städte der Welt

Das Skyline-Ranking errechnet auf Basis der Etagenzahl von Gebäuden ab 100 m Höhe eine Gesamtpunktzahl (www.emporis.de).

Punkte	Stadt	Einwohner	Stadtfläche in km²	Gebäude ab 100 m Höhe
130 500 Punkte	1. Hongkong	7 061 200	1053	7770
41 125	2. New York City	8 336 697	800	6037
20 670	3. Seoul	10 581 728	616	3001
20 285	4. Singapur	5 312 400	710	4404

Das im Jahr 2010 fertiggestellte Gebäude entstand nach einem Entwurf des amerikanischen Büros **Kohn Pedersen Fox** in Kooperation mit örtlichen Partnern. Die Zeiten, da Hongkong für ganz Asien oder zumindest für ganz China gültige Bestmarken setzte, sind allerdings vorbei, seit man in Shanghai noch ehrgeiziger gen Himmel strebt.

Zwei Weltrekorde allerdings hält das ICC dennoch: Das Luxushotel Ritz-Carlton auf den Etagen 102 bis 118 ist das derzeit höchste Hochhaushotel der Welt, und das Hotelschwimmbad auf Stockwerk 118 ist ebenfalls das am höchsten gelegene seiner Art. Das erste Stockwerk wird wegen der beachtlichen lichten Höhe des Erdgeschosses als Nr. 10 gezählt. Besucher der Stadt kommen auch schon mal, um in einem der Hotelrestaurants zu speisen – natürlich alle mit Panoramablick –, doch wer das zu teuer findet, besucht die Aussichtsplattform »Sky 100« auf etwa 390 m Höhe. An das ICC schließt sich ein großes Einkaufszentrum an, das »Elements«.

International Commerce Centre: MTR-Station: Kowloon
www.shkp-icc.com

Sky 100: tgl. 10–21, Fr. und Sa. bis 22.30 Uhr | Eintritt bei Onlinekauf: 169 HK-$ | www.sky100.com.hk

★ LAMMA ISLAND

Lage: südwestlich vor Hong Kong Island | **Anfahrt:** Fähren ab Central, Pier 4, nach Yung Shue Wan bzw. Sok Kwu Wan, auch Fähren ab Aberdeen | **www.lamma.com.hk** (private Website)

SÜDWESTL.
A 12

Es gibt drei Gründe, nach Lamma Island hinüberzufahren: zum Baden, zum Wandern und zum Fischessen. Lamma, wie sie auch kurz genannt wird, ist die drittgrößte Insel der SVR – und die größte ohne Autoverkehr.

Von den zehn Dörfern, die sich hier auf 13,5 km² verteilen, sind nur zwei als größere Ortschaften nennenswert. Es sind diejenigen, zu denen die Fähren verkehren: **Yung Shue Wan** am Nordwestufer und **Sok Kwu Wan** am Ostufer etwas südlich der Mitte.

Lammas Süden ist fast unbewohnt, nur wenige Häuser finden sich hier. Dort gibt es noch einen Strand, den einzigen in der SVR, an dem Seeschildkröten laichen. Demgegenüber ist der Norden recht dicht besiedelt. Dort stehen zwar keine Hochhäuser, aber das scheinbare Idyll wird optisch doch arg gestört durch ein riesiges Kraftwerk. Da dieses seinen eigenen Anleger hat, bleibt die funktionale Beeinträchtigung der Insel zum Glück gering.

Wer ein Stück geht, wird mit Einsamkeit belohnt

Strände

Rund 1,5 km südöstlich von Yung Shue Wan, nahe dem Kraftwerk, liegt der Strand **Hung Shing Ye.** Da das benachbarte Dörfchen Lung Tsai Tsuen auch Kost und Logis bietet, ist er besonders am Wochenende ein beliebtes Ausflugsziel.

Etwa 1,7 km Fußweg vom Anleger Sok Kwu Wan entfernt liegt (ebenfalls an der Westküste) der einsame Strand **Lo So Shing.** Von Sok Kwu Wan nach Yung Shue Wan geht man rund 90 Minuten über Hügel, die größtenteils nur mit Buschwerk bewachsen sind, das kaum Schatten bietet. Doch schon das ist ein Fortschritt, ein Ergebnis von Aufforstung: Nachdem der ursprünglich hier wachsende Wald bereits vor langer Zeit abgeholzt worden war, blieb nur noch Gras. Auf immer mehr Flächen wächst unterdessen wieder Wald heran.

Zum Fischessen dann hierher …

Sok Kwu Wan

Der **Ort am Südufer** einer tief eingeschnittenen Bucht ist bekannt für seine Fischrestaurants, die auf Terrassen über das Wasser hinaus gebaut wurden. Manche halten auch gekühlten Weißwein bereit. Man nehme nicht gleich das erstbeste Lokal. Die Restaurantzeile ist über 200 m lang. Am Fähranleger informiert eine kleine Ausstellung über die **traditionelle Fischereikultur.** Sok Kwu Wan rühmt sich, das letzte Dorf in Hongkong zu sein, das sie noch pflegt.

Am Strand von Yung Shue Wan reiht sich ein Fischlokal ans andere.

… oder hierher

Yung Shue Wan

Der Ort ist deutlich größer und vielgestaltiger als Sok Kwu Wan und hat ein **breiteres kulinarisches Angebot** – auch dank einer nicht unerheblichen Zahl von Ausländern, die hier wohnen und montags bis freitags mit der Fähre zur Arbeit fahren. An der Hafenbucht kann man ähnlich wie in Sok Kwu Wan auf Terrassen sitzen und sich an Garnelen, Muscheln und Fisch delektieren, in diesem Fall sogar mit freiem Blick auf den Sonnenuntergang.

★★ LANTAU ISLAND

Lage: westlich von Hong Kong Island | **MTR-Station:** Tung Chung
Fähren: ab Central, Pier 6, nach Mui Wo | **Seilbahn:** ab MTR Tung Chung

Hongkongs größte Insel ist das Ausflugsziel für alle, die frische Luft brauchen. Für den Besuch sollte man am besten einen ganzen Tag einplanen und dabei vor allem zwei Ziele im Auge haben: das Ngong-Ping-Plateau mit dem Po-Lin-Kloster und dem Freiluft-Riesenbuddha sowie den Fischerort Tai O, der größtenteils auf Stelzen steht. Das Disneyland, auch auf Lantau gelegen, ist eine Geschichte für sich.

An die frische Luft

Mit 147 km² ist Lantau fast doppelt so groß wie Hong Kong Island, und der **Lantau Peak** als höchster Gipfel steht mit seinen 934 m dem Tai Mo Shan in den New Territories (957 m) kaum nach. Von oben bietet sich an klaren Tagen ein toller Blick auf das Meer und die grünen Hügel – kaum vorstellbar, dass man sich hier in Hongkong befindet! Abgesehen von der Satellitenstadt Tung Chung in der Mitte der Nordküste beim Flughafen ist die Insel nur dünn besiedelt. Mehr als die Hälfte der Fläche ist als **Country Park** ausgewiesen, und Teile des Westens und Südens sind nahezu menschenleer. Der Weg auf den Peak ist Teil des 70 km langen **Lantau Trail,** der als Wanderweg über die ganze Länge der Insel und über die höchsten Gipfel führt. Wer den steilen Aufstieg scheut, kann stattdessen **Hongkongs längsten Strand** besuchen (oberer Cheung-Sha-Strand an der mittleren Südküste, fast 1,4 km) oder einen der kleineren Strände im Süden, die man nur über selten gegangene Fußpfade erreicht. Auf Lantau gibt es auch etliche meist kleine Klöster, mehrere buddhistische und ein katholisches der Trappisten.
Für den Besuch der Insel können Sie zwei sehr unterschiedliche Transportwege kombinieren – einer für den Hinweg, der andere für

Die spektakulärste Anreise nach Lantau: 25 Minuten mit der 5,7 km langen Seilbahn und mit Blick auf den Großen Buddha

den Rückweg. Gemeint ist die Anreise per MTR nach Tung Chung, dann per **Seilbahn Ngong Ping 360** hoch aufs Ngong Ping Plateau, oder aber mit der Fähre ab Central nach Mui Wo. Auf der Insel selbst bringt Sie der Bus ans Ziel.

Gigantische Hängebrücke

Lantau Link und Tsing Ma Bridge

Lantau passiert (fast) jeder, der in Hongkong per Flugzeug an- oder abreist, denn die Flughafenautobahn sowie der Airport Express verlaufen entlang dem Nordufer Richtung Innenstadt. Kernstück des **Lantau Link** sind zwei Hochbrücken: die von Lantau zur kleinen Nachbarinsel Ma Wan führende Kap-Shui-Mun-Brücke, eine **Schrägseilbrücke** mit 430 m Spannweite, sowie die daran anschließende Tsing-Ma-Brücke. Diese ist mit 1377 m Spannweite eine der größten Hängebrücken der Welt. Sie dient nicht nur dem Straßenverkehr, sondern bietet auch eine Schienenverbindung. Die Haupttragseile sind 1,1 m dick, die Pylone haben eine Höhe von 206 m. Genau fünf Jahre betrug die Bauzeit.

Beide Brücken wurden im Mai 1997 eröffnet. Zum Lantau Link gehören noch weitere Brücken sowie einige Tunnel. Auch der sechs-

spurige westliche Hafentunnel entstand im Zuge der Verkehrsanbindung des Flughafens an das Zentrum.
Lantau Link Visitors' Centre: am Ostende der Tsing-Ma-Brücke
Do.–Di. 10–17, Sa., So. bis 18.30 Uhr
Aussichtsplattform: tgl. bis mind. 22.30 Uhr | Minibus 308 M ab MTR Tsing Yi, Ausgang A1, Ebene 1

Bereit machen zur Landung!

Flughafen Chek Lap Kok

Chek Lap Kok war einst eine 3 km² große, unbewohnte Nachbarinsel von Lantau. Als absehbar wurde, dass der innerstädtische Kai-Tak-Flughafen einmal an seine Kapazitätsgrenzen stoßen würde, fiel die Entscheidung für dieses Eiland als Basis für ein neues Luftdrehkreuz. Dazu wurde der größte Teil der hügeligen Insel gewissermaßen ins Meer geschoben; nur ganz im Süden blieb ein Areal mehr oder minder original erhalten. Durch zusätzliche Landaufschüttungen entstand eine 9 m hohe und 12,5 km² große Insel mit zwei 3,8 km langen Start- und Landebahnen. Einweihung nach sieben Jahren Bauzeit war im Juli 1998. Das von **Norman Foster** entworfene Terminalgebäude des Flughafens war damals das größte der Welt. Mit seinen enormen Dimensionen sowie der Leichtigkeit und Helligkeit seiner Dachkonstruktion ist es eine Sehenswürdigkeit für sich.
www.hongkongairport.com

Ein altes Fort in einer neuen Stadt

Tung Chung New Town

Bis zum Beginn des Flughafenbaus bestand hier nur eine kleine Ortschaft, kaum mehr als ein Dorf. Heute passiert man auf der Flughafenautobahn eine **Tung Chung New Town** genannte **Satellitenstadt** mit annähernd 100 000 Einwohnern. Ihr Ausbau geht jedoch noch weiter. Wenn er abgeschlossen ist, sollen hier einmal bis zu 210 000 Menschen leben. Ein Großteil der Hochhäuser gehört zum sozialen Wohnungsbau. Der kleinere Teil sind Mietwohnungen, die Mehrzahl hier Sozialeigentumswohnungen.
Die historische Hauptsehenswürdigkeit des Orts ist das 1817 zur Bekämpfung von Piraten erbaute **Tung Chung Fort.** Es ist die größte und am besten erhaltene von mehreren Anlagen, die in jener Zeit entstanden. Für spätere Nutzungen (Polizeiwache, Grundschule) wurde es mehrfach verändert, der Festungscharakter ist jedoch noch unmittelbar erkennbar – auch dank der sechs erhaltenen Kanonen.

Erlebnisdorf mit Rundumblick

Ngong Ping 360

Von der MTR-Station Tung Chung führt eine 5,7 km lange Seilbahn in 25-minütiger Fahrt auf das 440 m hoch gelegene **Ngong-Ping-Plateau,** einen Bergsattel unterhalb des Lantau Peak. Dort entstand bis 2005 ein Tourismusprojekt, das den Namen Ngong Ping 360 erhielt. »360« spielt auf das Rundumpanorama an, das die zugehörige Seilbahn bietet. Oben locken diverse Unterhaltungsangebote, die mit dem Buddhismus zu

tun haben – mit Rücksicht auf das Po-Lin-Kloster, das Hauptziel auf dem Plateau ist. Unter anderem gibt es Kung-Fu-Vorführungen junger Mönche zu sehen. Eine Multimediaschau – »Walking with Buddha« – zeichnet das Leben (bzw. die Legenden) des Buddha Gautama nach. Aber natürlich wird im Ngong Ping Village auch an die leiblichen Bedürfnisse gedacht – es gibt Teehäuser und Restaurants.
www.np360.com.hk

Drei goldene Buddhas

Po-Lin-Kloster

Das **»Kloster des kostbaren Lotos«** am Südrand des Ngong-Ping-Plateaus ist Hongkongs größtes Buddhakloster. Die ersten Anfänge – als Gründungsjahr wird 1906 genannt – waren äußerst bescheiden; anfangs wohnten hier nur drei Mönche. Erst in den 1960er-Jahren kamen Pilger häufiger hierher und spendeten Geld. Je größer das Interesse am Kloster wurde, desto mehr Einnahmen waren zu verbuchen und desto attraktiver konnte man das Kloster gestalten. 1970 wurde die an Pekinger Palastarchitektur erinnernde Haupthalle fertiggestellt, die drei vergoldete Buddhas birgt: links den Erlöserbuddha Amitabha; in der Mitte, begleitet von seinen zwei Lieblingsjüngern, Shakyamuni, den Buddha der Gegenwart; und rechts den Medizinbuddha. Hinter der Haupthalle folgt die noch deutlich monumentalere Halle der 10 000 Buddhas. Beliebt (und preisgünstig) ist das vegetarische Klosterrestaurant.
Kloster: tgl. 8–18 Uhr
Restaurant: tgl. 11–16 Uhr | www.plm.org.hk/eng/home.php

268 Stufen bis zum Erfüller der Wünsche

Tiantan-Buddha

Der entscheidende Schritt, der das Kloster zu einem internationalen Pilgerziel machte, erfolgte 1993, als gegenüber dem Tor ein Bronzebuddha geweiht wurde – der Tiantan-Buddha war zu jener Zeit weltweit der größte sitzende Buddha unter freiem Himmel .
Schon von der Seilbahn aus bietet er einen imposanten Anblick. Die Figur selbst ist **22 m hoch**, mit Steinsockel sind es 34 m, aber da er auf einem kleinen Gipfel steht, wird die monumentale Wirkung noch einmal verstärkt. Eine gerade Treppe mit 268 Stufen führt hinauf.
Der Namensteil »Tiantan« bedeutet **»Himmelsaltar«**. Dies ist lediglich eine Anspielung auf den dreistufigen, runden, weißen Steinsockel. Insofern besteht eine Ähnlichkeit mit dem Himmelsaltar in Peking, ansonsten hat er mit dem Buddhismus aber nichts zu tun. Der Buddha selbst wird unterschiedlich gedeutet, jedoch am ehesten als Buddha Shakyamuni (als historischer Buddha Gautama des gegenwärtigen Zeitalters) verstanden. Seine Gesten finden sich auch an anderen Buddhas. Dieser hier zeigt mit seiner erhobenen rechten Hand die Schutz- und Ermutigungsgeste, mit seiner linken die Geste der Wunschgewährung (die im materialistischen Hongkong immer besonders gut ankommt ...). Der Buddha sitzt, wie üblich, auf einer

Noch macht Tai O mit seinen Stelzenhäusern einen traditionellen Eindruck.

stilisierten Lotosblüte, einem Symbol der Reinheit; auf seinen Handflächen ist das Rad der Lehre zu erkennen, Sinnbild der immer weiter an immer mehr Menschen übermittelten Weisheit des Buddha.
tgl. 10–17.30 Uhr

Noch geht es hier recht ruhig zu

Tai O

Die sich an den Ufern eines schmalen Sundes im äußersten Westen von Lantau erstreckende Ortschaft Tai O ist in der SVR die ungewöhnlichste und exotischste. Die kleinen Häuser am Wasser stehen großteils auf Stelzen, viele sind mit Blech verkleidete Holzbauten. Die Wege im Ort sind schmal und nur für Fußgänger, Radfahrer und Karren geeignet. Auch wenn der Tourismus schon seinen Einfluss entfaltet, wirkt das Leben immer noch recht traditionell. Viele Familien hängen Fisch zum Dörren auf. In sechs Dorftempeln entfaltet sich die Frömmigkeit. Bei Ebbe sieht man auf dem Watt Schlammspringer hüpfen; an einigen Stellen wachsen Mangroven.

Tatsächlich liegt der westliche Teil des Orts schon nicht mehr auf Lantau, sondern auf der **Nachbarinsel Fo Shan** (»Tigerberg«). Folgt man dort dem zweimal abknickenden Ufer Richtung Westen bzw. Süden, gelangt man zu einer ehemaligen Polizeistation, die zum Viersternehotel »Tai O Heritage« umgebaut wurde. Dort lässt sich sehr fein speisen – oder Sie bleiben eine Nacht und erholen sich vom Innenstadttrubel.

Tai O Heritage: www.taioheritagehotel.com

Disneyland

MTR-Station: Disneyland Resort | tgl. 10.30–21 Uhr (in den Sommerferien ab 10 Uhr) | Eintritt: 619 HK-$, Kinder (3–11 Jahre) 458, Senioren (ab 65 Jahre) 100 HK-$ | www.hongkongdisneyland.com

Im Reich der Maus

Sieben Themenbereiche

Auch wenn Hongkongs Disneyland, für das eine Bucht zugeschüttet wurde, etwas kleiner ist als die Schwesternparks anderswo – Hongkong ist doch stolz darauf, das erste asiatische Disneyland außerhalb Japans bieten zu können. Sieben Bereiche können die Besucher seit der Eröffnung 2005 erleben: **Main Street** ist einer Stadt im mittleren Westen zu Beginn des 20. Jh.s nachgebildet; im **Adventure Land** fährt man per Floß in den Dschungel und lernt Tarzan und den Löwenkönig kennen. **Fantasy Land** ist das Land der Märchen – hier steht das aus allen Disneylands bekannte Dornröschenschloss –, **Tomorrow Land** entführt in eine wunderbare (?) Zukunft. **Toy Story Land** präsentiert Figuren aus der Disneyfilmserie »Toy Story«, die die Gäste scheinbar auf Spielzeuggröße schrumpfen lassen, im **Grizzly Gulch** geht's unter die Erde (mit einer Achterbahn!), und im **Mystic Point** mit seiner Fantasievilla passiert Geheimnisvoll-Übersinnliches.

Peng Chau

Lage: Nordostküste der Insel Lantau | Fähren: tgl. ab Central, Pier 6

Die Insel zum Entspannen

Autofrei

Auf der Insel gibt es nichts Besonderes zu sehen – und genau das ist für manche der beste Grund, ihr einen Besuch abzustatten. Peng Chau nämlich ist einerseits mit Fähren bequem zu erreichen, andererseits von städtischer Hektik und vom Tourismus noch unberührt. Es gibt keine nennenswerte touristische Infrastruktur auf dieser nur 0,97 km² großen, autofreien Insel, wenn man von Wegbeschilderungen und dem Café »Les Copains d'abord« (Mo. geschlossen) nahe dem Anleger absieht. Die Mitte der u-förmigen Insel nimmt ein ehemaliges Fischerdorf ein. Am Pier 6 in Hong Kong Island, wo die Fähren nach Peng Chau ablegen (wochentags alle 45 Minuten), kann man ein Faltblatt einstecken, das die wenigen Sehenswürdigkeiten nach Lage und Art erläutert; es sind vor allem einige Dorftempel.

Wer vom Pier auf der Insel gerade durch den Ort hindurchgeht, gelangt zum 400 m langen **Tung-Wan-Strand,** dem größten der Insel. Einige weitere, sehr kleine Strände verteilen sich an den übrigen Ufern und sind über Wanderpfade zu erreichen, die die mäßig hügeligen, grünen Arme des Insel-Us erschließen. Der 65 m hohe Gipfel des »Finger Hill« im Süden fungiert als Aussichtspunkt (mit kleinem Pavillon für eine Rast).

★ LEI YUE MUN

Lage: Südosten von Kowloon | **MTR-Station:** Yau Tong, Ausgang A2; ab Ausgang 700 m zu Fuß

ÖSTL. O 7

Ein Fischerdörfchen in U-Bahn-Nähe! Hier Stelzenhäuser und ein Gässchen als Hauptstraße, am Ufer gegenüber die Wohntürme von Hong Kong Island – was für ein Kontrast. Vor allem aber kommen die Besucher wegen der Fischlokale, denn nirgends sonst ist das Angebot an Meeresschätzen vielfältiger.

Fisch und Meeresfrüchte!

Lei Yue Mun bedeutet »Karpfentor« und bezeichnet an sich die 470 m breite Meerenge, die das Ostende des Victoria Harbour mit dem Meer verbindet. Ebenso nennt sich jedoch auch ein Fischerdorf am Ostufer dieses Sundes. Der Ort erinnert ein wenig an Tai O auf ▶ Lantau: Auch hier sind viele seeseitige Häuser auf Stelzen über den Strand bzw. übers Wasser hinaus gebaut, man kommt nur zu Fuß voran. Lei Yue Mun ist jedoch kleiner und sehr spezialisiert: Hier reihen sich über fast 400 m **Meeresfrüchterestaurants** aneinander. Fische, Krebse, Garnelen, Hummer, Muscheln und allerlei rätselhafte Meerestiere zeigen sich in ungeahnter Vielfalt in den Bassins, in denen sie bis zur Bestellung schwimmen. Das Preisniveau ist nicht eben niedrig, aber wie viel man ausgibt, hängt wie immer von der georderten Spezialität ab. Beim Vorbeigehen kann man in die Lokale hineinblicken.
Wer nichts verzehrt, hat viel zu gucken: Im Taifunhafen schwimmen **Fischerboote,** dahinter erheben sich die Wohntürme von **Shau Kei Wan;** geht man am Ufer entlang weiter, gelangt man zu stilleren Ortsteilen und schließlich zu großen Uferfelsen mit Inschriften und dem Dorftempel, der der »Himmelskaiserin« **Tin Hau** geweiht ist. Aufgepasst: Der Hauptweg knickt im Bereich der Restaurants einmal nach rechts und dann wieder nach links ab; wer diese Abbiegung verpasst und geradeaus geht, landet bald im Nirgendwo.

MONG KOK

Lage: Kowloon | **MTR-Stationen:** Mong Kok, Mong Kok East, Prince Edward

Quirlig und lebensnah wirkt Mong Kok, vor allem dank seiner Märkte. Ein richtiges Zentrum gibt es nicht, rund um die Kreuzung der Nathan Road mit der Argyle Street ist aber am meisten los. Lassen Sie sich einfach treiben.

Mong Kok liegt in Kowloon am Nordende der Nathan Road und war lange Zeit das am dichtesten besiedelte Stadtviertel der Welt. Inzwischen hat sich die Situation für die Bewohner entspannt. Das Einkaufszentrum **Langham Place,** nur einen kurzen Block entfernt an der Portland Street (MTR-Station: Mong Kok, Ausgang C 3), zählt zu den architektonisch spektakulärsten Bauten der SVR.

 Märkte

Ein Spaziergang durch die kantonesische Küche

Nelson-Street-Markt

Jenseits davon, nur einen Block weiter westlich, nimmt der **Markt für Lebensmittel** ein Straßenkreuz ein. Dort entfaltet sich der ganze Reichtum an Zutaten für die kantonesische Küche: Dutzende von Gemüse- und Obstsorten, Krebse und Kröten, lebende Fische, Soleier ... Ein kleines Lexikon wäre nötig, um alles zu erfassen, zu benennen und zu beschreiben. Am Vormittag ist am meisten los.

Die Straßen gehören ganz den Einkaufsfreudigen

Sai Yeung Choi Street, Tong Choi Street

Östlich der **Nathan Road,** aber südlich der Argyle Street, ist abends so viel Betrieb, dass man die Straßen zu Fußgängerzonen gemacht hat. Die Sai Yeung Choi Street ist vor allem für ihre zahlreichen **Kamera- und Elektronikläden** bekannt, während die Tong Choi Street von den Ständen eines Kleidermarkts, des sogenannten **Ladies' Market,** besetzt wird. Einen Block weiter östlich, in der Fa Yuen Street zwischen **Nelson Street** und Shantung Street sowie in den angrenzenden Querstraßen, ist fast jeder Laden ein Schuhgeschäft. Am häufigsten werden Sport- und Freizeitschuhe angeboten, daneben oft auch Sportkleidung.

Haustiere für Hongkongs enge Wohnungen

Zierfischmarkt

Nördlich der Argyle Street und noch nördlich der Mong Kok Street folgen schon die nächsten Märkte (▶ Tour 1). Der dortige Abschnitt der Tong Choi Street ist bekannt für seine Zierfisch- und Aquariumläden. Die östlich parallel verlaufende Fa Yuen Street füllen Stände mit einem bunten Warensammelsurium des alltäglichen Bedarfs. Hier kauft man noch richtig billig ein.

Ein duftendes Erlebnis

 Blumenmarkt,

 Vogelmarkt

Jenseits der Prince Edward Road und etwas weiter östlich folgt ein Straßenblock mit Blumen- und Grünpflanzenhändlern. Sie verkaufen aus kleinen Ladengeschäften heraus, fungieren aber zugleich und in erster Linie als Großhändler. Am Ostende mündet dieser Markt auf den Yuen Po Street **Bird Garden,** Hongkongs Vogelmarkt (▶ Tour 1). Er besteht aus weiß verputzten, eingeschossigen Häuschen und wurde eigens zu diesem Zweck angelegt. Der Verkauf von Stubenvögeln

Alles, aber auch wirklich alles für den heimischen Singvogel gibt es im Bird Garden.

ist nur ein Teil seines Zwecks. Ebenso im Sortiment ist natürlich alles, was dazugehört, vom Vogelbauer bis zum Futternapf. Außerdem fungiert der Markt als Treffpunkt der Vogelliebhaber, und auch wer sich statt am Vogelgezwitscher lieber am Grillengezirpe erfreut, findet hier das Passende.

Bird Garden: www.lcsd.gov.hk/en/parks/ypsbg/index.html

MUSEUM OF COASTAL DEFENCE

Lage: 175 Tung Hei Road, Shau Kei Wan (Hong Kong Island) | **MTR-Station:** Shau Kei Wan, Ausgang B2 | **Öffnungszeiten:** Fr.–Mi. 10–18, Okt.–Febr. bis 17 Uhr | **Eintritt:** frei | **http://hk.coastaldefence.museum**

Dieses Museum ist ein Originalschauplatz! Die Ausstellung zur Geschichte der Küstenverteidigung ist in den Kasematten untergebracht. Sie greift weit in die vorkoloniale Ära zurück und bezieht sich nicht nur auf Hongkong, sondern auch auf die ganze Küste der Provinz Guangdong.

Wir wollen nicht leugnen, dass es sich bei dem Museum der Küstenverteidigung um etwas thematisch Spezielles und zudem räumlich eher Abgelegenes handelt. Und doch: Der Ort hat etwas. Denn er ist eine waffenstarrende Festung des 19. und 20. Jh.s – mit riesigen Kanonen und Gefechtsständen, unterirdischen Gängen und Kasematten, viel frischer Luft und schöner Aussicht. Auch der berühmte **Pirat Cheung Po-tsai** wird gewürdigt. Ein Kino zeigt Ausschnitte originaler Filmaufnahmen. Unten am Ufer betritt man einen Torpedobunker.

Eine waffenstarrende Festung

Das Wetter macht »Onkel Tan«

Wer nicht direkt zur U-Bahn zurückgeht, sondern zunächst der Tam Kung Temple Road folgt, kommt an Bootswerften vorbei und gelangt bald zum schönen, gepflegten **Tam-Kung-Tempel.** Die dort verehrte Gottheit (»Onkel Tan») gilt als Herr des Wetters, und ihn günstig zu stimmen, ist daher allen Seefahrern ein Anliegen. So sind gleich in der Eingangshalle eine **Segeldschunke** und ein **Drachenboot** im Modell dargestellt. An der **Altarwand** finden sich von links nach rechts Bildnisse folgender Gottheiten: Kaiser Guan (beliebtester Schutzpatron), Huang Daxian (kantonesisch: Wong Tai Sin, wegen seiner Heilkräfte verehrt), Prinzessin des Großen Wagens (eine taoistische Adaption der kinderbringenden Guanyin, mit einem Knäblein dargestellt), Tam Kung (im zentralen Hauptschrein), Reichtumsgott und Drachenmutter. Einige der männlichen Gottheiten tragen schwarze Bärte aus echtem Menschenhaar.

Tam-Kung-Tempel

★★ OCEAN PARK

Lage: Ocean Park Road, Hong Kong Island | **MTR-Station:** Ocean Park | **Öffnungszeiten:** tgl. ab 10 Uhr, im Sommer bis 20 Uhr, sonst bis 18 Uhr | **Eintritt:** 480 HK-$, Kinder (3–11 Jahre) 240 HK-$
www.oceanpark.com.hk

Halb Kirmes, halb Zoo – kann das gut gehen? O ja, und wie gut! Dieser außerordentlich gut geführte, interessante und intelligent verwaltete Park zeigt es. Die Kombination aus Spaß, Spiel und Wissensvermittlung zieht Hongkonger und ihre Gäste aus allen Altersgruppen an.

Als einer von nur zwei chinesischen Zoos gehört der Ocean Park der Weltvereinigung der Zoos und Aquarien (WAZA) an und beteiligt sich an Artenschutzprogrammen. Zahl und Vielfalt seiner **zahlrei-**

BAEDEKER ÜBERRASCHENDES

6X GUTE LAUNE

Das hebt die Stimmung!

1. SCHWIMM-LANDSCHAFT

Ein 575 m langer Strömungskanal, das größte Freiluft-Wellenbad der Welt und ein Sandstrand auf 7,5 Hektar – wo? Auf dem Kasinodach von Macaus **Galaxy-Komplex!** Spaß ist garantiert. (**www.galaxymacau.com**)

2. IN VORFREUDE SCHWEBEN

Die Anreise zum »Summit«-Teil des **Ocean Park** erfolgt am besten schwebend mit Meerblick: mit der Gondelbahn. 1,5 Kilometer lang währt die Einstimmung. (▶ **S. 93**)

3. EIGENE PARTY

Besorgen Sie sich ein gekühltes Bier oder eine Flasche Wein beim 7-Eleven in der D'Aguilar Street und feiern Sie mit anderen in der Freiluftarena am Ende der **Wo On Lane.** Am Wochenende ist dort immer was los. (▶ **S. 60**)

4. BEI BOBBY EINKEHREN

Bobby, der Wirt des Weinrestaurants **Le Moment,** ist ein Phänomen. Er wird sich auch nach über einem Jahr noch an Sie erinnern. Manchmal greift er zur Gitarre, und Sie dürfen sich etwas wünschen. (▶ **S. 179**)

5. BOOTSFAHRT

Die rundlichen Boote der **Star Ferry** bieten Ihnen eine gehörige Portion Nostalgie, während ringsherum das grandiose Hafen- und Stadtpanorama seine Perspektiven wechselt. Mit der Linie nach **Wan Chai** dauert der Spaß etwas länger. (▶ **S. 124, 226**)

6. SKULPTUREN-GARTEN

Kunst unter freiem Himmel im Grünen bietet der **Kowloon Park.** Zwölf Werke von Hongkonger Künstlern sind fest installiert, acht weitere rotieren. (▶ **S. 118**)

chen Angebote kann hier nur angedeutet werden – ein Tag ist noch zu wenig, um alles zu erleben. Dabei brauchen Sie keinen Picknickkorb mitzubringen: Es gibt reichlich gastronomische Angebote.
Das Gelände gliedert sich in zwei, faktisch eher in **drei Bereiche:** Gleich hinter dem Eingang beginnt der »Waterfront« genannte Teil, in dem sich die Attraktionen für die jüngeren Parkbesucher konzentrieren, zum Beispiel diverse Kinderkarussells und ein »Vogeltheater« mit dressierten Vögeln. Auch für Erwachsene interessant sind die Pandabären, die sich auf zwei Hallen verteilen, besonders aber das riesige Aquarium mit seinen 5000 Fischen aus 400 Arten.

Attraktionen mit Meerblick

Summit

Mit zwei Verkehrsmitteln ist die Distanz zum »Summit«-Bereich, dem dritten Teil des Parks, zu überwinden: einer 1,5 km langen **Gondelbahn** und einer etwas kürzeren, unterirdischen Standseilbahn, dem **»Ocean Express**« – fast wie eine Tauchfahrt im Ozean. Von der Gipfelregion aus wäre ein weiter Blick über das Südchinesische Meer zu genießen, gäbe es nicht reichlich Ablenkung. Da ist u. a. ein Robbenfreigehege in Form einer Felsküste mit künstlicher Brandung. Überraschenden ästhetischen Genuss verschafft das Quallenaquarium. Im Polarabenteuer (»Polar Adventure«) sind verschiedene Pinguinarten, Polarfüchse, Walrösser und andere Tiere der hohen nördlichen und südlichen Breiten zu bestaunen. Wahre Adrenalinstöße verpassen die Fahrgeschäfte, darunter zwei Achterbahnen. Wo das Terrain auf der anderen Seite wieder abfällt, kann man sich ins Abenteuer einer Wildwasserfahrt stürzen (und wird dabei nicht trocken bleiben). Dieser über lange Rolltreppen zu erreichende, wieder tiefer gelegene Bereich wird derzeit nur teilweise genutzt.

 Repulse Bay

Bus: 6, 6X ab Central / Exchange Square oder 6A, 6X, 40 von Wong Chuk Hang Sun Wai Station beim Ocean Park

Strandfeeling in der Stadt

Hin mit dem Bus

500 m lang und leicht erreichbar: Dieser Strand südöstlich vom Ocean Park an der Südküste von Hongkong Island ist der populärste Strand Hongkongs und an Sommerwochenenden überlaufen – wochentags aber ist Repulse Bay für den Besucherandrang weitläufig genug. Man kommt mit dem Bus von Central in knapp einer Stunde hin, von Wong Chuk Hang Sun Wai in etwas mehr als 20 Minuten.
Der Strand wurde durch Sandaufschüttungen verbreitert und bietet nun noch mehr Besuchern einen Platz an der Sonne. Das große Serviceangebot macht das Stranderlebnis besonders angenehm: Außer Umkleideräumen und Duschen gibt es auch etliche Restaurants, Einkaufsmöglichkeiten, Spielangebote und Schatten spendendes Grün.

WIND UND WASSER

Inzwischen hat die Lehre von Feng-Shui auch den fernen Westen erreicht: das Wissen um die geheimen Einflüsse, welche die Natur auf den Menschen ausübt – oder zumindest ausüben soll ... Wer sie nicht berücksichtigt, verärgert die Geister der Luft und des Wassers. In Hongkong, wo der Platz immer knapper wird, kommt heute allerdings häufig Ökonomie vor Harmonie.

Feng-Shui, das bedeutet: Wind und Wasser. Der Begriff bezieht sich auf den Verlauf und die Lage von Gewässern und damit auch die der Berge und Hügel, zwischen denen sie sich sammeln. Er umfasst auch ihren Bezug zu den Himmelsrichtungen, aus denen der Wind weht. Dies alles wird in eine Verbindung zu den Wohnhäusern sowie – in China traditionell noch bedeutsamer – zu den Gräbern der Vorfahren gesetzt.

Harmonie im Alltag

In der Volksrepublik China wurde **Geomantik** – so die deutsche Bezeichnung – jahrzehntelang als Aberglauben verdammt, aber Elemente des Denkens zeigen sich dort in der Stadtplanung bis in die jüngste Zeit. In Hongkong, Taiwan und bei den Chinesen Südostasiens gehören die Feng-Shui-Lehren seit jeher zum Alltag. Dörfer wie Friedhöfe wirken in ländlichen Gegenden auch deswegen so harmonisch in die Landschaft eingefügt, weil die Feng-Shui-Lehren eben auf solch eine Harmonie abzielen. Die **Grundformel** ist: Man schaut aufs Wasser und hat einen bewaldeten Hang im Rücken. Um der Lehre Genüge zu tun, wurden daher oft sogenannte Feng-Shui-Haine angepflanzt. In den **New Territories** sieht man sie auch heute noch, allerdings sind die Ebenen derart zersiedelt, dass der Bezug traditioneller Dorfkerne zu bestimmten Hainen nur noch schwer erkennbar ist.

Der Drache im Berg

In der realen Umsetzung ist alles natürlich viel komplizierter. Wer es mit Feng-Shui ernst meint, zieht daher einen Experten, einen **Feng-Shui-Meister,** zurate. Der befragt beispielsweise bei einem Bauprojekt den Feng-Shui-Kompass, ein wichtiges Instrument, und äußert sich in einem Gutachten zu Positivem und Negativem, macht eventuell Verbesserungsvorschläge. Da der Rat von Feng-Shui-Meistern auch bei Hochhausbauten herangezogen wird, entsteht oft der Eindruck, sie besäßen einen großen Einfluss. Dann wird gern auf jenen Wohnblock verwiesen, der sich oberhalb der **Repulse Bay** erhebt und sich durch einen **Hohlraum** von 400 Quadratmetern auszeichnet – der Bauherr scheint auf ziemlich viele Quadratmeter Wohnfläche und entsprechende Einnahmen verzichtet zu haben. Der Grund dafür sei gewesen, dass der Feng-Shui-Berater den Berghang hinter dem Grundstück als einen Drachen gesehen habe. Dem habe der Blick aufs Wasser nicht verbaut werden dürfen. Hätte man den Drachen mit dem Bau erzürnt, so hätte sich dies zum Schaden der zukünftigen Hausbewohner ausgewirkt. Der Bauherr hätte Probleme bekommen, Wohnungen zu verkaufen.

Winkel wie Dolche

Man darf den Hohlraum auch für einen genialen Marketingeinfall halten. Tatsächlich gibt es eine große Anzahl an Hochhäusern, die den Blick vom dahinter liegenden Berghang verstellen, andere haben ebenfalls ein Loch, ohne dass dahinter ein Berghang aufragt: Die Löcher dienen dazu, bei Taifunen den Winddruck aufs Gebäude zu verringen. Und warum versperren Hochbauten so manchem einst herrlich mit Seeblick gelegenem Friedhof die Aussicht und blockieren den Segen der Ahnen?
In Hongkong finden sich diverse solcher **Verstöße gegen Feng-Shui-Regeln,** denn gebaut werden muss. Der Feng-Shui-Berater wird allenfalls vorschlagen, den Eingang zu verlegen oder eine andere Farbgebung zu wählen. Auch Gebäude, die nach Feng-Shui-Gesichtspunkten einen üblen Einfluss auf die Umgebung ausüben, sind gebaut worden; prominentestes Beispiel ist der **Bank of China Tower,** von dem es heißt, seine spitzen Winkel schnitten wie Dolche. Aber weder die Bank of China selbst noch die Firmen in den umliegenden Hochhäusern, auf die sich diese Spitzen richten, sind bisher umgezogen.
Und doch gibt es ein Gegenbeispiel: Beim **Cheung Kong Centre** soll beim Grundriss, der Ausrichtung und der Fassadengestaltung der Rat eines Feng-Shui-Meisters berücksichtigt worden sein.
Das dominierende Motiv des Bauens in Hongkong aber ist die maximale Nutzung des knappsten Guts, das es hier gibt: der Grundfläche.

Freie Sicht für den Drachen oberhalb der Repulse Bay: cleveres Marketing nach den Regeln des Feng Shui?

Spiegel zum Ausgleich

Wer den Regeln folgt, der setzt Spiegel gegen schlechtes Feng-Shui ein. Passende sind klein, rund und stecken in einem breiten, achteckigen Holzrahmen, der mit den acht Drei-Strich-Symbolen des Orakelklassikers Yijing verziert ist. Man hängt ihn über den Eingang oder dorthin, wo laut Feng-Shui-Meistern die bösen Einflüsse eintreffen – um sie schlicht wegzureflektieren.

Eine Sehenswürdigkeit für sich ist der **Tin-Hau-Tempel** am Südende, ein kunterbuntes Kitschmonument mit einer schneeweißen Monumentalstatue, der »Himmelskaiserin«.
Vom Strand sollte man mal nach hinten bergauf schauen zum »Gebäude mit Loch«: Entsprechend den Regeln des Feng Shui hat der Architekt des **Repulse Bay Harston Hotels** eine Durchguck- und flugschneise für den Drachen gelassen (▶ Baedeker Wissen, S. 96).

PEAK

Lage: Hong Kong Island | **Peak Tram:** tgl. 7–24 Uhr, Kosten pro Strecke: 28 HK-$, Rückfahrtticket: 40 HK-$ | **www.thepeak.com.hk/en**

Hongkongs berühmter Hausberg heißt eigentlich »Victoria Peak«, aber die Kurzform hat sich ebenso durchgesetzt wie im Chinesischen das gleichbedeutende »Shanding«. Gemeint ist damit nicht nur der Gipfelpunkt in 552 m Höhe, sondern die ganze Gipfelregion, etwa ab der Höhe der Bergstation der Peak Tram. Machen Sie auf jeden Fall den Rundweg, am besten zu Sonnenuntergang.

Der berühmte Gipfel

Bis zum Zweiten Weltkrieg war hier auf dem Peak das bevorzugte Wohngebiet der Briten und anderer wohlhabender »expatriates« – Chinesen wurde die Ansiedlung erst ab 1947 gestattet, allerdings wurden auch davor schon mal Ausnahmen gemacht. Im 19. Jh., als Tropenkrankheiten noch nicht effektiv bekämpft werden konnten und viele daran starben, herrschte die Überzeugung, dass ein Weißer die Sommermonate nur in dieser relativ kühlen und windfrischen Höhe mit guten Aussichten überleben könne. Der Personentransport mit Sänften war langwierig und ziemlich unbequem, woraus sich das frühe Baudatum der Peak Tram erklärt: Hinsichtlich der erforderlichen Investitionen war es ein recht kostspieliges Verkehrsmittel, vor allem angesichts der Tatsache, dass der Peak damals nur dünn besiedelt war und der Tourismus nur eine geringe Rolle spielte.

Nicht im Turm bleiben!

Peak-Tram

Auf der fast 1,4 km langen Strecke überwindet die Bahn eine Höhendifferenz von knapp 400 m. Der Motor der 1888 in Betrieb genommenen Standseilbahn, der sich in der Bergstation befindet, wurde zunächst mit Dampf betrieben und erst 1926 auf elektrischen Betrieb umgestellt. Es gibt vier Zwischenstationen (Kennedy Road, MacDonnell Road, May Road, Barker Road), die heute kaum noch genutzt werden. Die modernen Waggons mit ihrer historischen Anmutung

Schon die Auffahrt mit der Peak Tram gibt einen Vorgeschmack auf die Aussucht von ganz oben.

sind klimatisiert und bieten Raum für 120 Passagiere. Die Fahrt dauert sieben Minuten. In der Talstation an der Garden Road zeigt ein kleines **Peak-Tram-Museum** die historische Entwicklung des Verkehrsmittels. Der Besuch der Ausstellung ist für alle Passagiere frei.
Die **Bergstation** der Peak Tram, der Peak Tower, ist mit einem futuristisch anmutenden Gebäude überbaut, dessen Hauptmerkmal sein weit ausladendes Dach mit Aussichtsterrasse ist; darunter befindet sich ein Einkaufs- und Restaurantzentrum. Die Eigentümer von Tram und Tower preisen dies zwar als »Hong Kong's No. 1 Destination« an und beließen den Ausgang so verborgen, dass die ankommenden Passagiere den Tower möglichst gar nicht erst verlassen. Dennoch lässt sich nicht verheimlichen, dass die besten Peak-Erlebnisse außerhalb zu finden sind. Das Panorama, das die Dachterrasse des Zentrums für ein Eintrittsgeld von 40 HK-$ bietet, ist zwar eindrucksvoll, aber keineswegs optimal.
Nicht nur im Peak Tower, auch gegenüber gibt es Cafés und Restaurants. Das schönste von allen liegt auf der Westseite des Vorplatzes hinter reichlich Grün verborgen: das **Peak Lookout** (▶ S. 245).

Dafür kommt man auf den Peak

Peak-Rundweg

Gratis ist der 3,4 km lange, großteils autofreie Rundweg zu begehen, der vom Steilhang auf der Nordseite des Peak aus eines der grandiosesten Stadtpanoramen überhaupt bietet – geradezu überwältigend in der Abenddämmerung. Ab Peak Tower sind es bis zu den besten Stellen 0,8 bis etwa 1 km Wegstrecke entlang der schmalen, von subtropischer Vegetation beschatteten Lugard Road. Entlang dem gesamten Rundweg finden sich zudem recht schön bebilderte Informationstafeln zu Flora und Fauna. Der Rundweg hat keine nennenswerten Steigungen.

HONGKONGS LICHTERMEER

Sie stehen vorn am Steilhang, wo der Peakrundweg vor dem Felsen entlangschwebt. Die Sonne geht unter, und im Hochhauswald unter Ihnen glimmen nach und nach die Lichter der Nacht auf. Die Schiffsleuchten gleiten über den dunkelnden Hafen, allmählich versinken die Konturen der Berge, ehe sich alles in ein Lichtermeer verwandelt – das beste Hongkongerlebnis von allen!

Zum Schluss noch auf den Wanderweg?

Hong Kong Trail, Etappe 1

Der Nordteil des Rundwegs entlang der Lugard Road fungiert zugleich als Etappe 1 des 50 km langen Wanderwegs **»Hong Kong Trail«**. Wer in Wanderlaune ist, kann, dem Trail folgend, bis zum Pok Fu Lam Reservoir (Stausee) gehen (4,2 km ab Peak Tower) und gelangt von dort über die Pok Fu Lam Reservoir Road abwärts nach weiteren 300 m zur Pok Fu Lam Road, von wo viele Busse wieder Richtung Innenstadt verkehren.

Oder lieber durch den Dschungel?

Central Green Trail

Eine kürzere und auf andere Weise spannende Alternative, den Peak zu Fuß zu verlassen, bietet der **Central Green Trail.** Folgen Sie dazu ab Peak Tower ostwärts der Finley Road, dann talseitig der Severn Road und zweigen nach rund 300 m links auf den Hospital Path ab. An dessen Ende an der Barker Road geht's 50 m nach rechts und dann wieder bergab über den Chatham Path, der das obere Ende des Central Green Trail bildet und durch subtropischen Dschungel führt (Achtung: nicht gangbar bei Nässe – zu rutschig!). Wo Sie auf einen quer verlaufenden Pfad stoßen, geht es rechts ab. Nach einer ersten Querung der Peak-Tram-Strecke folgen Clovelly Path, Brewin Path und Tramway Path. Die gesamte Wegstrecke beträgt etwa 3 km.

★★ SAI-KUNG-HALBINSEL

Lage: östliche New Territories | **Bus:** 92 ab MTR-Station Diamond Hill

Hier dominieren Meer und Landschaft. Kein Hochhaus ist zu sehen, keine Hochspannungsleitung; Fahrstraßen sind rar und enden bald; zu manchem Naturwunder führen nur Bergpfade oder Bootstouren. Das Beste aber ist die tolle, die meiste Zeit des Jahres einsame Brandung an den weiten Stränden.

Ihren Namen gab der Insel das einstige **Fischerdorf Sai Kung**. Es ist heute eher eine Kleinstadt: Die höchsten Häuser sind nur 10 Stockwerke hoch (die meisten niedriger). Auch ohne die Landschaft dahinter lohnt sich ein Besuch: dank eines schönen Tempels, einer knapp 1000 m langen Hafenpromenade, einigen Kneipen und Cafés und vor allem dank vieler Fischrestaurants. Außerdem beginnen hier die **Bootstouren durchs Insellabyrinth,** das die Halbinsel im Süden begleitet. Dorthin locken weitere saubere Strände, sehenswerte geo-

logische Formationen und – für die meisten das Interessanteste – auf der Insel Kau Sai Chau Hongkongs einziger öffentlicher Golfplatz (▶ Baedeker Wissen, S. 68).

Hongkongs längster Wanderweg

MacLehose Trail

Der am weitesten nach Osten reichende Teil der New Territories ist nahezu unbewohnt. Nur hier und da leben noch Bewohner vom Verkauf an Wochenendtouristen und Wanderer. Gelegentlich begegnet man auch frei umherstreifendem Vieh. Zwei **Country Parks** von zusammen 76 km² Fläche nehmen die Halbinsel Sai Kung fast komplett ein. Der 100 km lange, nach einem Gouverneur benannte MacLehose Trail führt mit seinen ersten drei Etappen von 10,6, 13,5 und 10,2 km Länge in einem Bogen durch die schönsten und interessantesten Stellen der beiden Country Parks, darunter auch ans Ufer der Bucht

ALLEIN IN DER BRANDUNG

Tai Long Wan, die Bucht der großen Wogen fern im beinahe menschenleeren Osten, erstaunt nie mehr als an einem Wochentag im Spätherbst. Dann ist Sonnenschein garantiert, die Luft ist mild, das Wasser auch – und Hongkongs zwei beste Strände mit der gischtenden Brandung haben Sie vermutlich für sich allein. Das ist wie Urlaub im Urlaub. Die Stadt ist weit, weit fort – kein Haus ist zu sehen, kein Strommast, kein Flugzeug, zu hören sind nur Wind und Wellen (▶ Tour 4).

Tai Long Wan (▶ Touren, Tour 4), wo zwei der schönsten Strände Hongkongs zum Baden locken. Der Trail beginnt bei Pak Tam Chung.
Bus 94 alle 30 Min. ab Sai Kung bis Sheung Yiu, eine Haltestelle hinter Pak Tam Chung | Wanderkarten bei einem der Map Publication Centres, s. http://hiking.gov.hk/eng

Goldener Sand und wilde Wellen

Strände

Wer nur zu den Stränden möchte, kann einen kürzeren Weg wählen. Entweder lässt man sich per Taxi zum Sai Wan Pavillon am Ende der Sai Kung Sai Wan Road bringen, dann sind es noch 1,8 km zu Fuß bis zum Strand von Sai Wan, oder man verlässt den Bus 94 ab Sai Kung ebenfalls bei Sheung Yiu und geht die Straße nördlich des High Island Reservoir zu Fuß weiter. (Der MacLehose Trail führt südlich um das Reservoir.) In dem Fall hat man 7,2 km bis Sai Wan vor sich. Dreimal am Tag ist der Pavillon ab Sai Kung auch per Minibus erreichbar. Wer von Sai Wan noch 1,7 km weiter geht, gelangt zum ersten der drei großen Strände von **Tai Long Wan** im Osten der Halbinsel. Das Nordufer der Halbinsel Sai Kung erreicht man per Fähre über Tolo Harbour (Pier Ma Liu Shui; ▶ Touren, Tour 4).

Bizarr erstarrtes Vulkangestein

Global Geopark

Im Süden der Halbinsel Sai Kung, im Bereich der Inseln sowie im Nordosten der New Territories gibt es eine Reihe teils spektakulärer **geologischer Formationen,** die Anlass waren, hier einen von weltweit 100 Global Geoparks auszuweisen. Besonders bekannt sind die Basaltsäulen am Ostufer der Insel High Island. Im Visitor Centre erfahren Sie mehr zu speziellen Wanderungen und Bootstouren, auch zum High Island Geo Trail und Sharp Island Geo Trail, die beide über Sai Kung zu erreichen sind.
Geopark Visitor Centre: im Nature Education Centre, Hiram's Highway (gegenüber der Haltestelle Pak Kong, Bus 92 ab MTR-Station Diamond Hill) | Mi.–Mo. 9.30–16.30 Uhr | www.geopark.gov.hk

SHA TIN

Lage: östliche New Territories
Bahn: ab Bahnhof Hung Hom (Kowloon)

Hongkongs größte Satellitenstadt ist fast eine Großstadt für sich, allerdings liefert sie nur wenige Gründe, sie zu besuchen. Immerhin steht hier Hongkongs verrücktestes Buddhakloster. Außerdem gibt es in Sha Tin einen recht imposanten Taoistentempel, das Heritage Museum und für die Kleinen, »Snoopy's World«.

Der Name der Stadt gleich nördlich des Gebirges Lion Rock bedeutet »Sandfeld«. Noch um 1970 konnte man sehen, woher er sich ableitet: Hier befand sich einst der sandige Ausläufer einer Bucht. Viel ist davon nicht übrig geblieben. Heute leben 630 000 Menschen in Sha Tin, größtenteils in Häusern des sozialen Wohnungsbaus. Dazu kommen **10 000 Buddhas** – allesamt mit Gold überzogen. Die glänzenden Figürchen stehen in Sha Tins Hauptsehenswürdigkeit, einem ausgefallenen Tempel oberhalb der Stadt.

Ob auch ein Fünkchen Wahrheit hinter der Legende steckt?

Che-Kung-Tempel

Dieses Heiligtum zählt zu den größten taoistischen Tempeln der Stadt. Die 1994 fertiggestellte, 45 m breite, neue Halle birgt eine Monumentalstatue des **Che Gong** (Che Da Yuan Shuai), dessen Kult außerhalb Hongkongs kaum bekannt ist. Was über ihn erzählt wird, gehört mehr in den Bereich der Sage als das es historisch untermauert werden könnte.

Es heißt, er habe am Ende der Südlichen Song-Zeit gelebt, im13. Jh., als die Mongolen sich anschickten, ganz China zu erobern. Als General habe er der untergehenden Dynastie die Treue gehalten. Als die Thronerben, damals noch Kinder, nach Süden flohen, habe er sie beschützt, bis sie das Gebiet des heutigen Hongkong erreichten. Dort sei er selbst dann gestorben, treu ergeben bis zuletzt.

Als es im Gebiet von Sha Tin vor Jahrhunderten einmal zu einer Epidemie gekommen sei, habe man aus Schriften von Che Gong und seiner Macht zu helfen erfahren. So habe man ihm eilends einen Tempel errichtet mit seiner Statue darin, um ihn zu verehren, und noch am selben Tag sei die Epidemie vorüber gewesen, weshalb man ihm auch heilende Kräfte zuschreibt.

Hinter dem Neubau der großen Halle, die drei Jahre vor Hongkongs Rückkehr nach China errichtet wurde, stehen jedoch auch politische Aspekte. Schließlich verkörpert der hier Verehrte die Loyalität gegenüber der politischen Führung. Zur Feier des »Geburtstags« des Che Gong, zwei Tage nach dem Chinesischen Neujahrsfest, erscheinen daher auch stets führende Politiker der SVR im Tempel.

Che Kung Miu Road | MTR-Station: Che Kung Temple | tgl. 7–18 Uhr

Ein bunter Mix aus Geschichte, Kunst und Kultur

Heritage Museum

Hier werden Ihnen Geschichte und Kultur der New Territories nahegebracht und mit neuesten museumsdidaktischen Methoden lebendig präsentiert – unter anderem mit Filmaufnahmen von Tempelfesten. Besonders schön ist die dem traditionellen Theater gewidmete Abteilung. Auch Kunst und Hongkonger Design werden gewürdigt. Oft gibt es Sonderausstellungen.

1 Man Lam Road, Ecke Lion Rock Tunnel Road | MTR-Station: Che Kung Temple | Mi.–Mo. 10–18, Sa. u. So. bis 19 Uhr | Eintritt frei | www.heritagemuseum.gov.hk

Tempel der 10 000 Buddhas

Das mit Abstand kurioseste Heiligtum der Stadt

Der volkstümliche Buddhatempel auf einem Bergsporn westlich oberhalb von Sha Tin ist sehr bunt, sehr golden und ziemlich skurril, und schon der Weg dorthin hat seine Eigenheiten: Zunächst muss der etwas **versteckte Fußpfad** gefunden werden. Vom Ausgang B an der MTR-Station gehen Sie am Busbahnhof entlang abwärts und folgen der Pai Tau Street nach links, dann geht es rechts in die Sheung Wo Che Road, an deren Ende Sie links einen schmalen Pfad betreten. Folgen Sie ihm »der Nase nach«, treffen Sie nach etwa 180 m auf eine endlos scheinende Allee aus vergoldeten, lebensgroßen Figuren der **500 Arhats** (erleuchtete Mönche), die den ansteigenden Weg zu beiden Seiten säumen. Alle sind sehr lebhaft dargestellt und unterschiedlich gestaltet. Weiter oben folgen andere Figuren aus dem buddhistischen Pantheon, auch weibliche, und wenn man auf der Ebene der Haupthalle angelangt ist, wird dort der Gipfel des Fantastischen zelebriert. Es scheint, als wollte man alles darstellen, was im Buddhismus nur irgendwie an Gestalten vorkommt: In diesem einen Heiligtum gibt es weitaus mehr Bildwerke als in allen anderen Tempeln und Klöstern der SVR zusammen.

Wer Zeit und Geduld mitbringt, mag nachzählen …

Den großen Hof überragt eine besteigbare, neunstöckige Pagode. Am bergseitigen Ende der Terrasse prangt die bunt dekorierte, kastenförmige Haupthalle, in der die Wände von umlaufenden Regalbrettern bedeckt sind, auf der goldene Buddhafigürchen stehen – angeblich sind es 13 000. Sie stellen die Buddhas aller Äonen dar. Auf dem zentralen Altar thront ein Buddha zwischen zwei gekrönten Bodhisattvas.
Die größte **Kuriosität** des Tempels schützt ein vor dem Altar stehender Glaskasten: eine vergoldete Mönchsgestalt. Dabei soll es sich um den Leichnam jenes Mönchs handeln, der diesen Tempel 1949 gründete und bis 1957 erbaute; er soll 1965 in der gegebenen Meditationshaltung gestorben sein. Als er nicht verweste, habe man ihn mit Blattgold überzogen. Bergan folgen weitere Hallen, darunter auch für taoistische Gottheiten. Das Heiligtum wird dank gut fließender Spenden weiter ausgebaut. Am Weg zum Kloster werden Besucher zuweilen von angeblichen Mönchen um Geld angebettelt. Bleiben Sie hartherzig: Es handelt sich um nur fromm Gewandete von jenseits der Grenze. In Hongkong gibt es keine Bettelmönche.
MTR-Station: Sha Tin, Ausgang B | tgl. 9–17 Uhr

Wer nicht wettet, kommt zum Beobachten

Pferderennbahn

Die größere der beiden Hongkonger Rennbahnen wurde 1978 eröffnet und später weiter ausgebaut, sodass die Tribünen heute Platz für 85 000 Zuschauer bieten. Sie können die Gruppe der Spitzenreiter auch auf zwei Displays verfolgen, das größere ist 80 m breit. Die Rennen finden am Wochenende tagsüber statt. Das Innere der Rennbahn dient als öffentlicher Park.
MTR-Stationen: Fo Tan oder Racecourse (nur an Renntagen)

AUF DEM WEG INS NIRWANA

Erst geht es zwischen Maschendrahtzäunen hindurch, dahinter halb verwildertes Terrain, subtropisch mit Bambus, der Pfad ist schmal – ist man hier überhaupt richtig? Dann aber, wo es bergauf geht, sitzen plötzlich lebensgroße goldene Mönche am Wege. Sie gestikulieren in einer Pose erstarrt, meditieren, schauen verzückt, zürnend, versunken – die Magie des Skurrilen auf dem Weg zum Tempel der 10 000 Buddhas. (▶ S. 105)

SHEUNG WAN

Lage: Hong Kong Island | **MTR-Station:** Sheung Wan | **Touren:** Tour 2

Sheung Wan ist ein Viertel im Umbruch: einerseits Altstadt mit kleineren, oft jahrzehntealten Hochhäusern und traditionellem Gewerbe, andererseits immer weiter vordringend riesige Neubauten, schicke Restaurants, eine französische Weinhandlung sowie Hotels internationaler Betreiber. Die Bewohner des Stadtteils, der westlich an Central anschließt, bringen die Veränderungen allerdings nicht aus der Ruhe.

Ein Viertel im Wandel

Dass nichts so beständig ist wie der Wandel, wusste schon Heraklit, aber auch in Hongkong kennt man sich damit offenbar bestens aus. Umbrüche und Verwerfungen, wie sie sich in Sheung Wan vollziehen, werden von Hongkongern als unvermeidlich hingenommen. Anders als etwa in europäischen Metropolen prägen sie nicht die politische Diskussion, sofern nicht ganze Häuserblocks gleichzeitig vom Abriss betroffen sind.

In Sheung Wan begann Hongkongs Geschichte als britische Kolonie: Hier wurde 1841 erstmals der Union Jack gehisst. Die Briten siedelten sich dann allerdings weiter westlich an, während Sheung Wan das erste Wohn- und Gewerbegebiet der Chinesen wurde. Zu dem Viertel zählen auch das Westende von ▶ Hollywood Road mit der »Cat Street« und dem Man Mo Temple. Die von den Straßen **Bonham Strand/Wing Lok Street/Des Voeux Road West** erschlossene Gegend mutet immer noch sehr exotisch an, besonders durch die dort feilgebotenen Waren. Ginseng- und Schwalbennesthändler finden sich vor allem in den Straßen Bonham Strand und Wing Lok Street.

Hongkonger Busse als Miniausgabe

Western Market

Das unter Denkmalschutz stehende, innen umgebaute Gebäude entstand 1906 als Markthalle für Gemüse, Fisch und Fleisch. Heute residieren im Obergeschoss die **Tuchhändler,** während im Erdgeschoss allerlei Souvenirs verkauft werden und man sich in einem japanischen Café-Restaurant mit deutschem Namen stärken kann. Besonders gefällt ein Lädchen, das **Modelle von Hongkonger Verkehrsmitteln,** vor allem von Doppelstockbussen, verkauft. Den Lebensmittelmarkt findet man heute zwei Straßen weiter südlich im Sheung Wan Municipal Services Building (▶ Tour 2).

Mit Brief und Siegel

Man Wa Lane

Kurz vor dem Ende des Bonham Strand im Osten zweigt nach Norden das Gässchen ab, in dem sich Stände von **Visitenkartendruckern**

Ein schönes Souvenir: der eigene Name als Siegelstempel

und Siegelstempelschnitzern aufreihen. In China hat der persönliche Siegelstempel ein ähnliches dokumentarisches Gewicht wie eine Unterschrift. Sein Preis richtet sich v. a. nach der Qualität des Steins.

SoHo

Lage: Hong Kong Island | MTR-Station: Sheung Wan

»South of Hollywood Road« – das Kürzel wurde zum Synonym für ein Restaurantviertel, in dem sich Hongkong sozusagen als globales Dorf zeigt: international, nett, überschaubar. Kein Wunder, dass SoHo zu den angesagtesten Adressen im Hongkonger Nachtleben gehört.

Hongkong als globales Dorf

Die Lokale in SoHo sind eher klein – wie auch die Grundstücke der vorwiegend älteren Häuser. Zwischendrin gibt es sogar sehr schmale Gässchen, beispielsweise die **Tsun Wing Lane,** die unterhalb der Staunton Street zwischen Shelley Street und Graham Street verläuft. Die Grenzen von SoHo sind nicht definiert, aber das Karree Elgin/Peel/Shelley/Staunton Street fungiert unstrittig als Zentrum. Den

Schub – im wahrsten Sinne des Wortes – brachte dem Viertel erst der Bau der Rolltreppenstraße **Central Escalator** (▶ Abb. S. 109), die durch die autofreie Shelley Street aufwärts führt und SoHo bergan schon bis zur Caine Road verlängert hat.

Keine Spur mehr von Wohnheimatmosphäre

PMQ

Die Abkürzung PMQ steht für **»Police Married Quarters«:** Die beiden siebengeschossigen Wohnblöcke an der Aberdeen Street 35 waren 1951 als Wohnheim für verheiratete Polizisten gebaut worden. Im Jahr 2000 zogen die letzten von ihnen aus. Im Anschluss wurde jahrelang über die weitere Verwendung des Grundstücks diskutiert.
Was nun entstanden ist und sich in den nächsten Jahren weiterentwickeln soll, ist ein gemeinnütziges **Zentrum für die »Designindustrie«**: Studios für angehende Hongkonger und internationale Designer, erweitert um Serviceeinrichtungen, Restauration und Einzelhandelsgeschäfte sowie die Multifunktionshalle The Cube. Gut zu wissen: Viele der Läden öffnen erst mittags, manche auch nur am Wochenende oder nach Vereinbarung.
www.pmq.org.hk

★ STANLEY

Lage: südlichster Ausläufer von Hong Kong Island | **Bus:** 6, 6X, 260 ab Exchange Square, Central, bis Stanley Village,Village Road; 973 ab Mody Road, Tsim Sha Tsui, Kowloon, bis Endstation

Seeblick und frische Luft, eine Promenade mit Bars und Restaurants, ein Strand mit attraktiven Wassersportangeboten und vor allem natürlich Stanley Market: Hongkongs südlichste Ortschaft ist bei Gästen der Stadt überaus beliebt.

Der Ort liegt am Rand einer Halbinsel und hat daher zwei Ufer: zum einen den langen Strand Stanley Main Beach im Osten, zum anderen Stanley Bay mit der Promenade im Südwesten. Der Busbahnhof liegt genau dazwischen am Nordrand des Ortskerns.
Anders als Aberdeen kann man Stanley kaum als Satellitenstadt bezeichnen: Es gibt hier keine Hochhaussiedlungen. Die grüne Umgebung bietet teures Wohngebiet mit Villen und kleinere Blocks mit Luxuswohnungen.

Ein Ort mit zwei Ufern

Vom Rock bis zur Rassel

Stanley Market

Geht man vom Busbahnhof ein paar Schritte bergab Richtung Meer, wird etwas weiter voraus schon der Markttrubel sichtbar. Parallel zur

Uferstraße Stanley Main Street geht's dann links ab in ein Fußgängern vorbehaltenes Gässchen, beiderseits gesäumt von Läden, die verkaufen, was besonders Nichtchinesen gefällt. Hier findet man, was billig und schön ist, sei es Kleidung aus chinesischer Fertigung, Wanddekoration oder Spielzeug. Der Markt schließt um 18 Uhr.

Ein Plätzchen an der Sonne

Promenade

Am Ende der Gasse rechts ab, und schon steht man auf der neu angelegten, breiten Promenade, in deren östlichem, neuerem Teil weiße Sonnensegel die Freisitze der Restaurants, Cafés und Schnellimbisslokale überspannen – es gibt aber auch reichlich Bänke und andere öffentliche Sitzgelegenheiten. Die besseren Restaurants finden sich im älteren, westlichen Teil der Promenade – und im Murray House.

Ein altes Haus am neuen Ort

Murray House

Der zweistöckige, 60 m lange kolonialzeitliche Bau mit den typischen Galerien, die die zwei Obergeschosse umgeben, befindet sich noch nicht lange hier – und ist doch eines der ältesten Hongkonger Häuser. Errichtet wurde es als Kaserne 1844, und zwar am Ostrand von ► Central, wo jetzt der Bank of China Tower steht. Diesem Bau musste es 138 Jahre später weichen, wurde seines historischen Werts wegen aber Stein für Stein abgetragen und eingelagert – bis zu seiner Wiedererrichtung 1999 bis 2002 an dieser Stelle. Seine ursprüngliche

Auch Kalligrafien gibt es auf dem Stanley Market.
Bei diesem Angebot sollte man eigentlich fündig werden.

Gestalt wurde dabei allerdings verändert, auch außen, aber noch mehr im Innern. Heute birgt es Gaststätten. Teil des Ensembles ist auch der schräg gegenüberliegende Pier. Dessen gusseiserne Konstruktion trug einst in Central das Dach des 1965 abgerissenen Blake's Pier. Die Gusseisenteile sind angeblich Originalteile von damals.

Tempel unterschiedlicher Art

Auf dem Weg dorthin haben Sie bereits einen großen, modern angelegten Platz passiert. Ihn säumt etwa viertelkreisförmig das Einkaufszentrum **Stanley Plaza.** Links von ihm steht einer der größeren **Tin-Hau-Tempel** Hongkongs. Tin Hau ist die Schutzpatronin der Seefahrer. Mindestens ebenso typisch sind einige winzige Tempel bzw. Schreine an der Stelle, wo die Promenade auf den Platz trifft.

Stanley Plaza

Grüne Pfade direkt am Meer

Folgen Sie am Murray House vorbei weiter dem Ufer, erreichen Sie den **Ma Hang Park.** Er ist ein Ziel für Naturliebhaber, vor allem zur Vogelbeobachtung, denn er besteht fast nur aus Wildnis. Die ist zwar künstlich, denn sie kam durch Anpflanzung zustande, wirkt inzwischen aber fast wie ein richtiger Urwald. Steigen Sie auf bis zum Eingang Cape Road, finden Sie dort auch wieder Busse für die Rückfahrt zur Stadt.

Ma Hang Park

TAI MO SHAN

Lage: New Territories | **Anfahrt:** über die Route Twisk, per Bus 51 ab MTR-Station Tsuen Wan West bis Country Park | **Alternative:** Anreise per Taxi

Der höchste Berg der SVR heißt übersetzt »Großer Mützenberg« – nach der Wolkenmütze, die seinen 957 m hohen Gipfel oft umhüllt. Das sieht hübsch aus, und es reicht auch, die Wolkenmütze aus der Entfernung zu bewundern. Für die Aussicht müssen Sie nämlich gar nicht bis ganz hinauf.

Der Weg zur Spitze des Tai Mo Shan hinauf lohnt sich nur an einem sehr klaren Spätherbst- oder Wintertag. Und selbst dann ist der **Aussichtsspunkt** an der westlichen Bergflanke die bessere Wahl, denn der Gipfel ist mit einer Wetterstation überbaut, sodass man von dort kein Rundumpanorama genießen kann.
Der Weg zum Aussichtspunkt ist mit einer kleinen Wanderung verbunden. In 670 m Höhe – ein gutes Stück oberhalb der Waldgrenze

Der Gipfel in den Wolken

– hindert eine Schranke Privatwagen an der Weiterfahrt. Vom Halt Country Park gehen Sie 100 m zurück bis zur ausgeschilderten Abzweigung; bis zum Aussichtspunkt sind es dann 1,9 km bei 200 m Höhendifferenz; ab Country Park Visitor Centre können Sie den MacLehose Trail nehmen, der zu demselben Aussichtspunkt führt, am Anfang jedoch sehr steil ist.

TAI PO

Lage: nördliche New Territories | **MTR-Station:** Tai Po Market

Der ältere Teil der Stadt zeichnet sich durch seinen Tempel, die Marktstraße und das charmante kleine Eisenbahnmuseum aus. Ansonsten ist die Stadt durch Industrieunternehmen geprägt. Ein schönes Ziel ist das Naturschutzgebiet Tai Po Kau: ein dichter einsamer Wald, in dem seltene Tiere und Pflanzen zu Hause sind.

Buntes Markttreiben

Tai Po ist die **Satellitenstadt,** die ▶ Sha Tin am nächsten liegt. Anders als dort gibt es hier aber einen älteren Ortskern: mit einem Man-Mo-Tempel, einer Marktstraße (Fu Shin Street) und dem ganz in der Nähe gelegenen **Eisenbahnmuseum.** Die Marktstraße jedenfalls hat durchaus etwas Kleinstädtisches. Was sich beim Warensortiment in der großen Stadt, also in Hong Kong Island und in Kowloon, auf mehrere Viertel oder Märkte verteilt, drängt sich hier auf engem Raum zusammen. Tauchen Sie in das bunte Treiben ein, versuchen Sie sich im Feilschen oder kosten Sie Hongkonger Snacks an einem der Imbissstände.

Nostalgie unter freiem Himmel

Railway Museum

Größtes Schaustück dieses recht kleinen Museums ist das liebevoll **restaurierte Bahnhofsgebäude von 1913** mit seinen kolorierten Stuckreliefs und seinem ornamentalen First. Hübscher kann man sich einen chinesischen Dorfbahnhof kaum vorstellen. Das Übrige gibt einen Einblick in die Hongkonger Eisenbahngeschichte. Passagierwaggons aus der Vor-MTR-Ära darf man sogar betreten, dazu kommen zwei Loks, eine Draisine sowie historische Fotografien und etliche Modelle.

13 Shung Tak Street | MTR-Station: Tai Po Market, Ausgang A2, 800 m zu Fuß (über Wan Tau Street, Heung Sze Wui Street, Po Heung Street und Wai Yi Street)| Mi.–Mo. 10–18 Uhr Eintritt frei | www.heritagemuseum.gov.hkl

Grüne Einsamkeit

In dem dicht bewaldeten, 4,6 km² großen **Tai Po Kau Nature Reserve** gelten strengere Regeln als in den Country Parks, entsprechend fahren hier weder Autos, noch gibt es Grill- oder Campingplätze. Dafür finden hier noch viele in Hongkong vom Aussterben bedrohte Tiere und Pflanzen ein Rückzugsgebiet. Der Wald ist (wie beinahe überall in Hongkong) ab 1926 durch Aufforstung entstanden; es wachsen hier allein über einhundert Baumarten. An Tieren fallen besonders Vögel und Schmetterlinge ins Auge, doch sind hier auch Zibetkatzen, Schuppentiere, Stachelschweine und die seltenen Muntjakhirsche zu Hause. Vier gut beschilderte, ringförmig angelegte Spazierwege von 3 bis 10 km Länge sowie ein 700 m langer Waldlehrpfad führen durch das Dickicht. Man kann sich nicht verlaufen.

Bus 72 ab MTR University bis Chung Tsai Yuen oder Taxi ab MTR-Station Tai Po Market (3 km)

TSIM SHA TSUI

Lage: Südspitze von Kowloon | **MTR-Stationen:** MTR Tsim Sha Tsui, East Tsim Sha Tsui

Der Süden der Halbinsel Kowloon zieht Besucher magisch an. Ironischerweise hat Tsim Sha Tsui nur eine wirklich große Attraktion und die heißt: Hong Kong Island. Der Blick über den Hafen reicht von hier aus vom Westen der Insel bis zum Osten.

Von früh bis spät lockt die grandiose Aussicht die Gäste der Stadt an die Südspitze mit der Hafenpromenade: Der Blick schweift über den Hafen auf Peak und Hochhauswald von Sheung Wan im Westen bis zu North Point im Osten (▶ Abb. S. 16, 178). Aber auch Hongkonger kommen nach Tsim Sha Tsui: zum Einkaufen im **Shopping-Labyrinth der Harbour City** beispielsweise oder in Sachen Kultur. Blickfang von Tsim Sha Tsui (von der anderen Hafenseite gesehen) ist das Cultural Centre.

Besonders im Bereich Nathan Road/Peking Road muss man sich fast ganztägig, besonders aber am Abend auf Gedränge und zuweilen auch auf Belästigung einstellen. Zum Glück ist Tsim Sha Tsuis grüne Lunge nie weit entfernt: der Kowloon Park. Was man bei einem Bummel durch den Stadtteil nicht ahnt: Er hat im südlichen Bereich **eine zweite, unterirdische Fußgängerebene,** die die MTR-Stationen miteinander verbindet und auch Nichtpassagieren offensteht.

Kowloon verdankt seine Entwicklung den geräumigen Hotels, für die hier mehr Platz zur Verfügung stand als auf dem schon früh mit Ge-

Glitzerwelt mit Mainstream-Luxusangebot und doch zum Staunen: 1881 Heritage

schäfts- und Wohnhäusern zugebauten Nordufer der Insel. Außerdem endete hier einst die Eisenbahn. Ehe es den Hafentunnel gab, erreichte man zudem den Stadtteil vom alten Flughafen aus mit dem Taxi, ohne auf die Fähre umsteigen zu müssen. Daher steht hier auch Hongkongs ältestes und ehrwürdigstes Hotel: das Peninsula.

Westlich der Nathan Road

Ideal für Regentage und Hitzewellen

Harbour City

Stundenlanger Shoppingbummel überdacht und klimatisiert: Mehrere Einkaufszentren vom Star House im Süden bis zur Gateway Arcade im Norden sind miteinander verbunden. Wer kein Geld ausgeben will, begibt sich aufs Dach des **Ocean Terminal,** an dem die Kreuzfahrtschiffe festmachen. Von dort hat man besonders bei Sonnenuntergang einen besseren Rundblick als von der Promenade aus.
www.harbourcity.com.hk

Tradition trifft Moderne

1881 Heritage

Der Hügel am Südende der Canton Road saß jahrzehntelang wie ein Fremdkörper zwischen den Verkehrsarterien der umliegenden Straßen. Er war für die Allgemeinheit tabu, denn oben residierte Hongkongs Wasserschutzpolizei. Nach deren Auszug (1996) und dem Umbau des palastartig wirkenden kolonialzeitlichen Gebäudes (er-

baut 1881) zum **Luxushotel Hullett House** darf nun jeder auf den Hügel steigen. Hier mag man sich auch an den Gaumenfreuden im gehobenen Ambiente und an dem Ausblick erfreuen, den das historische Gemäuer der feinen Herberge bietet.
Was sich die Stadtplanung aber hier ansonsten geleistet hat, überzeugt weniger: Der komplette vordere Teil des Hügels wurde abgetragen zugunsten von internationalen Luxusläden, die überall auf der Welt dasselbe Warenangebot zur Schau stellen und die es in Hongkong selbst schon in mehr als ausreichender Zahl gab. Das Witzigste ist die Südostecke, wo ein blank gewienertes, altes rotes Feuerwehrauto zu bestaunen ist.
www.1881heritage.com

Kulturtempel mit Schönheitsfehlern

Cultural Centre

Mit der Eröffnung dieses auffälligen Komplexes im November 1989 tat Hongkong einen großen Schritt auf dem langen Weg, sich nicht nur als Finanz- und Handelszentrum, sondern auch als Kulturmetropole einen Namen zu machen. Obendrein bedeutete es ein großes Novum für Hongkongs architektonisches Gesicht. Hatte sich die kastenförmige City Hall (▶ S. 115) noch unauffällig unter die Endlosreihe der Hochhausquader geduckt, trumpften hier auf einmal raumgreifende, geschwungene Formen auf, und das am optischen Dreh- und Angelpunkt der Stadt. Die über 4000 Sitzplätze, die das Cultural Centre bietet (verteilt auf einen Konzertsaal, einen Theatersaal und ein Studiotheater), befinden sich allerdings in einem Gebäude, das trotz der seinerzeit mutigen und einprägsamen Großform schon bei der Eröffnung viele enttäuschte. Wie kann ein öffentliches Bauwerk in solcher Position **nahezu fensterlos** bleiben und damit die grandiose Aussicht derart ignorieren? Das Innere erfuhr eine recht grobe Gestaltung mit dem großzügigen, doch wenig eleganten und von Tageslicht kaum erhellten Foyer. Man hatte sich die internationale Ausschreibung des Projekts erspart, knauserte am falschen Ende mit Zeit und Geld – und muss nun dauerhaft mit dieser »suboptimalen« Lösung leben. Immerhin: Es lässt sich damit leben. Der Erfolg der Investition spricht für sich.
www.hkculturalcentre.gov.hk

Eine elegante Erinnerung

Uhrturm

Glücklicherweise durfte er stehen bleiben! Der **Clock Tower** an der Westseite des Cultural Centre ist das einzige Relikt des Kowlooner Bahnhofs, der sich hier befand, ehe er 1975 nach Hung Hom verlegt wurde. Der Turm entstand im Jahr 1915 und ist 44 m hoch.

Nicht Weltklasse, aber sehenswert

Museen

Hongkongs erstes großes Kunstmuseum, das **Museum of Art,** mag zwar nicht zur Liga derer zählen, die der kunstbegeisterte Weltbürger gesehen haben muss, aber bitte sehr: Was wohlhabende Mäzene hier der Stadt stifteten, verdient allemal Aufmerksamkeit. Ebenfalls in der Salisbury Road ist das **Space Museum** (▶ S. 260).

Asu einer anderen Zeit

The Peninsula Hotel

Das Haus fällt gleich auf: Der U-förmig gebaute Block mit der symmetrischen Auffahrt und dem Brunnen, den hohen Bogenfenstern im Erdgeschoss und den Balustraden und Markisen stammt erkennbar aus einer anderen Epoche. Von all den renommierten Herbergen jener Ära, als man noch im »Schnelldampfer« anreiste, hat nur das Peninsula überdauert. Die Eröffnung des Luxushotels **im Dezember 1928** setzte neue Maßstäbe für die fernöstliche Hotellerie mit seinen Aufzügen, der Eiskühlung für die Küchenabfälle (um den Geruch zu vermeiden) und sogar einer Zentralheizung. Um die sommerliche Hitze erträglicher zu machen, gab es einstweilen nur Ventilatoren, Klimageräte wurden erst nach dem Krieg installiert.
Baubeginn des Hotels war 1922, doch bedingt durch Umplanungen und Problemen mit dem Baugrund verzögerte sich die Fertigstellung, und als man Anfang 1927 endlich mit der Innenausstattung begonnen hatte, requirierte die britische Armee das Gebäude. Als die Soldaten ein Jahr später wieder auszogen, war das Haus in einem katastrophalen Zustand, u. a. mussten sämtliche Badewannen ausgetauscht werden. Mit der glanzvollen Eröffnung Ende 1928 jedoch avancierte das Peninsula sogleich zum Treffpunkt der Hongkonger High Society. Man traf sich bei Tanztees und Konzerten oder plauderte in der großen Halle. Sich hier zu einem nachmittäglichen High tea niederzulassen und Kolonialatmosphäre zu schnuppern, ist immer noch eine gute Idee. Als im Zusammenhang mit der anstehenden Verlagerung des Flughafens die für Kowloon gültige Bauhöhenbegrenzung aufgehoben wurde, stieg das Peninsula sogleich gewissermaßen in einen Jungbrunnen: Der neue Hotelflügel war das erste wirkliche Hochhaus in Kowloon, und nun konnte auch das »Pen«, wie es zuweilen liebevoll genannt wird, wieder mit reichlich Hafenblick und Superluxus glänzen. Das **Designwerk von Philippe Starck** im Haus, v. a. die Restaurant-Bar »Felix« auf der obersten Etage, wirkt auch heute noch spektakulär – einen Eindruck davon erhält man schon bei der Fahrt im Lift (Direktzugang aus der westlichen Ladenpassage).
Salisbury Road, Ecke Nathan Road | www.peninsula.com

Nathan Road

Schnurgerade

Shopping-meile

Die Hauptverkehrsachse von Kowloon beginnt an der Seite des Peninsula und geht von hier über 3,55 km fast schnurgerade nordwärts bis zur Boundary Street. Die Nathan Road ist die wohl berühmteste

Straße der SVR, nicht nur wegen ihrer Länge, sondern auch wegen der ununterbrochenen Folge von Geschäften auf beiden Straßenseiten. Die Freude, sie entlangzubummeln, wird allerdings durch die Menge an Dieselbussen, die sie nutzen, getrübt – sie produzieren leider reichlich Lärm und schlechte Luft. Trotzdem sollte man die Nathan Road gesehen haben. Sie wurde, wie so viele andere Straßen auch, nach einem Gouverneur benannt.

Hongkongs Walk of Fame

Avenue of Stars

Als Avenue of Stars wurde die Hafenpromenade getauft, die sich in Verlängerung der Nathan Road am Wasser erstreckt. Die hier erwähnten Sterne sind nicht etwa die am Firmament, sondern die **Stars der Hongkonger Filmindustrie.** Bruce Lee (▶ Das ist ..., S. 16ff.) und Jackie Chan kennt man, aber den Rest – nun gut, man lernt nie aus. Zwar gibt es hier keine großzügige Promenade mit Cafés, Restaurants und Eisdielen. In diesem Falle hat Hongkongs Stadtplanung den Besuchern keinen guten Dienst erwiesen, denn die Möglichkeiten, sich auf einem Stuhl in einem Café niederzulassen, sind eher dürftig. Aber wen kümmert's? Schließlich sind alle Blicke und Handycams sowieso nur auf den Star der Stars gerichtet: das **Hafenpanorama**. Es spielt hier die unüberbietbare Hauptrolle. Links sehen Sie die Hafenfront von North Point, weiter rechts die Hochhäuser von Causeway Bay, geradeaus das Kongresszentrum, dessen Dächer wirken, als wollten sie gerade fortfliegen, etwas dahinter den spitz zulaufenden Turm des Central Plaza, weiter rechts folgen die

Nathan Road – über 3,5 km Shopping am Stück

Hochhäuser von Admiralty und Central mit dem Bank of China Tower und dem Superhochhaus IFC II, das den Peak dahinter schon zu überragen scheint. Mindestens einmal sollten Sie hier am Tag kommen, gern bei Sonnenuntergang, dann ist das Licht am besten, aber dann noch einmal abends um acht, wenn über dem Hafen die Lasershow »Symphony of Lights« steigt. 67 Hochhäuser beteiligen sich daran, die meisten auf Hong Kong Island – was von Tsim Sha Tsui aus wunderbar zu betrachten ist.
www.avenueofstars.com.hk

Parks

Kowloon Park

Die grüne Lunge von Tsim Sha Tsui

Kowloon Park liefert mehr als frische Luft. Hier geht es um Sport, Unterhaltung und Bildung. Eine Liste der besonderen Einrichtungen im Park umfasst 40 Positionen, darunter sind ein Fitnesspfad, ein Vogelteich, ein Skulpturen- und ein Wassergarten, ein Labyrinth, ein Kinderspielplatz, ein Baumlehrpfad, eine Sporthalle und ein Freibad. Es gibt Zugänge aus allen Himmelsrichtungen, darunter vom Ausgang A1 der MTR-Station Tsim Sha Tsui. Hier, an der Südostecke des Parkgeländes, steht auch die bekannteste Hongkonger **Moschee.**
www.lcsd.gov.hk/en/facilities/facilitieslist/parks.html

Signal Hill Garden

Ein nettes Fleckchen

Der ruhigste Fleck in mehreren Kilometern Umkreis, und das in zentraler Lage! Der Grund dafür, dass man hier nur wenigen Menschen begegnet, ist der versteckte Zugang von der Minden Row aus. Der **Signalhügel,** auch Blackhead Point genannt, ist die höchste natürliche Erhebung der Gegend und war, bevor die Hochhäuser errichtet wurden (▶ Baedeker Wissen, S. 80), vom ganzen Hafen aus gut zu sehen.
So wurde auch hier 1907 jener Turm gebaut, der noch heute inmitten der kleinen Parkanlage steht, wenn er auch später aufgestockt und etwas verändert wurde. An seiner Spitze war damals ein sogenannter Zeitball angebracht, der mittags, um 13 Uhr, einen Mast entlang herabsank und damit allen Schiffschronometern die Zeitsynchronisation ermöglichte. Ab 1933 geschah dies per Radiosignal, und der Zeitball hatte ausgedient. Ein hoher Mast auf dem Hügel diente dennoch weiterhin zur Anzeige von Taifunsignalen.
Die Bezeichnung Blackhead Point bezieht sich auf die Zeit vor dem Eisenbahnbau: Der Fuß des Hügels wurde zu jener Zeit noch von Meer umspült – »point« bezeichnet hier so viel wie Kap. Der Namensteil »Blackhead« hingegen hängt mit einem deutschen Geschäftsmann namens Schwarzkopf zusammen, der Mitte des 19. Jh.s nach Hongkong kam, britischer Staatsbürger wurde und sich dann entsprechend umbenannte.

Tsim Sha Tsui East

MTR-Stationen: Hung Hom, East Tsim Sha Tsui

Nicht schön, aber hochinteressant

Zwei Attraktionen

Was für eine sterile Gegend! Aber zwei Attraktionen, äußerlich unscheinbar, zeigen ihren wahren Wert nur demjenigen, der sie betritt: das Wissenschafts- und Technikmuseum sowie Hongkongs Geschichtsmuseum. Beide liegen einander gegenüber, und vor allem das letztere ist einigermaßen grandios.

Wegen der Architektur kommt wohl niemand hierher: Tsim Sha Tsui East besteht aus knapp zwei Dutzend Häuserblocks gleicher Höhe. Sein uniformes Aussehen verdankt das Viertel der Tatsache, dass es sich auf Neuland befindet, das nach Westen hin von der ehemaligen Bahnlinie, nach Osten hin durch die Hafentunnelzufahrt abgetrennt war. Erst mit der Verlegung des Bahnhofs in den 1970er-Jahren konnte es städtebaulich genutzt werden. Tsim Sha Tsui East wuchs daher nicht organisch, sondern wurde auf einen Schlag durchgeplant. Viel interessanter als die Außenansicht der Gebäude ist aber sowieso die Aussicht, die einige von ihnen bieten: Wenn Sie in einem der Hotels einchecken, die sich entlang der Uferstraße reihen, genießen Sie einen perfekten Blick auf den Hafen.

Ein Museum für alle Sinne

Museum of History

Der thematische Rahmen – Hongkongs Geschichte – könnte eng gefasst erscheinen, doch das Museum of History vermag zu begeistern. Selten wird man körperlich so in die Vergangenheit mitgenommen, wie es hier dank vieler Szenerien im Maßstab 1 : 1 gelungen ist. Da wandert

Das Hongkong von einst lebt im Museum of History ein wenig weiter.

man durch einen Urwald mit entsprechender Geräuschkulisse. An anderer Stelle ist eine Theaterbühne aufgebaut, ebenfalls in Originalgröße, und im Nachbau einer Apotheke stimmt sogar die Geruchsnote. Originalobjekte gehen 1 : 1 in enorm vergrößerte historische Fotos über. Interaktive Medien, historische Filme und mehrsprachige Diaschauen ergänzen diesen spannenden Gang durch die Stadtgeschichte, bei dem man auch einiges über tolle Museumspädagogik erfährt.
100 Chatham Road South | MTR-Station: East Tsim Sha Tsui, Ausgang P2 | Mo. und Mi.–Fr. 10–18, Sa. u. So. 10–19 Uhr | Eintritt frei | http://hk.history.museum

Anfassen und Ausprobieren erwünscht

Science Museum

Hongkongs **Museum für Wissenschaft und Technik** wendet sich an alle Altersstufen, vom Grundschüler aufwärts. Es setzte von Anfang an auf Interaktivität. Dabei geht es nicht nur um technisch-wissenschaftliche Grundlagen. Viele Exponate haben auch Hongkongbezug. Schaustück der Abteilung »Transport« ist beispielsweise Betsy, Hongkongs erstes Verkehrsflugzeug. Der Stolz des Museums ist jedoch die 22 m hohe, sogenannte Energiemaschine, in der rollende Kugeln allerlei überraschende Effekte auslösen.
2 Science Museum Road | MTR-Station: East Tsim Sha Tsui, Ausgang P2 | Mo.–Mi. und Fr. 10–19, Sa. u. So. bis 21 Uhr | Eintritt: 20 HK-$ | http://hk.science.museum

VICTORIA HARBOUR

Lage: Nordwesten von Hong Kong Island | **MTR-Stationen:** Wan Chai, Admiralty, Central | **Hafenrundfahrten:** ▶ S. 272

Für die Stadtviertel an der Nordküste ist die Bezeichnung »Victoria« längst außer Gebrauch gekommen, der Hafen trägt aber immer noch den Namen der britischen Königin, unter deren Ägide Hongkong entstand. Der einst lebendige Fährverkehr kreuz und quer über den Hafen (inklusive Autofähren) ist seit dem Ausbau der Tunnel und der U-Bahn stark zurückgegangen. Eine Hafenrundfahrt auf der Star Ferry ist aber nach wie vor ein charmantes Vergnügen.

Wie Hongkongs Geschichte wohl verlaufen wäre, gäbe es Victoria Harbour nicht? Ohne diesen Sund hätten sich die Briten Hongkong wohl kaum zur dauerhaften Besetzung auserkoren, denn im Schutz der Berge von Hong Kong Island konnten Schiffe sicher ankern.

Es gibt keine offizielle Definition der Ost- und Westgrenzen dieses Naturhafens. Auf jeden Fall gehört der Bereich zwischen der Meerenge ▶ Lei Yue Mun im Osten und jener Linie im Westen dazu, die das Westende von Hong Kong Island mit dem westlichen Rand von Stonecutters Island verbindet; nach einer erweiterten Definition wären auch noch die Containerhäfen (▶ Baedeker Wissen, S.122) und der gesamte Sund zwischen Tsing Yi und dem Teil des Hafens, der zum Festland gehört, einzubeziehen. Dies entspricht jedoch nicht der historischen, auf die Zeit vor 1898 zurückgehenden Benennung. So oder so hat der Hafen nicht mehr die Größe wie einst, eine Folge der Landaufschüttungen, die nicht nur die Nordküste der Insel, sondern auch

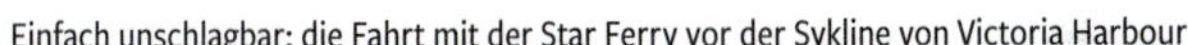

Einfach unschlagbar: die Fahrt mit der Star Ferry vor der Sykline von Victoria Harbour

BAEDEKER WISSEN

HONG KONG PORT

Der natürliche Tiefwasserhafen zwischen der Insel Hongkong und der Halbinsel Kowloon bot den Briten nach 1843 ideale Voraussetzungen für die Anlage eines Handelshafens. Heute ist der Hafen von Hongkong der bedeutendste Wirtschaftsfaktor für die ehemalige Kronkolonie. Er zählt zu den fünf größten Containerhäfen der Welt.

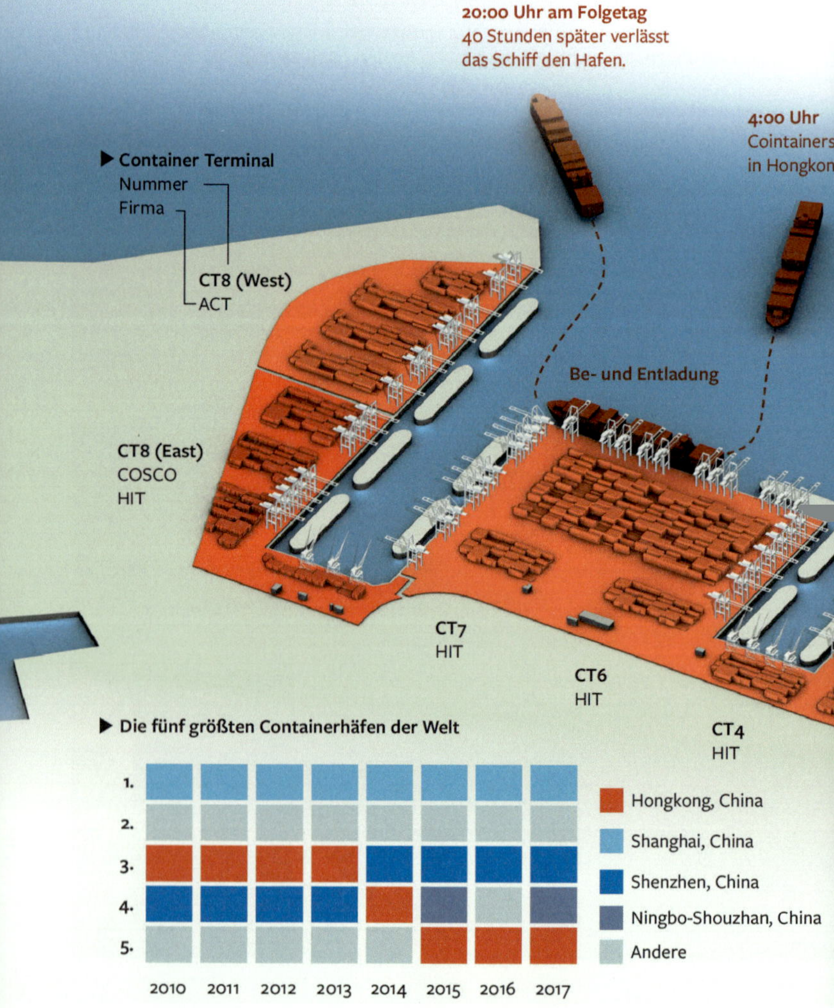

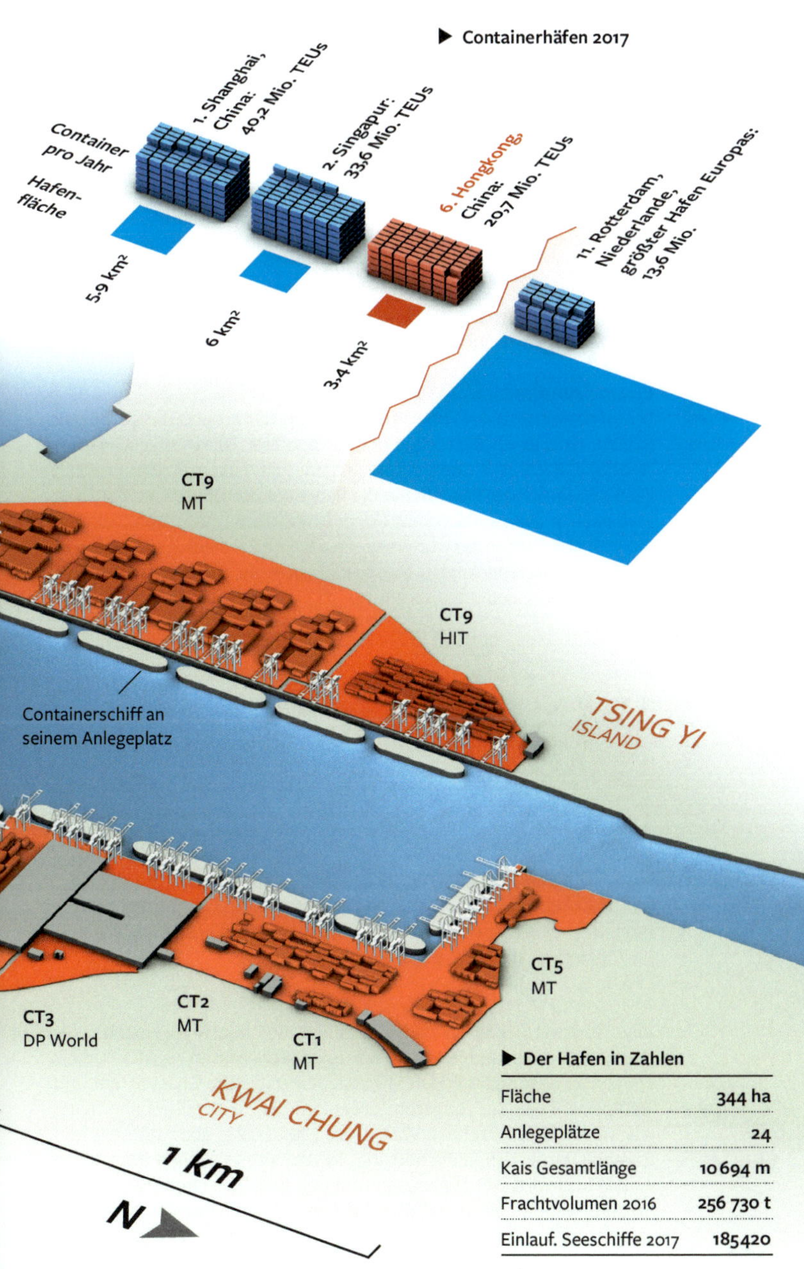

▶ Der Hafen in Zahlen

Fläche	344 ha
Anlegeplätze	24
Kais Gesamtlänge	10 694 m
Frachtvolumen 2016	256 730 t
Einlauf. Seeschiffe 2017	185420

die Seiten von Kowloon betreffen. Unter anderem wurde die ehemalige Kowloon Bay fast ganz dem alten Flughafen geopfert. Natürliche Ufer gibt es heute praktisch nicht mehr.

Unterirdisch von Hong Kong Island nach Kowloon

Hafentunnel

Der zentrale vierspurige Hafentunnel (Cross Harbour Tunnel) ging 1972 in Betrieb. Er ist 1,86 km lang. 1989 kam der 2,2 km lange östliche Tunnel (Eastern Harbour Crossing) dazu (ebenfalls vierspurig). Im Zuge der Flughafenanbindung folgte 1997 schließlich der westliche Hafentunnel (Western Harbour Crossing), 2 km lang und sechsspurig. Die Benutzung der Tunnel ist kostenpflichtig. Insgesamt drei MTR-Tunnel unterqueren den Hafen, ein vierter ist im Bau.

Einmal rundherum

Star Ferry

Die preiswerteste Art, über den Hafen zu fahren und die grandiose Skyline zu erleben, bietet die ehrwürdige Star Ferry auf der Hauptstrecke zwischen ▶ Central und ▶ Tsim Sha Tsui: auf dem unteren Deck. Etwas länger können Sie die Fahrt auf der Route von Tsim Sha Tsui nach ▶ Wan Chai (beim Kongresszentrum) genießen. Gönnen Sie sich aber lieber das nur wenig teurere obere Deck.

Ober- bzw. Unterdeck: Mo. – Fr. 2,7 / 2,2 HK-$, Sa. u. So. 3,7 / 3,1 HK-$
www.starferry.com.hk

WAN CHAI

Lage: süd östlich von Central (Hong Kong Island) |
MTR-Station: Wan Chai

Der Stadtteil Wan Chai bestimmt die Mitte der Nordküste von Hong Kong Island. Sie erkennen ihn sofort an seinem unübersehbaren Erkennungszeichen, dem Kongress- und Ausstellungszentrum, dessen geschwungenes Dach das Stadtbild mitprägt. Eher im Süden hat Wan Chai noch exotisches Flair.

Alle ufernahen Bauten, darunter einige der höchsten Hochhäuser der SVR, stehen auf Neuland (▶ Baedeker Wissen, S. 80). Exotik spürt man besonders in den Marktstraßen rund um Cross Street und Tai Yuen Street. Die Johnston Street, auf der die Straßenbahn fährt, war über vier Jahrzehnte Wan Chais Uferstraße, aber selbst schon Ergebnis einer Landaufschüttung. In den älteren Teilen Wan Chais wurde und wird viel abgerissen und neu gebaut – ein tiefgreifender Strukturwandel, der nicht ohne Proteste abging. Bekannt wurde der

Stadtteil besonders als **Vergnügungsviertel,** als US-Soldaten in den 1960er-Jahren hier Urlaub vom Vietnamkrieg machten. Diese Gegend im Bereich Fenwick Street, Luard Road, Jaffe Road und Lockhart Road macht jedoch nur einen kleinen Teil von Wan Chai aus.

Heimat der schönen Künste

Academy for Performing Arts, Arts Centre

Nur eine Straße trennt diese beiden Gebäude, die zusammen ein Zentrum des Hongkonger Kulturlebens bilden. Die **Academy** ist eine Hochschule für Musik, Film und Theater. Dazu gehören Säle, in denen die ausgebildeten Sänger, Schauspieler und Regisseure ihr Können zeigen. Das **Arts Centre** ist ein Veranstaltungszentrum für Ausstellungen, Lesungen, Film- und Bühnenkunst, Vorträge etc. Hier finden fast täglich Veranstaltungen statt. Oben im Haus residiert das Goethe-Institut.

Arts Centre: 2 Harbour Road | Tel. 25 82 02 00 | www.hkac.org.hk/en
Academy: 1 Gloucester Road | Tel. 25 84 85 00 | Karten für Veranstaltungen der Academy: Tel. 31 28 82 88 | www.hkapa.edu

Wahrzeichen, Symbol, Fotomotiv

Convention & Exhibition Centre

Mit seinen geschwungenen Dächern wirkt das Center vor allem aus seitlicher Perspektive ungemein elegant. Von den beiden Hongkonger **Konferenz- und Messezentren** ist dieser Bau der ältere – das andere Centre ist die Asiaworld Expo am Flughafen. Dieses Zentrum besteht aus zwei Teilen. Der ältere, 1988 fertiggestellte liegt genau hinter dem neueren; er entstand in baulicher Einheit mit den Luxushotels Renaissance Harbour View und Grand Hyatt, die ihn weit überragen. Bis 1997 folgte die Erweiterung um den in den Hafen vorspringenden Flügel – nach Plänen des amerikanischen Büros **Skidmore, Owings & Merrill.**

Besonders Touristen vom Festland kommen in Scharen zum Kongresszentrum, denn auf dessen Ostseite steht auf dem Golden Bauhinia Square eine vergoldete Nachbildung von Hongkongs Stadtblume. Das 6 m hohe Prunkstück auf einem Sockel aus rotem Granit ist ein Geschenk der chinesischen Regierung an Hongkong aus Anlass von Hongkongs Heimkehr. Die Übergabezeremonie fand ebenhier statt: im Kongresszentrum.

Golden Bauhinia Square | www.hkcec.com

Hongkongs ungewöhnlichste Uhr

Central Plaza

Das mit 374 m höchste Hochhaus des Stadtteils war einst, 1992 bis 1996, Rekordhalter in Asien; als höchster Wolkenkratzer Hongkongs wurde das Central Plaza erst 2003 entthront. Dem Entwurf des Hongkonger Büros **Dennis Lau & Ng Chun Man** liegt ein gleichschenkliges Dreieck als Grundriss zugrunde, dessen Ecken gekappt wurden, sodass es pro Etage nun sechs (statt vier) der begehrten Eckzimmer gibt. Das zweigeschossige Foyer ist vom Art déco inspi-

riert. Von seiner oberen Ebene kann man gratis zum 46. Stock hinauffahren, der als Umsteigeetage fungiert, und in alle Richtungen hinausblicken. Wer den Turm des Plaza von außen im Dunkeln betrachtet, sieht Lichter an der Spitze, deren Farbspiel sich in regelmäßigen Abständen ändert. Dieser Lichtwechsel kann als Uhr gelesen werden. Eine Erklärung dazu findet sich unter der angegebenen Website. Das Grundstück war übrigens teurer als das Gebäude.
www.centralplaza.com.hk/eng/lightime.php

Bowen Road und Lover's Rock

Tradition und Aberglaube im modernen Hongkong

Eine kleine sportliche Herausforderung mit schöner Belohnung hält Wan Chai ebenfalls vor: Wer von der Johnston Road (Straßenbahn) kommend die Tai Yuen Street entlanggeht und an deren Ende die Queen's Road East überquert, stößt dort auf die bergan führende **Wan Chai Gap Road** (an der Ecke befindet sich das historische Postamt von Wan Chai). Man steigt nun immer weiter **bergan,** überquert die Kennedy Road und steigt weiter bis zur Bowen Road in ca. 130 m Höhe. Dort hat man die Hochhausbebauung bereits hinter sich gelassen und befindet sich im Grünen; die Straße selbst ist für den öffentlichen Fahrzeugverkehr gesperrt und eine beliebte Joggingstrecke (als »fitness trail« ausgewiesen mit entsprechenden Zusatzgeräten). Wendet man sich nach links (ostwärts), sieht man nach 600 m rechts einen Weg mit Stufen an Felsen hinaufführen. Er endet auf einem kleinen Plateau, aus dem ein mächtiger Felsquader schräg in den Himmel sticht: der **»Lover's Rock«.** Der 9 m hohe Stein ist, wie man leicht erkennt, Ort eines

IM SCHATTEN DES PHALLUS

Der als Heiligtum verehrte, schräg aufragende Riesenphallus oberhalb der Bowen Road lohnt allermal den Besuch, sowohl der Kultstätte wegen als auch wegen der Aussicht über die Stadt. Bleiben Sie aber ein bisschen auch unterhalb, wo Gläubige in Grotten und Felsnischen Heiligenfiguren gestellt haben. Wenn Weihrauch hier die Bitten der Opfernden durchs Gezweig der Bäume himmelwärts trägt, enthüllt sich ein ganz ungeahntes Gesicht der Stadt

Phalluskults. Hierher kommen Frauen, die sich einen lieben Ehemann erhoffen oder etwas dafür tun wollen, dass ein unerfüllter Kinderwunsch endlich Realität wird. Wer den sehr schönen Blick über die Stadt ausreichend genossen hat, kann die Bowen Road bis zu ihrem Ende weitergehen (ca. 20 Minuten) und von dort mit einem der Busse in die Stadt zurückkehren.

YAU MA TEI

Lage: Westufer von Kowloon | **MTR-Stationen:** Jordan; Yau Ma Tei

Yau Ma Tei zählt zu den älteren Wohnvierteln Kowloons und ist entsprechend dicht bevölkert. Hierher kommt man nicht, um in klimatisierten Shoppingcentern einzukaufen – das Viertel zwischen Tsim Sha Tsui im Süden und Mong Kok im Norden steht für schlichtes, authentisches Leben. Sehenswert sind der Nachtmarkt und der Tin-Hau-Tempel.

Nehmen Sie sich ruhig ein bisschen Zeit für das Viertel: Es lohnt sich, wie in Mong Kok, durch die Straßen zu bummeln und die kleinen Sehenswürdigkeiten zu entdecken. Am besten planen Sie dafür (auch) den Abend ein, denn dann kommen Einheimische wie Fremde besonders gern nach Yau Ma Tei: zu Hongkongs populärstem Nachtmarkt.

 Temple Street Night Market

Am Abend wird die Straße zum Freiluftkaufhaus

Großes Angebot

Wohl jeder hat schon von ihm gehört, und in der Tat ist der Markt einen Bummel wert. Es findet sich auf ihm mehr als ein buntes Warensortiment: Hier lässt es sich auf Klapphockern an Klapptischen auf der Straße essen, und im Bereich des Parkhauses südlich vom namengebenden Tempel betätigen sich Wahrsager, während Laienmusiker kantonesische Opernarien schmettern. Der Markt beginnt im Süden in Höhe der Nanking Street, zieht sich im Norden um das Parkhaus an der Kansu Street und um den anschließenden Tempelvorplatz herum und setzt sich nördlich davon bis ans Ende der Straße fort. Es gibt vorwiegend Kleidung, Taschen, allerlei Kleinkram, auch Elektronik, Spielzeug, Mobilfunkzubehör ...

Beachten Sie auch die Läden hinter den Marktständen. Aufgebaut wird bis gegen 18 Uhr. Tagsüber sieht die Straße nicht anders aus als andere der Gegend.

Tin-Hau-Tempel

Heiligtum und Treffpunkt

Anlage

Der Tempel nahe der Nathan Road/Temple Street bildet mit seinem von alten Bäumen beschatteten Vorplatz das Zentrum des Stadtteils. Hier treffen sich gerne die Müßiggänger der Gegend, spielen Schach oder lesen Zeitung. Der Name des Tempels verweist auf seine Hauptfigur, die »Himmelskaiserin«. An der jetzigen Stelle steht ihr Heiligtum seit 1876. Damals schaute die Schutzpatronin der Seefahrer, wie es sich gehört, von ihrem Schrein aus noch aufs Wasser. Inzwischen hat sich die Kaikante durch Landaufschüttungen um mehr als einen Kilometer nach Westen vorgeschoben.

Wer durch das Tor in den Vorhof des Tempels getreten ist, erkennt sogleich, dass **der Tempel fünf Gebäude umfasst,** wobei das mittlere durch seine Größe und seinen Firstschmuck gegenüber den anderen hervorgehoben ist. Jeder dieser fünf Flügel besteht jeweils aus zwei hintereinanderstehenden Hallen. Die Lücke zwischen ihnen ist als Lichthof ausgeführt; dort hängt die Mehrzahl der Weihrauchspiralen. Die Bauweise ist typisch kantonesisch mit relativ flachen Gie-

Einen Imbiss holen und sich dann einen Platz suchen gehört auf dem Nachtmarkt zum Pflichtprogramm.

beldächern sowie Traufschmuck, Stuckaturen, Malereien und Kalligrafien an den Frontwänden und v. a. unterhalb des Dachs.

Tin Hau und ihr Personal

Haupttempel

An der Altarwand reihen sich fünf mit Prunkstickereien geschmückte Schreine. Die **»Heilige Mutter Himmelskaiserin«** in der Mitte trägt eine Kaiserkrone mit Perlenschnüren und verschwindet fast in ihrer reich verzierten Robe (▶ Baedeker Wissen, S. 204/205). Zur Himmelskaiserin gehört das überlebensgroße Personal vor ihrem Schrein: lackierte Lehmfiguren des Siegelverwahrers und des »Tausend-Meilen-Auges« rechts sowie des Sekretärs und des »Mit-dem-Wind-Ohrs« gegenüber.

Der Schrein ganz links ist dem schwarzgesichtigen Bao Gong, dem Herrn der Gerechtigkeit, geweiht. Ihm entspricht rechts außen ein Schrein für die buddhistische **Guanyin**, den weiblichen Bodhisattva des Mitgefühls. Links neben dem Hauptschrein ist der »Altar der Verhinderung von Katastrophen« mit mehreren kleinen Figuren zu sehen. Der **Anwesenheit diverser Reichtumsgötter** nach zu urteilen steht die Vermeidung finanzieller Notlagen im Vordergrund. Der Nebenschrein auf der anderen Seite des Hauptschreins birgt über ein Dutzend kleiner Figuren. An der rechten Seitenwand steht nahe der Altarwand ein großer Schrein für die Jahresgötter des Sechzigjahrezyklus, der eine chinesische Methode der Zeitrechnung definiert.

Der Gemeinschaft gewidmet

Südlicher (rechter) Nebentempel

Die Besonderheit des Tempels ist die kleine Steinstele in der Mitte des Lichthofs mit der Aufschrift »Gott der Gemeinschaft«. Dies bezog sich einst auf das Dorf Yau Ma Tei, heute mag man darunter den Stadtteil verstehen. An der Altarwand der inneren Halle stehen drei Schreine. Der mittlere birgt ein sehr bodenständiges Bildnis der Guanyin, das die tradierten Regeln buddhistischer Ikonografie zugunsten von Volksnähe souverän ignoriert. Der Guanyin zur Seite stehen in separaten Schreinen links zwei weibliche und rechts zwei männliche Götterfiguren, laut gestickter Inschrift auf den Schreinbehängen links »Goldblüte und Drachenmutter« und rechts »Nordkaiser und Kaiser Guan«; dabei ist die Figur des »Kaisers Guan«, des beliebtesten Schutzpatrons, doppelt vorhanden.

An der linken Seitenwand gibt es ebenfalls einen Altar für die sechzig Jahresgötter (Personifizierungen der Jahre des Sechzigjahrezyklus, s. o.). Im Bereich zwischen dem Lichthof und dem Altarraum stehen je zwei Regale mit Seelentafeln von Verstorbenen.

Hier erfahren Sie mehr über den Tempel

Südflügel (ganz rechts)

Die Räumlichkeiten in diesem Trakt dienten als Versammlungsraum und Dorfschule. Heute ist hier eine Ausstellung zum Kultus und zur Geschichte des Tempels zu sehen.

Hier ist alles anders

Nördlicher (linker) Nebentempel

Der Nebentempel ist dem Stadtgott gewidmet. Sie werden sofort bemerken, dass die Halle anders ist als die anderen: aufgeräumter, neuer. In der Tat: 2015 brannte das Innere komplett aus. Die neuen Figuren wahren zwar den für Hongkong typischen, volkstümlichen Stil, das einstige Figurenprogramm wurde jedoch nicht wiederhergestellt. Der Unterschied ist besonders auffällig bei den zehn Höllenrichtern, die zu je fünf den Hauptschrein flankieren. Sie sind allzu herrschaftlich und brav geraten.

Der Einfluss des modernen Lebens

Nordflügel (ganz links)

Wie außerordentlich populär der Guanyinkult ist, zeigt sich daran, dass diesem vorwiegend als weiblich wahrgenommenen Bodhisattva eine weitere, spezielle Halle geweiht ist. Damit wird die Guanyin als einzige Gottheit in drei der vier Teiltempel verehrt; in dieser Hinsicht ist sie der namengebenden »Himmelskaiserin« deutlich überlegen. Dahinter stehen soziale Veränderungen, denn die Großstadtbevölkerung hat mit der Seefahrt, für deren Schutz die Himmelskaiserin sorgt, kaum noch etwas zu tun. Wie im südlichen Nebentempel ist auch diese prächtig eingekleidete Guanyin eine durch und durch volkstümliche Gestalt; sie wird von ihrer überhohen Krone mit künstlichen Blumen und Pfauenfedern fast erdrückt. Der rechte Seitenschrein ist dem Schutzpatron »Kaiser Guan« gewidmet (Baedeker Wissen, S. 204). Ein linker Seitenschrein fehlt. An der rechten Seitenwand finden sich erneut die 60 Jahresgötter dargestellt.

Die Götter der Natur

Heiliger Banyanbaum

In der Nordwestecke des Vorhofs steht ein alter Baum, dem in einem kleinen, aus Naturstein gehauenen Gefäß auch Weihrauch als Opfer dargeboten wird. Eltern bitten damit um Kraft und Gesundheit ihrer Kinder.

Public Square Street | tgl. 8–17 Uhr

 Jademarkt

Edles und Profanes

Jade und mehr

Vom Tempel geht man nur wenige Minuten zum Jademarkt; er befindet sich unter der Hochstraße an der Kansu Street (▶ Touren). Über 400 Kleinhändler breiten hier ihre Schätze aus, daneben gibt es einigen **Service für andere Belange:** Man kann sich beim Ausfüllen der Steuererklärung oder beim Beantragen einer Taxilizenz helfen lassen, auch chinesisch-englische Übersetzungsdienste werden angeboten. **Jade** gibt es in sehr verschiedenen Qualitäten, und nicht alles, was als Jade ausgegeben wird, ist es auch. Wer hier kauft, sollte zumindest Speckstein, Nephrit und Jadeit voneinander unterscheiden können. Nur die beiden letztgenannten Mineralien gelten als Jade, wobei Jadeit deutlich härter und teurer ist. In China werden auch andere hochwertige Mineralien, zum Beispiel Achat, oft unter Jade subsumiert (► Shopping).

YUEN LONG

Lage: Nordwesten der New Territories

NORDWESTL.
A 1

Im Nordwesten der New Territories ist das Terrain teils flach und fällt zum Meer hin ab. Dort hat sich ein großes Feuchtgebiet gebildet, in dem Naturschutz eine wichtige Rolle spielt: die Mai Po Marshes. Setzen Sie auch den Heritage Trail auf Ihr Besichtigungsprogramm: Der Spazierweg führt zur traditionellen Kultur der Region.

Naturschatz zwischen Hochhäusern

Hier die Wolkenkratzer, dort das Naturschutzgebiet – in Yuen Long treffen zwei Welten aufeinander. Das flache Land der Region bot sich für den Aufbau weiterer Satellitenstädte an, verstärkt seit der Inbetriebnahme der West-Rail-S-Bahn im Jahr 2003. Zwischen den Hochhaussiedlungen in dem Gebiet blieben alte Dorfkerne bestehen, zum Teil noch mit etwas Landwirtschaft.

Mai Po Marshes
►Abb. S. 23

Ein Streifzug durchs Vogelparadies
Im äußersten Nordwesten der SVR, eingezwängt zwischen den Hochhauswäldern von Shenzhen im Norden (► Touren) und der Satellitenstadt Tin Shui Wai im Süden, liegen die Mai Po Marshes. Sie machen den ökologisch bedeutendsten Teil von Hongkong aus. Es handelt sich um ein mehr als **7 km² großes Feuchtgebiet;** hinzu kommen Hongkongs größter **Mangrovengürtel,** der eine Breite von mehreren Hundert Metern bis zu einem Kilometer einnimmt, sowie Wattflächen. Das Gebiet grenzt an die sogenannte Shenzhen Bay, auch **Deep Bay** genannt, da sie tief ins Land eingeschnitten ist. Die Wassertiefe ist jedoch äußerst gering, sodass die Gezeiten hier recht deutlich spürbar sind. Das unter strengem Naturschutz stehende **Mai Po Nature Reserve** gilt international als wichtiges Feuchtgebiet nach dem Ramsar-Abkommen. Es hat eine große Bedeutung für Zug- und Wasservögel, die hier zu Zehntausenden überwintern. Unter anderem lebt ein Viertel der Gesamtpopulation des Schwarzstirnlöfflers (englisch: »black faced spoonbill«) in dem Gebiet. Insgesamt wurden in den Marschen mehr als 350 Vogelarten beobachtet. Das Gebiet ist nicht frei zugänglich, jedoch veranstaltet der World Wide

Grün in vielen Schattierungen im Tempel »Zur Grünen Kiefer«

Fund for Nature (WWF) regelmäßig geführte Touren, zudem unterhält er ein Besucherzentrum, Holzstege und Beobachtungsstände.
Central Visitor Centre des WWF, 1 Tramway Path (an der Talstation der Peak Tram) | Führungen: Sa. und So. | www.wwf.org.hk/maipo

Mit Blick auf die Zukunft

Wetland Park

Ein 60 ha großer Teil des Mai-Po-Feuchtgebiets, der als Ausgleichsfläche für die nahe Satellitenstadt angelegt wurde, dient insbesondere der ökologischen Erziehung und wurde von daher auch besonders im Hinblick auf kind- und jugendgerechte Didaktik gestaltet. Das Besucherzentrum **»Wetland Interactive World«** führt in die Bedeutung der Feuchtgebiete ein. Das Außengelände wird durch Wege und Holzstege erschlossen, die zu Beobachtungsständen sowie durch die Mangroven führen. Eine besondere Attraktion ist das Krokodil Pui Pui in seinem Freigehege.
Wetland Park Road | MTR: bis Tin Shui Wai, Light Rail (Straßenbahn) Linie 705 oder 706 bis Wetland Park | Mi.–Mo. 10–17 Uhr (Einlass bis 16 Uhr) | Eintritt: 30 HK-$ |www.wetlandpark.gov.hk

Ping Shan Heritage Trail

Kulturell bedeutende Stätten der New Territories
Der Trail ist ein 1,6 km langer Spazierweg. Zu sehen sind eine Pagode, ein ummauertes Dorf, zwei Ahnen- und zwei weitere Tempel, eine Dorfschule, ein Gasthaus und einige kleinere Objekte.
Los geht es an der Pagode »zur Sternversammlung«, die gleich neben der MTR-Station Tin Shui Wai steht. Dort erhält man auch zweisprachiges Informationsmaterial mit einer Kartenskizze. Eine etwas detailliertere Übersicht über die Route ist außerhalb der Pagode angebracht und bietet sich zum Abfotografieren an. Die meisten der Gebäude und Objekte der Route sind Privateigentum der Tang-Sippe; die Besucher werden um entsprechende Rücksichtnahme gebeten. Unerwünscht ist insbesondere, das ummauerte Dorf Sheung Cheung Wai im Innern zu besichtigen. Nach außen tritt es mit bunten Backsteinmauern und einem zweigeschossigen Torgebäude in Erscheinung. Eindrucksvoll sind besonders die beiden Ahnentempel, die aus dem frühen 14. bzw. frühen 16. Jh. stammen, mit schönem Schnitzwerk verziert sind und weiterhin ihrem Bestimmungszweck entsprechend genutzt werden – wenn auch nicht mehr, wie einst, als Schulgebäude für den Nachwuchs der Tang-Sippe. Der Geschichtspfad endet in einer **ehemaligen Polizeistation,** einem kolonialzeitlichen Bau aus dem Jahr 1899. Er dient heute als Besucherzentrum für den Ping Shan Heritage Trail, den er durch eine Ausstellung mit Texten, Dokumenten und Gebrauchsgegenständen gut ergänzt.
MTR-Station: Tin Shui Wai (Ausgang E3), Weiter-/Rückfahrt ab Light-Rail-Station Ping Shan | Besucherzentrum: Di.–So. 10–17, März–Sept. 10–18 | Tempel: 9–13, 14–17 Uhr | www.amo.gov.hk

Taoistischer Tempel

»Zur grünen Kiefer«
Der Tempel **Ching Chung Koon** unterscheidet sich von innerstädtischen Heiligtümern durch seine großzügige Anlage (1,9 ha) und seine Begrünung. Ein Teil ist als chinesischer Garten mit künstlichen Felsen, einem Teich und einem Pavillon ausgeführt. Die immergrüne Kiefer im Namen steht als Symbol für stete Rechtschaffenheit sowie Langlebigkeit, und so passt es, dass die Wohltätigkeitsorganisation, der der Tempel gehöSrt, unter anderem mehrere Arztpraxen, ein Altenheim und ein Kolumbarium betreibt. Hier bietet sie in mehreren Räumen des Tempels gegen Bezahlung Platz für das Anbringen von Ahnentäfelchen an. In ihrer modernen Form mit einem Foto der verstorbenen Person bedecken diese Tafeln zu Tausenden ganze Wände. Oft finden hier **Totenfeiern** statt, und entsprechend kann man Totengeld und aus Papier gefertigte Totengaben entdecken, die in einem speziellen Ofenhaus im Vorhof verbrannt werden.
In der prächtigen, etwas überladen wirkenden **Haupthalle,** die überraschenderweise nicht mittig, sondern weit rechts platziert ist, werden mehrere taoistische Heilige verehrt. Der Hauptaltar ist Lü Dongbin, einem der acht Unsterblichen, geweiht. Auf der erklärenden

Tafel in der Halle erscheint er ohne Umlaut geschrieben und mit seinem Beinamen benannt als Lu Chun Yang. Die Anlage ist noch recht neu; sie entstand an dieser Stelle erst ab 1960.
Tuen Mun, Tsing Chung Koon Road, Ecke Tsing Tin Road | Light-Rail-Linie 615 ab MTR-Station Yuen Long oder ab Ping Shan bis Ching Chung | tgl. 9–18 Uhr

ZOOLOGICAL & BOTANICAL GARDENS

Lage: Central, Upper Albert Road/Garden Road
MTR-Station: Central

Mitten zwischen den Wolkenkratzern von Hong Kong Island trifft man hier auf exotische Tiere und Pflanzen. Hongkongs erster Stadtpark umfasst 5,6 ha, aufgeteilt in einen östlichen und einen westlichen Teil, die durch eine Fußgängerunterführung unter der Albany Road miteinander verbunden sind. Mit ihm in Verbindung steht auch der ehemalige Sitz der Gouverneure.

Der Park wurde bereits 1871 gegründet und war zunächst als reiner botanischer Garten konzipiert. Er liegt in den sogenannten Midlevels oberhalb von Central. Im Ostteil sind vor allem die Volieren (u. a. mit Flamingos und Ibissen) interessant, außerdem ein Gewächshaus mit Orchideen und Bromelien, ein Fontänengarten und ein Spielplatz. Im Westteil hingegen locken die Tiere, darunter Orang-Utans, weitere Affenarten sowie ein Reptilienhaus.
Park: tgl. 5–22, Gewächshäuser: 9–16.30 Uhr | Eintritt frei | www.lcsd.gov.hk

Besucher müssen draußen bleiben

Government House

Gleich unterhalb des Botanischen Gartens residierten von 1855 bis 1997 die britischen Gouverneure der Kolonie. Der von einem gepflegten, großen Garten und einem hohen, abweisenden Zaun umgebene Bau des Government House zeigt britisches Understatement: Er hat nur zwei Geschosse, und der Eingang ist ebenerdig. Dieser Eindruck wäre noch stärker, hätten die japanischen Besatzer den Bau nicht 1944 verändert und vor allem um den Turm erweitert.
Als Chris Patten, letzter Gouverneur in Hongkong, 1997 auszog, stand die Residenz zunächst eine Weile leer. Chinas Statthalter mochte nicht einziehen, hätte es doch so ausgesehen, als wäre eine Kolo-

nialmacht bloß durch eine andere ersetzt worden. Erst der zweite »chief executive« hatte keine Bedenken mehr, sodass hier seit 2006 nun wieder die politische Regierungszentrale der Stadt ist. Eine Besichtigung ist nicht möglich, wenn jedoch im Frühjahr die Azaleen blühen, erhält die Öffentlichkeit für einen Tag Zutritt zum Garten.
Upper Albert Road | www.ceo.gov.hk/gh/eng/index.htm

Die Kirche als Klubhaus

Anglikanische Hauptkirche

St. John's Cathedral (Domkirche des Erzbischofs) steht etwas unterhalb des Government House in einer Grünanlage. Sie wurde 1849 geweiht, die heutige Größe des neugotischen Baus geht auf eine Erweiterung im Jahr 1872 zurück. Zur Zeit der japanischen Besatzung diente sie den Besatzern als Klubhaus. Das Innere und die Fenster mussten danach komplett erneuert werden.
4 Garden Road | tgl. 7–18 Uhr | www.stjohnscathedral.org.hk

S

SEHENS-WERTES

in Macau

Magisch, aufregend, einfach schön

Alle Reiseziele sind alphabetisch geordnet. Sie haben die Freiheit der Reiseplanung.

Eindeutig portugiesische Tradition: das Straßenpflaster am Largo do Senado ►

SANTA CASA DA MISERICORDIA

BARRA

Lage: Süden | **Bus:** 1, 2, 5, 7, 9, 10, 10A, 18, 28B (bis »Templo A Ma« fahren, nicht bis Endstation!) | **www.wh.mo/en** (Welterbestätten)

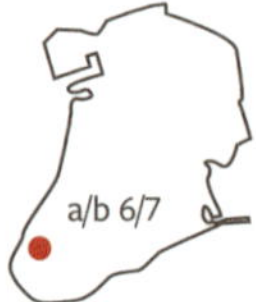

Eines der beliebtesten Ziele von Barra im Süden der Halbinsel ist das Fort SãoTiago da Barra. Wenn Sie wollen, können Sie dort sogar übernachten, denn die Festung ist heute ein Hotel. Sehenswert sind auch der A-Ma-Tempel, das älteste Heiligtum der Stadt, und das Seefahrtsmuseum.

A-Ma-Tempel

Für die Schutzpatronin der Seefahrer

Der Tempel wurde bereits 1488 gegründet, also noch vor Ankunft der Portugiesen; in der heutigen Form besteht er seit 1875. Er gehört zu den **UNESCO-Welterbestätten** der Stadt. Hier wird die Schutzpatronin der Seefahrer verehrt, die gewöhnlich Tian hou (kantonesisch: Tin Hau), »Himmelskaiserin«, oder Mazu, »Mutterahnin«, genannt wird (▶ Baedeker Wissen, S. 204). Das A-Ma im Tempelnamen bedeutet so viel wie »Mütterchen«. Die Natur ist es, die dem Tempel seinen besonderen Reiz verleiht: ein von Bäumen beschatteter Hang mit rund geformten Felsen und Ausblick aufs Wasser. Wer auf dem Vorplatz steht, erkennt links den Eingang und rechts die Haupthalle, dahinter ragt eine kleine Pagode auf.

Heutzutage besuchen mehr Touristen als Seefahrer den A-Ma-Tempel.

Der von zwei Steinlöwen geschützte Eingang ist als Schmucktor gestaltet; es trägt den offiziellen Namen des Tempels: »Pavillon der Mutterahnin«, der jedoch selten verwendet wird. Durch ein weiteres **Schmucktor,** das direkt dahinter steht, geht es geradewegs in die älteste der bestehenden **vier Hallen.** Sie stammt aus dem Jahr 1605 und birgt ein Bildnis der »Himmelskaiserin«. Nach rechts erstreckt sich der **Haupthof;** zwei Felsblöcke tragen dort je eine kolorierte Reliefdarstellung einer Dschunke. Die Haupthalle am Südende des Hofs betritt man von der Seite. Die auf dem Altar sitzende »Mutterahnin« muss den Blick hinaus aufs Meer richten – soll sie doch sehen, wo Seenot herrscht. Von daher wurde die Vorderwand mit einem großen, runden Fenster versehen. Innen steht an der rechten (südlichen) Seitenwand eine **»Götterdschunke«,** ein Schiffsmodell mit einem Schrein darauf, etwas Personal und drei Kanonen. Die Figur der Göttin im Hauptschrein ist, wie immer bei den Volkstempeln an der Küste, sehr klein und wird von ihrer prachtvollen Robe fast ganz verhüllt. In Nebenschreinen werden zwei buddhistische Figuren (Skanda und Kshitigarbha) verehrt. In einer Flucht mit dem Haupteingang des Areals folgt bergan die kleine **»Halle der umfassenden Güte«** (erbaut 1828); auch sie enthält eine Figur der »Himmelskaiserin«. Treppen führen von hier aus weiter bergan und zu diversen **Felsinschriften.** Ganz oben links steht als letztes Gebäude eine kleine Halle für die buddhistische Barmherzigkeitsgöttin Guanyin.

Largo do Pagode da Barra | tgl. 7–18 Uhr

Geschichte als Figurentheater

★ Museo Marítimo

Das Seefahrtsmuseum zeigt die Geschichte der Seefahrt und der Fischerei in und um Macau. Eine ethnografische Abteilung stellt Riten und Bräuche der Seefahrer vor, beispielsweise zur Besänftigung der umherirrenden Seelen von Ertrunkenen. Regionale Schiffstypen werden im Modell gezeigt und mit anderen aus verschiedenen Weltgegenden verglichen. Einige Aquarien geben Einblick in die Meeresfauna. Der liebenswerteste Teil des Museums aber, gleich unten im Erdgeschoss, ist ein Figurentheater, dass die Geschichte der »A Ma« erzählt, die im Tempel schräg gegenüber verehrt wird – dies ist zugleich die Gründungslegende des vorportugiesischen Macau.

Largo do Pagode da Barra | Mi.–Mo. 10–18 Uhr| Eintritt: 10 Ptcs | www.museumaritimo.gov.mo

Nicht zu übersehen

Porta do Entendimento

An der von Barra nach Taipa führenden Brücke steht ein schwarzes, 40 m hohes Monument: das »Tor der Verständigung« (Gate of Understanding). Der Titel spielt auf die »herzlichen Beziehungen« zwischen Portugal und China an, die Jahrhunderte überdauerten. Das Denkmal ist geometrisch sehr raffiniert gestaltet und sieht aus verschiedenen Blickwinkeln recht unterschiedlich aus.

Pousada de São Tiago

Eine Nacht in der Festung?
Das **Fort São Tiago da Barra** an der Südspitze geht auf das Jahr 1629 zurück, als hier erstmals Kanonen aufgestellt wurden. Heute (seit 1982) fungiert es als romantisches Luxushotel. Auf der Terrasse einen Nachmittagskaffee zu sich zu nehmen kostet nicht die Welt, aber auch hier zu speisen ist nicht übermäßig teuer. Eine kleine alte Kapelle ist Teil dieser ungewöhnlichen Unterkunft.
Avenida da República | Das Hotel Pousada de São Tiago ist voraussichtlich bis Ende 2019 geschlossen.

CENTRO CULTURAL

Lage: Avenida Xian Xing Hai | **Bus:** 3A ab Largo do Senado, 12 ab Ferry Terminal | Tel. 28 70 06 99 | **www.ccm.gov.mo**

Lange hatte Macau auf den Bau eines Kulturzentrums warten müssen, dafür ist es nun ein echter Blickfang. Mit seinem aufwärts geschwungenen Dach fällt es schon auf, wenn man mit der Fähre aus Hongkong in den Hafen einläuft.

Kunst und Kultur

Das Kulturzentrum, 1999 erbaut, liegt in markanter Position an der östlichen Seite des »NAPE« genannten Neubaugebiets. Dieses ist das Ergebnis einer großflächigen Landaufschüttung). Das Gebäude hat zwei Veranstaltungssäle für Konzerte und Theater sowie Studioräume. Und das ist noch nicht alles: Die zwei benachbarten Museen (Arte, Handover Museum) gehören ebenfalls zum Komplex.

Museu de Arte

Macaus Kunstmuseum
Das trotz seiner fünf Etagen eher kleine Haus erfreut mit einer interessant aufgefächerten Sammlung. Zu sehen sind unter anderem archäologische Funde, Gemälde und Kalligrafien sowie künstlerische Keramik aus der Nachbarprovinz, ferner macanesische Kunst vom 19. Jh. bis zur Gegenwart. Schaustücke sind die Werke des Briten George Chinnery (1774–1852). Er lebte in Macau von 1825 bis zu seinem Tod. Seine Gemälde geben einen schönen Eindruck vom Leben im Macau jener Ära.
Tel. 87 91 98 14 | Di.–So. 10–19 Uhr | Eintritt frei | www.mam.gov.mo

Handover Museum

Zweifelhafte Geschenke
Hier hat sich das Englische gegenüber dem portugiesischen Namen »Museu das Ofertas sobra a Transferéncia de Soberania de Macau« durchgesetzt. Anlässlich von **Macaus »Heimkehr«** 1999 machte jede Provinz der SVR ein Geschenk, und diese Gaben sind hier versammelt. Jede ist sehr groß, sehr kostbar, in der Mehrzahl künstle-

risch, aber leider auch eher zweifelhaft. Für Abwechslung in der Schau sorgen Sonderausstellungen.
Di.–So. 10–19 Uhr | Eintritt frei | www.icm.gov.mo/handovermuseum

Spielerisch lernen
Das **Wissenschafts- und Technikmuseum** in Macau liegt gegenüber dem Kulturzentrum direkt am Ufer einer eigens dafür aufgeschütteten Halbinsel und wendet sich vor allem an Kinder und Jugendliche. Der Rundbau ist im Innern als Spirale angelegt, die sich aufwärts windet – bzw. abwärts, wählt man den bequemeren Weg und fährt zunächst mit dem Aufzug bis ganz nach oben. Die Beschriftung ist durchgehend dreisprachig: chinesisch/portugiesisch/englisch. Blickfang ist das Modell einer chinesischen Weltraumrakete in Originalgröße. Während die Jugend an den interaktiven Installationen spielend lernt, können sich die Erwachsenen im Museumscafé erholen – und das sogar mit Meerblick!
Avenida Dr. Sun Yat Sen | Fr.–Mi. 10–18 Uhr, | Eintritt: 25 Ptcs, Kinder 2–11 Jahre 15 Ptcs | www.msc.org.mo

Science Centre

Warum nur steht sie hier?
Die 20 m große **Bronzestatue der Barmherzigkeitsgöttin Guanyin** (kantonesisch nach örtlicher Schreibweise: Kun Iam) steht etwa 450 m westlich des Science Center auf einer künstlich errichteten und über eine Brücke erreichbaren Insel. In ihrem lotosblütenähnlichen Fuß befindet sich ein »ökumenisches Zentrum«, das außer über den Buddhismus auch ein wenig über Taoismus und Konfuzianismus aufklären will. Der Figur fehlt jeglicher sakraler Kontext, und der Grund ihrer Aufstellung bleibt ein Rätsel. Auch Einheimische wundern sich, dass sie nicht aufs Meer blickt. In der Abenddämmerung angestrahlt, gibt sie jedoch ein schönes Bild ab.

Kun Iam

COLOANE

Lage: südlich von ► Taipa | **Bus:** ab Halbinsel: 21, 21A, 25, 26, 26A, ab Taipa außerdem Bus 15 | Die Busse zum Strand Hac Sa verkehren auch über Coloane-Dorf.

Macaus grüne Insel ganz im Süden ist die einzige Gegend, die noch einen ländlichen Charakter besitzt. Hier stehen keine Hochhäuser, und da Coloane auf Regierungsbeschluss hin kasinofrei ist und bleibt, gibt es dort auch kaum Hotels. Stattdessen bietet die Insel gleich zwei Strände sowie Macaus köstlichste Attraktion: die berühmten »pastéis de nata« von Lord Stow's Bakery.

Coloane ist der Gegenentwurf zu Macaus Kasinowelt. Wer eine Pause vom Las-Vegas-Feeling braucht, kann hier in aller Ruhe baden, wandern, Golf spielen oder einfach mal ein bisschen faulenzen – vielleicht bei einem kleinen Picknick am Wasser? Bummeln Sie auch durch das Dorf: Fernab von jedem Glücksspieltrubel werden Sie ein ganz anderes Macau entdecken.

Coloane-Dorf

Ursprüngliche Architektur in ruhigen Gässchen
Die einzige Siedlung der 8 km² großen Insel erstreckt sich an deren Westufer entlang einer etwa 500 m breiten Bucht. Hier ist es vor allem eines: ruhig. Es gibt kaum Autoverkehr, die meisten Gässchen sind ohnehin nur für Fußgänger oder Radler passierbar. Die Busse halten an einem Kreisel im nördlichen Bereich. Von da sind es nur wenige Schritte zu **Lord Stow's Bakery** (Richtung Uferstraße, rechte Seite), wo Sie die berühmtesten Eiertörtchen von ganz Macau probieren können (▶ S. 237).
Gehen Sie dann die Uferstraße nach links (Süden) entlang. Ungefähr 200 m hinter der Bushaltestelle erreichen Sie das städtebauliche und geistliche Zentrum des Ortes, die **Kirche São Francisco Xavier** mit ihrem hübschen, von Arkaden gesäumten und von Bäumen beschatteten Vorplatz. Restaurants bieten ortstypische Stärkung. Ein Denkmal erinnert an ein dramatisches Ereignis im Jahr 1910, als Piraten hier von woanders entführte Kinder versteckten, die aber von herbeigerufenem portugiesischen Militär befreit wurden. Am südlichen Ende der Uferstraße steht der Dorftempel. Er ist **Tam Kung** (»Onkel Tan«), dem Herrn des Wetters, geweiht. Für den Rückweg bietet es sich an, durch die parallel zum Ufer verlaufenden Gässchen zu laufen. Wer ganz nach Norden über die Dorfgrenze hinausgeht, gelangt zu einer Reihe ehemaliger Dschunkenwerften. Eindrucksvoll sind sie noch immer mit ihren großen Dächern, aber nach Zerstörungen durch einen Taifun und dem Ende des Dschunkenbaus warten sie nun nur noch darauf, dass sich die Regierung entschließt, wenigstens eine Werft als kleines Schiffbaumuseum wieder herzurichten.

Parque de Seac Pai Van

Schwarz-weiße Niedlichkeit
Nachdem schon Hongkong von Chinas Regierung zwei Große Pandas spendiert bekam, sollte Macau nicht leer ausgehen. Zum zehnten Jahrestag der »Heimkehr« war es so weit. In diesem Park, den man auf dem Weg nach Coloane-Dorf passiert, fanden sie ihr neues Zuhause. Der Park ist ein beliebtes Ausflugsziel der Macanesen und bietet unter anderem Spielplätze, eine Voliere, einen Arzneipflanzengarten und ein kleines Naturkundemuseum.

Park: tgl. 8–18.00 Uhr | Eintritt frei
Pandagehege: nur Di.–So. 10–13 u. 14–17 Uhr | Einlass nur zu festgelegten Zeiten sechsmal tgl. | Eintritt: 10 Ptcs
www.macaupanda.org.mo

Ein Stückchen Portugal in Coloane-Dorf

Ein grandioser Tempel und eine schöne Aussicht

A Ma Cultural Village

In rund 140 m Höhe auf dem Gipfel der Insel stehen der größte **Tin-Hau-Tempel** (bzw. A-Ma-Tempel) Macaus und die weltgrößte Statue dieser Göttin (▶ Baedeker Wissen, S. 204). Eine Stiftung hat hier um das Jahr 2000 viel Geld investiert. Ein Dorf im eigentlichen Sinne ist nicht entstanden, sondern in erster Linie ein überaus prächtiger Tempel mit einer Länge von 180 m, dem ein Platz vorgelagert ist, sowie, ein Stück jenseits davon, eine reinweiße, 20 m große **Monumentalfigur.** Sie stellt die Göttin gemäß ihrem Ehrentitel als Kaiserin dar, erkennbar an ihrer Kopfbedeckung mit vorn herabhängenden Perlenschnüren.

Von der Abzweigung der zum Gipfel führenden Stichstraße (400 m ab dem Park Seac Pai Van Richtung Dorf, an einem auffälligen Schmucktor) verkehrt tagsüber alle halbe Stunde ein Minibus zum Gipfel – eine halbe Stunde aber benötigt man für die 2 km wohl auch zu Fuß.

Tempel: tgl. 8–18 Uhr

Ein Bad in warmen Fluten

Strände

Der kleinere und idyllischere Strand in Coloane ist der **Cheoc Van** (auch Chuk Van, »Bambusbucht«), der größere heißt **Hac Sa** (»Schwarzsand«, aber nur ein Teil ist dunkelsandig). Zum Cheoc Van

Beach geht man ab Coloane-Dorf (Kreisel) gut einen Kilometer (der Bus hält oberhalb), während Hac Sa als Endstation mehrerer Linien bequemer erreichbar ist. Beide haben ein paar Serviceeinrichtungen, darunter ein Schwimmbad und ein Restaurant.

Bus: 15, 21A, 25, 26A

Über Stock und Stein

Hác-Sá Long Chao Kok Coastal Trail

Vom Westende der Hac-Sa-Bucht (bei den alten weißen Sommervillen) führt ein Wanderweg die Felsküste entlang. Er wurde zwar als Weg hergerichtet und insbesondere mit Geländern und Stufen versehen, ist jedoch nur selten eben und geht weitgehend über die natürlichen Felsen – für Stöckelschuhe definitiv nicht geeignet. An einer Stelle führt eine Brücke zu einer überdachten Plattform im Meer, die gern von Anglern genutzt wird. Mit etwas Glück kann man von dem Weg aus auch die berühmten weißen (bzw. rosa) Delfine der Perlflussmündung beobachten. Nach einer Dreiviertelstunde erreicht man bei gemütlichem Tempo eine Straße und dort linksab eine Haltestelle der von bzw. nach Hac Sa verkehrenden Busse.

COTAI

Lage: Colina da Penha

e–k 13–16

Über Jahre gab es nur einen schmalen Fahrdamm, der Macaus Inseln Taipa und Coloane miteinander verband. Inzwischen sind beide Teile durch die Landaufschüttung Cotai in voller Breite zu einer Insel verschmolzen. Das neue Land blieb natürlich nicht unbebaut. Auf Cotai entstand eine bombastische Kasinowelt, für die vor allem ein Name steht: The Venetian.

»Co-Tai« als Bezeichnung für das Neuland zwischen Taipa und Coloane entstand aus der Kombination beider Inselnamen. Heute ist Cotai fast ein Synonym für das Äußerste, was die Kasinoindustrie an Größe, Prunk und Luxus zu bieten hat. Kein Wunder, dass die meisten Besucher, die von jenseits der Grenze herkommen, Macau vor allem mit diesem Bereich verbinden. Es dürfte aber auch schwierig sein, diese gigantischen Kunstwelten noch zu übertrumpfen …

Eine Welt der Superlative

The Venetian

Als der Riesenkomplex (2900 Hotelsuiten) 2007 eröffnet wurde, stellte er gleich den ganzen »Rest« von Macau in den Schatten. Dogenpalast, Rialtobrücke, Campanile, singende Gondolieri: Was will

man noch mehr? Die Kanäle, auf denen man hier mit der Gondel fährt, sind obendrein anders als in Venedig, nämlich klimatisiert und sauber – und es regnet nie. Das ist aber längst nicht alles. Hat man je eine Hotelauffahrt gesehen, deren Überdachung Barockgemälde schmücken? Wir können all die Wunder, mit denen The Venetian seine Gäste beglückt, hier nur andeuten. Was immer man von dem Bau hält, von seinem Aussehen oder Nutzen, so wird man zugeben müssen: Dies ist Macaus Sehenswürdigkeit Nummer eins. Das Kasino gilt übrigens als das größte der Welt (▶ Abb. S. 24, 27).
www.venetianmacao.com

Eine Nacht in Morpheus' Armen

City of Dreams

Vier Luxushotels, ein Einkaufszentrum, ein Kasino, ein 2000-Plätze-Theater: The Venetian war nicht zu toppen, was das Dekor angeht, aber man gab sich doch Mühe, und in Sachen **abendlicher Unterhaltung** (Shows) wurde der Konkurrent auf der anderen Straßenseite von der City of Dreams locker ausgestochen. Außerdem gehört das spektakulärste Stück moderner Architektur zur Traumstadt: das

Das Venetian zu übertrumpfen, ist schwer. »The Parisian« setzt auf einen Eiffelturm mit Feuerwerk.

Hotel Morpheus – benannt nach dem griechischen Gott der Träume, wie schön. Hier aber schließt man die Augen nicht, sondern reißt sie auf. Der torförmige, dreifach durchlöcherte Bau ist ein Entwurf von Zaha Hadid. Ein Netz von weißen Diagonalen fügt sich zu organisch wirkenden Formen, ähnlich einer Zellstruktur, und auch in den Zimmern (bis hin zu den Badewannen) dominieren schräge Winkel.
www.cityofdreamsmacau.com

FISHERMAN'S WHARF

Lage: Avenida Dr. Sun-Yat Sen (Nordende), frei zugänglich
Bus: 3A, 10A, 12

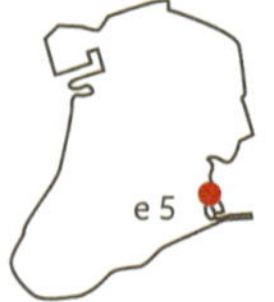

Bunte Welt am Wasser

Mal kurz nach Amsterdam oder New Orleans? Noch nie ein römisches Amphitheater gesehen – jedenfalls keines als Ruine Baujahr 2005? Macau macht's hier möglich.

Der »Fischerkai« ist eine bunte Fassadenwelt mit diversen Unterhaltungsangeboten und einem Kasino. Übrigens in schöner Lage mit Anlegestellen für die Privatyacht. Darüber leuchtet abends die Riesenreklame des **Kasinos Sands.** Nehmen Sie die Kamera mit: Fisherman's Wharf bietet interessante Motive für Erinnerungsfotos.
Kasino: www.sandsmacao.com

Symbol für den immerwährenden Wohlstand Macaus

Golden Lotus Square

Vom Wasser weg sind es fünf Minuten zu Fuß zu diesem Platz, auf dem eine 6 m hohe, goldene Skulptur in Form einer Lotosblüte steht. Es handelt sich um Macaus Äquivalent zur Hongkonger »Golden Bauhinia«: das Geschenk der chinesischen Regierung an die Stadt, deren »Stadtblume« eben der Lotos ist.

Mehr als 60 Jahre Rennfahrgeschichte

Grand Prix Museum

Das Grand Prix Museum an der Ostseite des Platzes erzählt die Geschichte der Auto- und Motorradrennen in Macau – anhand von Originalfahrzeugen, Filmen, Fotos und Trophäen – von den ersten Anfängen im Jahr 1954 bis zur Gegenwart.
Der alljährlich im November stattfindende **Guia Circuit** in Macau ist weiterhin einer der letzten Stadtkurse der Welt, vergleichbar mit Monaco. Zahlreiche Formel-1-Piloten haben hier ihre Karriere begonnen, die sie in die Königsklasse des Motorrennsports führte. Neben Rennen der Formel 3 werden am Circuit ebenso Rennen für Motorräder und Tourenwagen ausgetragen.
Zz. wegen Umbaus geschl., Termin für Wiederöffnung unklar

★ GUIA-HÜGEL

Fort: tgl. 9–18 Uhr | **Kapelle:** tgl. 10–18 Uhr | **Bunker:** Di.–So. 10–17 Uhr | **Eintritt:** jeweils frei | **Seilbahn:** Avenida de Sidónio Pais, am Flora-Garten (Jardim da Flora, Bus 17) | **www.wh.mo**

Auf dem Guia-Hügel erwartet Sie Geschichte über und unter der Erde. Die wichtigste Sehenswürdigkeit ist die Kapelle. Sie wurde zur gleichen Zeit wie das Fort erbaut, und zwar zunächst für einen katholischen Orden.

Ausflug in die Vergangenheit

1622 legte eine holländische Flotte in Macau an. Die Besatzungen kamen nicht in friedlicher Absicht, und ihr Eroberungsversuch konnte nur mit viel Glück abgewehrt werden. Auf das Glück wollte man sich danach natürlich nicht mehr verlassen – noch im selben Jahr wurde auf Macaus höchster Erhebung (heute längst überragt von Hochhäusern) mit der Errichtung des **Forts** begonnen. 1638 waren die Arbeiten abgeschlossen. 1865 kam der **Leuchtturm** dazu. Er ist nicht zugänglich, aber im Inneren des Hügels können Sie die Anlage noch aus einem ganz anderen Blickwinkel betrachten: Der Luftschutzbunker unter dem Fort, 1931 angelegt, kann besichtigt werden.
Bereits vor dem Bau der Kapelle hatten Nonnen hier ein kleines Kloster bewohnt. In dem Kirchlein wurden schöne Wandmalereien im Renaissancestil freigelegt. Das Ensemble aus Fort, Leuchtturm und Kapelle steht auf der Liste der UNESCO-Welterbestätten.

★ JARDIM DE LOU LIM IOC

Lage: Estrada de Adolfo Loureiro No. 10 | **Bus:** 2, 5, 9, 12, 22, 25

Macaus schönster Garten trägt den Namen eines Kaufmanns. Die einst verwilderte Anlage ist heute eine Oase der Ruhe, die nicht nur Besucher, sondern auch Anwohner anzieht. Große Teiche, geschwungene Brücken und viel Grün – der öffentliche Park ist eine entspannte kleine Welt.

Der **Lou Lim Ieoc Garden** sollte sich nach dem Wunsch seiner Väter die berühmten Literatengärten der chinesischen Stadt Suzhou zum Beispiel nehmen, doch scheint man dieses Ziel nicht streng verfolgt zu haben. Das zeigt schon die elegante Villa im europäischen Kolonialstil, die im Garten steht. In der Gartengestaltung überwiegen dennoch chinesische Elemente. Auffällig sind die Gartensteine, die Lotos- und Seerosenteiche mit Goldkarpfen, eine Zickzackbrücke sowie Tore in Mond- und Vasenform. Der Garten ist bei den Anwohnern sehr beliebt, man kommt unter anderem zur Frühgymnastik und zum Musizieren. Die Villa (»Pavillon« genannt) wird für Kulturveranstaltungen genutzt.

Und der namensgebende Kaufmann? Er ließ sich die Casa de Lou Kau bauen (▶ S. 158). Ebenjener Lou Kau war allerdings der ursprüngliche Bauherr, während sein Sohn Lim Ioc (1878–1927) die Gestaltung übernahm und den Garten dann auch erbte.

tgl. 6–21 Uhr | Eintritt frei

Mehr als ein Getränk

Tea Culture House

Gleich beim Garten an der Grundstücksecke steht ein schön renovierter kolonialzeitlicher Altbau: das Tea Culture House. Darin widmet sich eine kleine Ausstellung der chinesischen Teekultur.

Avenida do Conselheiro Ferreira de Almeida | Di.–So. 9–19 Uhr
Eintritt frei | www4.icm.gov.mo/teamuseum

Im Jardim de Lou Lim Ioc, dem rechten Platz für einen Schwatz

KASINOVIERTEL

Lage: um die Avenida da Lisboa | **Bus:** Zentrale Bushaltestelle für den Bereich ist das Hotel Lisboa, dort halten mehr als ein Dutzend Linien

Notorisch Glück im Glücksspiel? Bleiben Sie trotzdem erst einmal auf der Halbinsel, statt gleich zu den Kasinos nach Cotai zu fahren. Macaus Glitzerwelt lockt hier nicht nur mit großen Namen, sondern auch mit kurzen Wegen: Die Ziele, sei es das Lisboa oder das MGM Grand, liegen ziemlich dicht beieinander.

Auch wenn Sie nicht vorhaben zu spielen, ist das Kasinoviertel auf der Halbinsel ein Erlebnis. MGM Grand, Wynn, Galaxy Lisboa – die Namen stehen nicht nur fürs Glücksspiel, sondern auch für unglaublichen Luxus und bombastische Shows. Wo sonst wächst ein goldener Baum aus dem Boden oder steht ein Hochhaus in Form einer Lotosblüte?

Vermutlich das verrückteste Hochhaus der Welt

Grand Lisboa

Das **Grand Lisboa** ist von diversen Plätzen im Ort aus zu erblicken. Das Haus soll einer brasilianischen Tänzerin mit Federboa ähneln, aber die Stadtoberen waren letztlich besonders entzückt darüber, dass der Bau auch an Macaus Stadtblume, den Lotos, erinnert. Wo sich die Blätter nach außen biegen, gibt es Suiten mit großen Terrassen. Abends laufen über den ballonförmigen Sockel unablässig Bilder. Die Halle ist genauso bombastisch wie das Äußere.

Avenida de Lisboa | www.grandlisboa.com

Ein alter Hase im Glücksspielgeschäft

Hotel Lisboa

Früher gab es keine Macau-Publikation ohne ein Foto dieses Hotels – Inbegriff des Glücksspielbabels! Wie die Zeit vergeht! Heute wirkt das Hotel **beinahe nostalgisch,** trotz seiner 1000 Zimmer klein und bescheiden zwischen den gigantischen Nachbarn. Aber immerhin: Es macht nach wie vor Geschäfte, und die »einarmigen Banditen« im Kasino lassen sich auch ohne Kantonesischkenntnisse bedienen.

Avenida de Lisboa 2–4, www.hotelisboa.com

Der Name ist Programm

Wynn

Kaum zu glauben, dass der amerikanische Eigentümer tatsächlich so heißt: **Wynn** – lautmalerisch: »Gewinnen Sie!« Von fast schon rührender Bescheidenheit sind im Vergleich die Musikfontänen, die im Viertelstundentakt vor dem Hotel spielen. Drinnen, im Einkaufszentrum unter der großen Kuppel mit den zwölf chinesischen Jahrestieren, wird jede halbe Stunde mechanisches Theater vorgeführt. Dann wächst aus dem Untergrund der goldene »Tree of Prosperity« em-

Nach dem Besuch des Grand Lisboa sollte man zumindest noch etwas Kleingeld für die Rikscha haben ...

por, während ein von LEDs erleuchteter Lüster aus 21 000 Kristallen herniedersinkt und im Wechsel damit ein nebelumwallter Glücksdrache aus der Tiefe heraufsschwebt.
Rua Cidade de Sintra | www.wynnmacau.com/en

Lissabon unter Glas

MGM Grand **Metro Goldwyn Mayer:** die mit dem Kinolöwen. Hier treten die Betreiber dem Gast als Hotel- und Kasinobetreiber entgegen, und auch sie mit einem verführerisch glückbringenden Namen: Goldwyn! Ihrem Palast gibt das überglaste Atrium, das auf Lissabons Bauten anspielt, den besonderen Charakter – samt der imitierten Fassaden aus der Umgebung des Bahnhofs von Portugals Hauptstadt.
Avenida Dr. Sun Yat Sen | www.mgm.mo/en

 KUN IAM TONG

Lage: Avenida do Coronel Mesquita | **Bus:** 12, 17, 18, 23, 28C
tgl. 7–17.30 Uhr

Die »Guanyin-Halle« ist der größte buddhistische Tempel der Stadt, ein Ort der Volksreligion und zudem von gewisser historischer Bedeutung. Seine Gründung liegt mehrere hundert Jahre zurück. Die Hallen und Innenhöfe sind prächtig geschmückt.

Die Anlage – etwa 90 m breit und 160 m lang – umfasst außer dem Tempel einen Garten mit einem Mönchsfriedhof. Zuweilen wird angegeben, dass der Tempel bereits im 13. Jh. gegründet worden sei. Andere Quellen nennen 1623, was wahrscheinlicher ist. Fest steht, dass die heutigen Gebäude sowie die Bildwerke deutlich jüngeren Datums sind und vermutlich aus dem 19. Jh. stammen. Die gesamte Tempelanlage ist opulent ausgestattet, die Dächer zieren Porzellanfiguren.

Reich geschmückte Anlage

Die vier Himmelskönige

Torhalle

In der Torhalle wachen prächtig gelungene Darstellungen der vier Himmelskönige, jeder mit seinem Attribut: links Schlange und Stupa, rechts Pipa und Schwert. Sie sind in dieser Reihenfolge den Himmelsquadranten Westen, Norden, Osten und Süden zugeordnet.

Filigranste Verzierungen

Vorhof, Zierrat

Im inneren Vorhof erkennt man, dass der Tempel aus drei Einzeltempeln besteht, jeder von drei Joch Breite. Die Dachfirste und Traufen sind reich mit derart fein gearbeiteten Bildwerken geschmückt, dass man eine Leiter bräuchte, um sie im Detail würdigen zu können. Ihr Inhalt ist übrigens nicht buddhistisch, sondern trägt konfuzianische Züge. Die Darstellungen datieren aus dem Jahr 1876.

Buddhistische und nicht buddhistische Heilige

Haupthallen

Im linken Tempel wird die »Himmelskaiserin« verehrt, rechts »Kaiser Guan« (▶ Baedeker Wissen, S. 204), beide sind keine Figuren des Buddhismus. Die **Haupthalle in der Mitte** jedoch birgt die sogenannten Drei Heiligen des Westens: den Erlöserbuddha Amitabha in der Mitte, begleitet von seinen Helferbodhisattvas; sie datieren aus dem Jahr 1858. Dahinter folgt ein Lichthof und im Anschluss eine zweite Halle mit dem Erlöserbuddha, dann ein zweiter Lichthof und schließlich die Halle mit jener Figur, die dem ganzen Komplex ihren Namen gab: die **Guanyin.** Wie in der Volksreligion üblich, wurde sie mit viel Textil eingekleidet und reich mit Perlen geschmückt. An den Seiten stehen in verglasten Schreinen kleine goldene Figuren: die 18 Arhats, erleuchtete Mönche.

Ein geschichtsträchtiger Ort

Nebenhallen und Garten

Interessanter sind die Nebenhallen. Dort sieht man Altäre mit Seelentafeln von Verstorbenen, oft mit Fotos. Hier finden Trauerfeiern statt. Geht man weiter nach rechts und wieder ein Stück zurück Richtung Straße, gelangt man zu einem Gedenkpavillon mit dem in Stein gehauenen Bildnis eines 1979 verstorbenen Mönchs. Schräg dahinter steht vor einem kleinen Pavillon ein runder Steintisch. Auf ihm wurde im Jahr 1844 der **erste Vertrag zwischen China und den Vereinigten Staaten** unterzeichnet. Der weitere Weg führt nun auf die Rückseite der Tempelgebäude zu dem Mönchsfriedhof.

★ LARGO DE SANTO AGOSTINHO

Lage: Südosten der Halbinsel | **Bus:** 18 (für ein Teilstück; Einbahnstraße Richtung Süden)

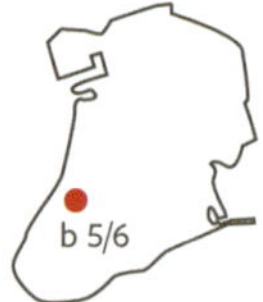

Haben Sie ein bisschen Zeit? Um sich diesen Teil von Macaus UNESCO-Welterbestätten rund um den Largo de Santo Agostinho zu erschließen, ist ein längerer Fußweg nötig. Das Ganze ist dabei recht abwechslungsreich: Sie bekommen eine Bibliothek und ein Theater, Kirchen und einen Park zu sehen.

Kurzweiliger Spaziergang

Die Tour beginnt mit den ersten Sehenswürdigkeiten – vier der Stätten liegen nahe dem Senatsplatz (► Largo do Senado) und dicht beisammen –, dann aber ist etwa ein Kilometer zu laufen. Dabei folgen die restlichen Welterbestätten einem Straßenzug, der den Süden der Halbinsel erschließt. Er beginnt im Norden mit der **Rua Central** und endet mit der **Rua da Barra.** Die längere Strecke können Sie mit dem Bus etwas abkürzen. Die Highlights sind São José und Mandarin's House. Letzteres gehört zu den weiter entfernt liegenden Stätten, ist den Weg aber wert.

Dreifaches UNESCO-Welterbe

Rund um den Largo de Santo Agostinho

Der Platz (**St. Augustine Square**) ist Teil der Welterbeliste – wohl weniger wegen seiner hübschen Pflasterung oder des eindrucksvollen Banyan-Baums, der ihn beschattet, als vielmehr aufgrund der Tatsache, dass ihn drei Welterbestätten umstehen: eine Kirche, eine Bibliothek und ein Theater.

Die Kirche **Santo Agosthino** (St Augustine) gab dem Platz seinen Namen. Augustinermönche gründeten die Kirche im Jahr 1591. Der heutige Bau geht jedoch auf das Jahr 1874 zurück. Am Stil lässt sich das kaum ablesen. In Macau war man von den Architekturmoden Europas recht weit entfernt und blieb lieber beim Bekannten und Bewährten. Zu erkennen ist eine Mischung aus Elementen des Klassizismus, des Barock und der Renaissance. Das dreischiffige Innere ähnelt dem von São Domingos (► S. 157). Santo Agostinho organisiert die **große Karfreitagsprozession,** die bedeutendste der Stadt.

Hinter Arkaden und einem Vorgarten mit Bäumen liegt die **Biblioteca Sir Robert Ho Tung** ein wenig versteckt, sodass ihr großartiges Äußeres kaum zur Geltung kommt. Die Fassade ist auf allen drei Geschossen in tiefe Arkaden aufgelöst, die im Erdgeschoss offen sind. Man mag kaum glauben, dass dieses im späten 19. Jh. errichtete Gebäude einst als Wohnhaus diente. Es wurde 1918 von einem Hongkonger Geschäftsmann erworben, der sich zur Zeit der japanischen

Besatzung hierher zurückzog. Er stiftete es Macau mit der Auflage, eine Bibliothek einzurichten.

1860 entstand mit dem **Teatro Dom Pedro V** der erste Theaterbau westlichen Stils auf chinesischem Boden; die neoklassizistische Vorhalle, das eigentliche »Gesicht« des Baus, folgte 1873. Der Saal des Teatro mit seinen nur 276 Sitzplätzen wird nicht regelmäßig bespielt, doch finden hier immer wieder auch Kulturveranstaltungen statt.
Kirche: tgl. 10–18 | Bibliothek: Mo. 14–20, Di.–So. 8–20 | Theater: Mi.–Mo. 10–18 Uhr

Barocke Üppigkeit

Die Kirche **St. Joseph** (St Joseph's Sanctuary) ist das prächtigste unter Macaus Gotteshäusern. Entstanden 1746 bis 1758, gilt sie als einziger echter, bis heute erhaltener Barockbau in Fernost. Schon die Fassade ist imposant – und sie erinnert nicht nur durch ihre Lage am Ende einer langen Treppe an die der Paulskirche hier. Auch ihre Breite und einige Gliederungsprinzipien stimmen überein. Die Unterschiede aber sind ebenso offensichtlich: Hier sind zwei Glockentürme integriert, und auf figürlichen Schmuck wurde komplett verzichtet. Das **Innere** weist gedrehte Säulen, eine Vierungskuppel und Gewölbe statt der sonst üblichen flachen Decken auf.

Vergangene Pracht, ein wenig wiederbelebt im Haus des Mandarins (► S. 154)

Am **Altar** sind der Gründer des Jesuitenordens, Ignatius von Loyola, sowie der Ostasienmissionar Francisco Xavier (Franz Xaver) dargestellt; eine Monstranz an einem Seitenaltar birgt einen Armknochen des Letzteren. Noch größere historische Bedeutung als die Kirche hat das **Seminar St. Joseph,** von dem die Kirche eigentlich nur einen Teil bildet. Es entstand bereits 1728. Ihm oblag, wie auch der entsprechenden Institution bei der Paulskirche, die Ausbildung der Chinamissionare.

tgl. 10–17 Uhr

São Lourenço

Von Engeln bewacht

Gegründet um 1560 von **Jesuiten,** ist die dem heiligen Laurentius geweihte Kirche eine der drei Kirchen, die am frühesten in der Stadt errichtet wurden. Ihre heutige Gestalt mit den zwei markanten Glockentürmen erhielt sie jedoch erst 1846. Da sie sich dem äußeren Hafen zuwendet und die Daheimgebliebenen vom Vorplatz aus nach ihren seefahrenden Männern, Vätern oder Brüdern Ausschau hielten, galt sie als Seefahrerkirche.

tgl. 7–17 Uhr

Haus des Mandarins

Ein Streifzug durch vergangene Pracht

Man muss von Glück sagen, dass dieses **private Anwesen** (Mandarin's House) der Nachwelt erhalten blieb, zum einen wegen seiner Größe und seiner Qualität, zum anderen aber auch wegen der historischen Bedeutung. Hier wohnte als ein Mitglied der Familie Zheng auch **Zheng Guanying** (1842–1921). Er war einer der führenden Reformer seiner Zeit, besonders einflussreich durch seine wirtschaftspolitischen Schriften, die auf eine Erneuerung Chinas abzielten. Auch wenn das Anwesen als sein Elternhaus gelten kann, ist er doch nicht hier aufgewachsen. Sein wohlhabender Vater zog erst 1869 hierher, als der später berühmte Sohn längst außer Hauses war und seinen Lebensmittelpunkt nach Shanghai verlegt hatte.

Erst ab 1884 (drei Jahre nach Fertigstellung des Anwesens in der heutigen Größe) wohnte Zheng Guanying einige Jahre hier, um seine bedeutendste Reformschrift fertigzustellen. Das Anwesen, das im Chinesischen treffender als **»Großes Haus der Familie Zheng«** bezeichnet wird, erstreckt sich vom Eingang in der schmalen Nebenstraße 120 m weit nach Süden. Es hat 4000 m² Grundfläche. Nur ein kleiner Teil davon wurde als Garten genutzt. Der Komplex besteht im Wesentlichen aus mehreren zweigeschossigen Wohnhöfen, passend für eine Großfamilie. Auch Brüder Zheng Guanyings wohnten hier mit ihren Familien. Später, als die Nachkommen fortzogen, vermietete die Familie die leer stehenden Räume an Fremde. Zeitweise wohnten hier 300 Personen.

Von der ursprünglichen Ausstattung blieb so gut wie nichts erhalten. Als die Regierung das Haus 2001 übernahm, war es in einem desola-

ten Zustand und durch Ein- und Umbauten stark verändert. Das heutige Aussehen ist daher Ergebnis einer Rekonstruktion. Zahlreiche Fotos dokumentieren die Geschichte des Anwesens.
Travessa de António da Silva No. 10 | Do.–Di. 10–18 Uhr | Eintritt frei | www.wh.mo/mandarinhouse

Der richtige Ort für eine kleine Pause

Largo do Lilau

Die Gasse mit dem Haus des Mandarins mündet auf einen hübschen, samt seiner Randbebauung **fein restaurierten kleinen Platz,** den Lilau Square. Er ist Mittelpunkt eines alten Wohnviertels. Der Brunnen an seinem südlichen Abschluss soll einst das beste Wasser der Stadt geliefert haben.

Orientalismus im Orient

Quartel dos Mouros

Die »Moorish Barracks« bzw. »Maurische Kaserne« wurden 1874 errichtet und dienten der Unterbringung eines indischen Regiments aus Goa, das hier die Polizeikräfte verstärken sollte. Das Auffällige und recht Kuriose an dem Bau ist sein orientalischer Stil, der allerdings weniger an maurische denn an indische Stilelemente erinnert.
Nur der Laubengang ist von 9 bis 18 Uhr zugänglich.

★★ LARGO DO SENADO

Lage: südlichesZentrum der Halbinsel | **Bus:** 2, 3A, 4, 5, 7, 26A, 33 und weitere

Für alle, die ihr Geld lieber zusammenhalten statt es im Kasino Fortuna zu überantworten, beginnt hier üblicherweise die Stadtbesichtigung: auf dem zentralen Largo do Senado, dem Senatsplatz. In einem Radius von nur 150 m versammeln sich allein sieben der 25 Plätze und Bauten von Macau, die auf der UNESCO-Liste der Welterbestätten vermerkt sind.

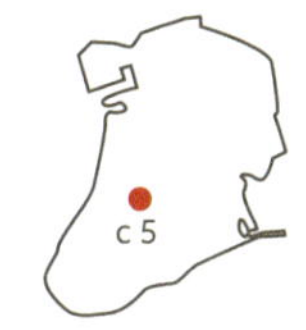

2005 wurde Macaus historisches Zentrum ins UNESCO-Weltkulturerbe aufgenommen. Tempel, Kirchen und Kolonialbauten mit prächtiger Fassade, aber auch eher unscheinbare Gebäude, die ihre Schätze erst im Inneren offenbaren – beim Bummel durch die Straßen und Gassen reiht sich ein Schmuckstück an das andere. Das Nebeneinander chinesischer und portugiesischer Architektur ist nicht nur spannend anzusehen, es spiegelt Macaus Rolle als Kontaktort zwischen China und dem Westen. Das würdigte auch die UNESCO:

»
Mit seinen historischen Straßen, den Wohnhäusern, den religiösen und öffentlichen portugiesischen und chinesischen Gebäuden ist das historische Zentrum von Macau ein herausragendes Beispiel für ein erfolgreiches Neben- und Miteinander östlicher und westlicher Kulturen.
«

Das Herz der Altstadt

Largo do Senado

Der 150 m lange **Platz,** der sich zur Nordseite hin trichterförmig bis fast auf Straßenbreite verengt, ist der städtebauliche Mittelpunkt der Stadt. Die wellenförmige Pflasterung ist portugiesische Tradition. Die historische Randbebauung, vorwiegend mit Arkaden im Erdgeschoss, wirkt angenehm einheitlich, nur das Postamt an der Südostecke, erbaut 1929, passt nicht recht dazu. Durch die Masse an Touristen, die von jenseits der Grenze anreisen, hat sich der Charakter des Senatsplatzes leider zum Schlechten gewandelt. Macanesen sieht man hier kaum noch, statt alteingesessener Läden und Restaurants bieten die Filialen finanzstarker amerikanischer, Hongkonger und anderer Konzerne die gleichen Hamburger, Lippenstifte und Strumpfhosen wie in jedem x-beliebigen Shoppingcenter.

Drei Namen für ein Gebäude

Leal Senado

Zur Hauptstraße Almeida de Ribeiro hin nimmt das **ehemalige Rathaus** die Stirnseite des Platzes ein. Es handelt sich um einen 44 m breiten Bau von repräsentativer Symmetrie, jedoch mit einer Fassade, auf der Schmuckelemente nur dezent und mit Bedacht eingesetzt wurden. Das Baujahr steht über dem Portal: 1876; die Baugeschichte geht jedoch bis 1784 zurück. Der heutige Name des Hauses, unter dem Giebel zu lesen, lautet nicht mehr »Leal Senado« (Loyaler Senat), sondern »Instituto para os assuntos cívicos e municipais« – »Amt für bürgerliche und kommunale Angelegenheiten«. Der chinesische Name ist einfacher: »Allgemeines Bürgeramt.«
Im Erdgeschoss finden Ausstellungen statt. Die Eingangshalle (mit einem Brunnen) und der Weg ins Obergeschoss und in den Hof sind mit blau-weißen portugiesischen Kacheln geschmückt. Derartige Azulejos zeigen auch im Hof historische Stadtansichten. Die Hauptattraktionen befinden sich jedoch im Obergeschoss: der Senatssaal und die holzvertäfelte Senatsbibliothek.

Di.–So. 9–21 Uhr

Innere und äußere Werte

Santa Casa da Misericordia

Das »Heilige Haus des Erbarmens« (Holy House of Mercy) ist Macaus älteste **Wohlfahrtsinstitution** – gegründet vom ersten Bischof der Stadt im Jahr 1569. Die von Pilastern gegliederte Fassade des schlicht

Das Herz von Macaus Altstadt schlägt am Largo de Senado.

weißen Baus mit seinen offenen Arkaden ist wohl die schönste am ganzen Platz. Während der Kern des Hauses aus der Mitte des 18. Jh.s stammt, wurden die Arkaden erst Ende des 19. Jh.s angefügt. Zum Abschluss der Arbeiten wurde die Fassade 1905 gestaltet. Die Organisation, die hier einen Sitz hat, unterhielt einst ein Hospital, ein Waisenhaus und ein Haus für Leprakranke, heute betreibt sie ein Altenheim und kümmert sich um Behinderte. Das Obergeschoss kann besichtigt werden. Es dient als Museum; ausgestellt ist zum Beispiel christliche Kunst, aber v. a. chinesisches, mit biblischen Motiven bemaltes Porzellan.
Mi.–Mo. 10–12, 14–17.30 Uhr | Eintritt: 5 Ptcs

Die Gründer stammten aus Mexiko

São Domingos

Die **Barockkirche St. Dominik** genießt dank ihrer städtebaulich herausgehobenen Position an der Nordseite des Senatsplatzes besondere Aufmerksamkeit, sie ist jedoch nicht Macaus Domkirche. Gegründet wurde sie von drei Dominikanern 1587 und zunächst aus Holz erbaut; ihre heutige Form erhielt sie nur wenig später, im frühen 17. Jahrhundert. Im Giebelfeld der Fassade ist das Kreuz des Dominikanerordens zu sehen, ebenso im Hauptschiff und auf dem Altar.
Das dreischiffige Innere ist hell und, wie auch der Altar, nur mit sparsamem Bildschmuck versehen. Rechter Hand gelangt man zum Glockenturm, der eine kleine Ausstellung christlicher Kunst birgt. 1929 schloss sich die Kirche dem Kult der Marienverehrung an, der durch

Fátima ausgelöst worden war. Am 13. Mai (an jenem Tag erschien die Mutter Gottes den Kindern zum ersten Mal) ist sie Ausgangspunkt einer entsprechenden Prozession.
tgl. 10–18 Uhr

Von außen schlicht, aber innen …

Casa de Lou Kau

Auf dem Weg zur Sé-Kathedrale passiert man das chinesische Wohnhaus (Lou Kau Mansion), das ebenfalls zu den Welterbestätten der Stadt gehört. Erbaut wurde es 1889 von dem prominenten **Kaufmann Lu Huashao** (1848–1907; hier mit kantonesischem Beinamen als Lou Kau, »Lu neun«, bezeichnet). Er war der Vater von Lou Lim Ioc (hochsprachlich: Lu Lianruo), dessen Name bis heute durch den nach ihm benannten Garten bekannt ist (▶ Jardim de Lou Lim Ioc). Das Wohnhaus ist durchgehend zweigeschossig und konstruktiv, wie für Chinas Bauweise üblich, aufs Innere konzentriert. Entsprechend gibt es nach außen nur wenige Fenster. Im Innern besticht es dagegen mit seinen Atrien und einer wohlerwogenen Balance aus schlichtem Mauerwerk und fein gearbeiteten Schmuckelementen. Darin kommen chinesische und westliche Stilelemente zusammen. Eine Mode der damaligen Zeit waren die farbigen Glasscheiben.
Travessa da Sé No. 7 | Di.–So. 10–18 Uhr | Eintritt frei

Die Architektur ist der Not geschuldet

Sé Catedral

Macaus Domkirche – der Bischof residiert gleich nebenan. Anders als man erwarten würde, unterscheidet sich der Bau von den meisten anderen Kirchen der Stadt nicht durch seine Größe – lediglich die beiden Türme an den Fassadenecken sorgen für ein etwas imposanteres Auftreten –, sondern durch sein recht tristes Äußeres. Das wiederum ist ein Resultat der Baugeschichte. Die Kathedrale entstand in der heutigen Form nämlich erst 1937 und besteht aus Beton. Ihre Anfänge reichen freilich weit zurück. Eine **Bischofskirche** stand hier schon ab 1623. Da sie 1836 bei einem Taifun schwer beschädigt worden war, erfolgte bis 1850 ein Neubau, den 24 Jahre später jedoch das gleiche Schicksal ereilte. Nachfolgende Reparaturen erbrachten nicht das gewünschte Ergebnis, sodass man sich zu einem weiteren Neubau entschloss. Das Innere ist eine einschiffige, breite Halle mit einem schmaleren Chor und je zwei Seitenkapellen. Ihr Hauptschmuck sind die farbigen Glasfenster.
Largo da Sé | tgl. 7.30–18.30 Uhr

Treffpunkt der Kaufleute

Sam Kai Vui Kun

»Gildehaus der drei Straßen« bedeutet der Name, gemeint waren die Kaufleute aus drei nahen Geschäftsvierteln des alten Macau, die hier ihre Treffen abhielten. Der schmale Bau hat noch einen zweiten Namen, der ebenso groß vermerkt ist: Guandi-Tempel. Verehrt wird hier also **»Kaiser Guan«,** der beliebteste Schutzpatron in China

(▶ Baedeker Wissen S. 204). Die Doppelfunktion als **Tempel und Versammlungsraum** war keinesfalls untypisch, vor allem gab es keine Landsmannschafts- oder Gildehäuser ohne einen Schrein für den Schutzpatron. Das Alter des Tempels ist nicht bekannt, er existierte nachweislich jedoch schon gegen Ende des 18. Jahrhunderts. Als die in Macau lebenden Chinesen noch als Untertanen des chinesischen Reichs galten, wurden für sie geltende Erlasse hier öffentlich bekannt gegeben.

Rua Sul do Mercado de São Domingos No. 10 (westliche Seitengasse des Largo do Senado, nahe dem Hotel Central) | tgl. 9–18 Uhr

LIN FONG MIU

Lage: Avenida do Almirante Lacerda (an der Nordseite des Mong-Há-Hügels) | **Bus:** 1A, 8, 8A, 10, 28B | tgl. 7–17 Uhr

Der »Tempel des Lotosgipfels« ist von ähnlichem Format wie der Tempel Kun Iam Tong, aber noch vielfältiger, was die darin verehrten Gottheiten angeht.

Hier wie dort sieht man sich eigentlich gleich drei nebeneinanderliegenden Tempeln gegenüber, die mit ihren Fassaden jeweils ein symmetrisches Gesamtbild ergeben. In diesem Fall ist der Vorplatz jedoch nicht mit einer Mauer eingefasst, und es fehlt eine Torhalle. Die Baugeschichte ist, wie üblich, ein wenig kompliziert. Als Gründungsdatum wird 1592 angegeben, damals scheint es sich jedoch nur um einen kleinen Tempel für die »Himmelskaiserin« gehandelt zu haben. Der Guanyin-Kult kam bei einer Erweiterung 1723 hinzu. Die Anlage in ihrer heutigen Form ist ein Neubau aus dem Jahr 1876.

Tempelanlage

Nicht auf den ersten Blick zu deuten

Linker Trakt

»Halle der Güte und Langlebigkeit« steht auf der Tafel über dem Eingang, eine Anspielung auf eine Äußerung des Konfuzius, den Gütigen werde langes Leben zuteil – gemeint ist die Güte des Herrschers, die ihn davor schützt, Intrigen und Attentaten zum Opfer zu fallen. Der Hinweis wirkt an dieser Stelle – in einer Stätte der Volksreligion (▶ Baedeker Wissen, S. 204) – ziemlich abwegig, jedoch diente ebendieser Tempel auch hohen chinesischen Beamten als Quartier, wenn sie nach Macau kamen. Erst in diesem Zusammenhang erschließt sich auch das konfuzianisch geprägte Figurenpro-

Turbulent geht es zu auf dem Wolkendrachenrelief im »Tempel des Lotosgipfels«.

gramm der vorderen beiden Hallen. Götter in der **ersten Halle** sind der »heilige Landmann«, der die Menschen den Ackerbau lehrte und damit die Voraussetzungen für Prosperität in Volk und Staat schuf, sowie der volkstümliche »Wunderheiler« (mit einem Bart dargestellt).
Die **zweite Halle** ist die des Wenchang, des Schutzpatrons von Literaten und Beamten; er selbst ist hier zwar nicht zu entdecken, dafür jedoch diejenigen, welche die Literatur überhaupt erst möglich machten: die Erfinder der Schrift. Der prominentere von ihnen ist der vieräugige Cangjie. In der **dritten Halle** schließlich thronen zwei weibliche Gestalten des Volksglaubens: die »Pockenmutter« zur Verhütung von Kinderkrankheiten sowie die »Goldblütenfrau«, die Schwangeren beisteht.

Sprechende Namen und ein Wolkendrache

Mitteltrakt

Der erste Hof wird großteils von einem **prächtigen Pavillon** eingenommen. Hier trafen sich die zu Besuch weilenden Mandarine mit Honoratioren der Stadt. Die folgende Halle ist der **»Himmelskaiserin«** geweiht. Dargestellt mit typisch kaiserlicher Kopftracht (vorn hängende Perlenschnüre), sitzt sie in einem übergroßen, prunkvollen Schrein, der reich mit vergoldetem Schnitzwerk geschmückt ist. Seitlich vor ihrem Altar sieht man zwei furchteinflößende Gestalten, eine schwarz, die andere rothäutig, und beide bewaffnet. Es sind die Helfer der Himmelskaiserin Tin Hau: »Mit-dem-Wind-Ohr« (links) und »Tausend-Meilen-Auge« (rechts). Im hinteren Lichthof begeistert der Anblick des großartig turbulenten **Wolkendrachenreliefs** an der Rückwand der vorderen Halle. Die Bildwerke in der letzten Halle sind buddhistisch – wie der Name des gesamten Tempels erwarten lässt. Aus prächtigen Schreinen blicken die Barmherzigkeitsgöttin Guanyin in der Mitte, Skanda als Schützer der Lehre (links) sowie Kshitigarbha, Beschützer der Kinder und der Reisenden sowie Helfer der toten Seelen in ihren Höllenqualen.

Leider nicht zu besichtigen

Rechter Trakt

Er ist laut Aufschrift **dem Schutzpatron »Kaiser Guan« geweiht,** jedoch der Öffentlichkeit nicht zugänglich.

Der Drogenbeauftragte des chinesischen Kaisers

Gedenkhalle für Lin Zexu

Der prominenteste Besucher des Tempels war jener unbestechliche kaiserliche Beamte, der sich hier am 3. September 1839 mit führenden Portugiesen der Stadt in Sachen Opiumschmuggel beratschlagte. Die von Lin Zexu angeordnete Vernichtung des in Kanton lagernden britisch-indischen Opiums löste bald den Ersten Opiumkrieg (1841) aus. Mehr darüber erfährt man in der **Gedenkhalle** (Memorial Museum) am südlichen Ende des Tempelvorplatzes.
Di.–So. 9–17 Uhr | Eintritt: 5 Ptcs

MACAU TOWER

Lage: im Südwesten der Halbinsel | **Bus:** 5, 9A, 18, 21A, 23, 26, 32 | **Mo.–Fr. 10–21, Sa., So. 9–21 Uhr** | **Eintritt:** Aussichtsplattformen: 145 Ptcs, Restaurant: ab 198 Ptcs (Nachmittagstee)
www.macautower.com.mo

Das ist nichts für Besucher mit Höhenangst. Von der Aussichtsplattform des Fernsehturms geht es mehr als 200 m in die Tiefe – und ein bisschen rauszugucken ist noch das Harmloseste, was man hier tun kann. Seit 2001 lässt sich von dem Turm nicht nur ganz Macau überblicken, sondern – bei klarer Sicht – ein Umkreis von bis zu 55 Kilometern.

Der 338 m hohe Macau Tower wurde in die große Bucht des äußeren Hafens auf neu aufgeschüttetes Land gestellt, seine höchste Aussichtsebene befindet sich auf 223 m über Grund. Wenn Sie es ruhig angehen lassen wollen, können Sie neben dem eindrucksvollen **Panorama** auch Kulinarisches im »360° Café« genießen. Oder Sie wagen eines der Abenteuer für Schwindelfreie und Mutige: Man kann zum **»Sky Walk«** ins Freie treten – am Sicherheitsgeschirr geht es ohne Geländer einmal rundherum – oder sich zum Bungee-Jumping in die Tiefe stürzen – derzeit der weltweit zweithöchste Sprung am Gummiseil. Wem das noch nicht aufregend genug ist, der kann auch auf die Spitze des Turms klettern. Das Ziel: eine winzige Plattform auf 338 m Höhe …
Zum Fernsehturm gehört ein Kongresszentrum; schräg gegenüber fanden Macaus Stadtparlament und das oberste Berufungsgericht eine neue Heimat.

Aussicht oder Nervenkitzel?

PENHA-HÜGEL

Lage: im Süden der Halbinsel | **Bus:** 9, 16

Der schmale südliche Teil von Macaus Halbinsel trägt noch immer eine grüne Krone auf dem Penha-Hügel.

Wie ein Zacken sticht aus dem Colina da Penha ein Turm hervor: die Penha-Kirche, gern als Ermida da Penha bezeichnet, eine Einsiedelei auf dem Felsen. Der Vorplatz in 62 m Höhe ist ein beliebter Aussichtspunkt mit Blick über die Bucht. Vom Mandarin's House sind es fünf Minuten bergauf hierher.

Wer statt den Abzweig zum Hügel zu nehmen vom Mandarin's House geradeaus geht, gelangt zur Rua de Boa Vista, an deren Ende ein prächtiger Kolonialbau steht: das **ehemalige Hotel Bela Vista.** 1870 war es als Privathaus eines britischen Kapitäns entstanden. Der Bau erlebte ein wechselhaftes Schicksal, mehrmals diente es als Hotel (zuletzt bis 1999), und wer es noch so erlebte – Hongkonger Expatriates liebten es als Wochenendzuflucht –, schwärmt bis heute davon, insbesondere von der grandiosen Aussicht von den Balkonen. Mittlerweile sollte man sich mit dem portugiesischen Konsul anfreunden, um eingelassen zu werden – er wohnt nämlich dort. Alternative: Machen Sie sich auf ins **Café Bela Vista** des Hotels Grand Lapa. Die Aussicht dort ist zwar nicht so großartig, aber die Balkon-Terrasse ist exakt dem Bela Vista nachempfunden!

Café Bela Vista im Grand Lapa: 956 – 1110 Avda. Da Amizade

PORTAS DO CERCO

Lage: an der Grenze zur Volksrepublik China | **Bus:** Der Grenzübergang ist Endstation von 17 Buslinien.

Der Grenzübergang im Norden ist der meistbesuchte Ort der SVR. Gleich auf der anderen Seite befinden sich die Millionenstadt Zhuhai und der Endbahnhof einer Expresszugstrecke. Durch den Zug werden Zhuhai – und faktisch auch Macau – mit Kanton und dem großen Rest von China verbunden.

Tor zum Gedenken

Entsprechend herrscht in dem riesigen Abfertigungsgebäude ein pausenloses Kommen und Gehen. Nur noch als nostalgische Erinnerung steht davor das historische Grenztor aus dem Jahr 1870. Es spricht nicht gerade für einen friedlichen Umgang zwischen Portugiesen und Chinesen, erinnert es doch mit den Daten vom August 1849 auf seiner Frontseite an die Ermordung eines Gouverneurs der Stadt durch aufständische Chinesen und einen anschließenden Rachefeldzug der Portugiesen. Der Schriftzug lautet:

» A patria honrai que a patria vos contempla «

Übersetzt bedeutet das: Ehre dein Vaterland, denn sein Auge ruht auf dir. Wer durch das Tor in die Fremde schritt, sollte immer daran denken, für Portugal Ehre einzulegen.

Dort hinten ist die Volksrepublik. Wer genau hinschaut, erkennt ganz klein das alte Tor.

PRAÇA DE LUÍS DE CAMÕES

Lage: nördlich von São Paulo | **Bus:** 17 und 18
www.wh.mo/en/site (Welterbestätten)

Nur 300 m von São Paulo entfernt liegt die nördlichste Gruppe der UNESCO-Welterbestätten Macaus: ein herrschaftliches Haus mit Garten, eine Kirche und ein Friedhof, dessen Ruhestätten ihre ganz eigenen Geschichten erzählen.

Ein Missionar, der die Bibel ins Chinesische übersetzte, ein Vorfahr Sir Winston Churchills, ein englischer Maler und ein schwedischer Ritter – die Grabsteine auf Macaus protestantischem Friedhof geben einen interessanten Einblick in die macanesische Gesellschaft im 18. und 19. Jh., als Händler, Seeleute, Diplomaten, Offiziere und Abenteurer aus Amerika und Europa nach Macau kamen – und dort den Tod fanden. Der Friedhof ist hier die interessanteste Sehenswürdigkeit und das lohnendste Ziel, wenn Sie wenig Zeit haben.

Praça de Luís de Camões

Der Startpunkt

Die Stätten sowie der nachfolgend aufgeführte Park sind von der Praça de Luís de Camões, einem **schattigen Platz mit Bänken,** zugänglich. Er dient besonders Rentnern der Umgebung als Treffpunkt. Manche kommen zum gemeinsamen Musizieren her, andere nutzen die öffentlichen Fitnessgeräte.

Santo António

Auf Kantonesisch heißt sie »Blumenkirche«

Das Äußere erinnert an die Sé-Kathedrale – nicht zufällig, denn St. Anton entstand **in der heutigen Form erst 1930,** in demselben Jahrzehnt wie die Domkirche. Die Ehre, UNESCO-Welterbestätte zu sein, hängt mit ihrer Vorgeschichte zusammen. 1558 bis 1560 aus Holz und Bambus errichtet, zählte sie zu den drei frühesten Kirchen Macaus. Im Laufe der Jahrhunderte folgten mehrere Neubauten. Am 22. September beginnt hier die Prozession zu Ehren des heiligen Antonius.

tgl. 7–17.30 Uhr

Casa Garden

Der Garten ist europäisch-chinesisch gestaltet

Das **herrschaftliche Anwesen** entstand 1770 als Privathaus eines reichen portugiesischen Kaufmanns und wurde später über längere Zeit örtliches Hauptquartier der portugiesischen Ostindien-Kompanie. Heute residiert hier Portugals Orient-Stiftung (Fundação Oriente). Zu sehen ist vor allem das Anwesen selbst; innen gibt es zudem eine kleine Ausstellung. Das Interessanteste ist die Gartenarchitektur, die europäische Elemente (z. B. die Symmetrie) mit chinesischen (z. B. Teichufergestaltung) kombiniert.

Mo.–Fr. 9.30–18 Uhr | Eintritt frei

Protestantischer Friedhof

»Nach vielen Leiden in Macao gestorben ...«

Der ab 1821 genutzte Totenacker auf einem Nachbargrundstück des Casa Garden ist **ein steinernes Geschichtsbuch.** Erschreckend zu sehen ist, in welch jungen Jahren die meisten der hier Bestatteten starben – oft an Tropenkrankheiten, geschwächt von langer Seefahrt. Unter den 162 Gräbern ist auch das des Malers George Chinnery aus dem Jahr 1852. Am Eingang zum Friedhof steht die sogenannte Morrison Chapel, ein anglikanisches Gotteshaus.

tgl. 8.30–17.30 Uhr

Jardim Luís de Camões

Wo die Muse küsste

Der beliebte Park erinnert mit seinem Namen an Portugals großen **Nationaldichter** (1524–1580), der zwei oder drei Jahre in Macau lebte und hier einen Teil seines Hauptepos »Os Lusiadas« (Die Lusiaden) verfasste. Dazu soll er sich gern in die Grotte zurückgezogen haben, die der Park umgibt; dort steht heute eine Büste des Poeten.

tgl. 6–22 Uhr | Eintritt frei

★★ SÃO PAULO

Lage: Zentrum der Halbinsel | **Bus (Anfahrt):** 8, 18

Vom ▶Largo do Senado strömen alle Besucher hierher: zur Ruine von Macaus größter Kirche, zugleich das Wahrzeichen der Stadt. Schließen Sie sich Ihnen an – das ist nicht nur das Einfachste, Sie werden auch mit einen einmaligen Anblick belohnt.

Wie ein kunstvoll verziertes Fenster zum Himmel steht die prächtige Fassade von São Paulo über der Stadt – ein tolles Fotomotiv, vor allem an schönen Tagen, wenn das Blau des Himmels hindurchleuchtet, oder in der Dämmerung. Wenn Sie sich sattgesehen haben, können Sie in der Umgebung weitere Sehenswürdigkeiten entdecken. Alle im Folgenden beschriebenen fünf Ziele stehen auf der UNESCO-Liste der Welterbestätten und liegen unmittelbar nebeneinander. Man kann sie nur zu Fuß erreichen.

Die Ruine

Einmalig in Lage, Gestaltung und Bedeutung

Hintergrund

Die Ruine der hoch gelegenen Paulskirche ist ein Zeuge der Ostasienmission der Jesuiten, die von hier aus vor allem ihre Chinamission vorantrieben und Neuankömmlinge in einem intensiven Studienprogramm auf den Einsatz in China vorbereiteten. Unter ihrer Regie wurde die Kirche ab 1602 erbaut, und zwar von chinesischen und japanischen Christen. Letztere waren aus ihrer Heimat in großer Zahl vor der einsetzenden Christenverfolgung geflohen. (Genauere Informationen zur Christenverfolgung in Japan erhält man im angeschlossenen Museum.) Zu jener Zeit bestand Macau nur aus maximal zweigeschossigen Häusern. Auch die Kirchen waren vergleichsweise bescheiden ausgestattet. Die **Paulskirche** war aber nicht nur größer, sondern auch dank ihrer Lage über die ganze, damals noch kleine Stadt herausgehoben.
Wer sich von See her näherte, sah die Kirche schon, ehe Macau selbst mit seinen geringen Ausmaßen ins Blickfeld geriet. Fotos noch aus den 1960er-Jahren geben diesen Eindruck wieder. Dieses Gotteshaus – und speziell seine Fassade – hatte gegenüber den Forts als reinen Zweckbauten und den kleineren Kirchen einen weitergehenden Anspruch: die christliche Botschaft möglichst anschaulich zu verkünden und die Jesuiten als deren wahre Sachwalter herauszustellen.

Zweckentfremdung mit Folgen

Nutzungen

Nachdem die Jesuiten 1759 aus Portugal vertrieben worden waren, waren sie auch in Macau nicht mehr sicher und übergaben ihre Be-

UNESCO

sitztümer, darunter die Paulskirche, 1762 dem Senat der Stadt. Der wusste mit dem Gotteshaus allerdings nichts anzufangen und nutzte es im 19. Jh. als Kaserne. Die Soldaten richteten hier nun auch eine Küche ein. Dies war der Anfang vom Ende. 1835 brach ein Feuer aus, das den aus leichten Materialien gefügten Kirchenbau sowie die angrenzenden ehemaligen Gebäude der Jesuiten samt deren Bibliothek vernichtete.

Maria bezwingt den Drachen

Bildprogramm

Was blieb, ist die **mit bildlichen Darstellungen reich geschmückte Natursteinfassade,** ein kunst- und religionshistorisches Monument ersten Ranges. Die Deutung der Darstellungen beginnt unten mit der unmittelbaren Gegenwart und führt von dort schrittweise zum Höchsten. In den Feldern über den äußeren Türöffnungen ist das Symbol der Jesuiten (IHS mit dem Kreuz) zu sehen.
Über dem **Hauptportal** verweist »Mater Dei« auf die in der Kirche verehrte Gottesmutter. Während die untere Ebene durch ionische Säulen gegliedert ist, sind es in der Ebene darüber korinthische. In vier Nischen stehen Bronzefiguren, die bedeutende Jesuiten darstellen, zwei Selige außen, zwei Heilige innen, darunter links der Mitte der Gründer des Jesuitenordens, Ignatius von Loyola. Palmenreliefs zieren die Felder neben dem mittleren Fenster.
Im folgenden Register wendet sich die Darstellung biblischen Gestalten zu. **In der Mitte steht Maria**. Sie wird als in den Himmel Aufgestiegene gezeigt, sechs Engel ehren sie, darunter einer mit einer Trompete. Nach links folgen ein Springbrunnen (als Wasser des Lebens) und ein dreimastiges portugiesisches Handelsschiff. Darüber bittet Maria für eine sichere Überfahrt, und ganz links wird ein Teufelswesen auf Chinesisch mit den Worten kommentiert: »Der Teufel verführt den Menschen zum Bösen.«
Nach rechts hin zeigen die Bildfelder zunächst den Baum der Weisheit, sodann einen etwas grotesk geratenen Drachen, den die darüber dargestellte Maria betend bezwingt – »die heilige Mutter tritt auf den Kopf des Drachen« ist auf Chinesisch daneben vermerkt. Im letzten Feld folgt als **Memento mori** ein Gerippe, dazu der Kommentar: »Bedenkst du den Tod, so wirst du nicht sündigen.« Ganz außen schauen zwei Wasserspeier hervor, sie sind recht außergewöhnlich als chinesische Löwen gestaltet.
Die vierte Ebene ist Christus gewidmet. Als Knabe in der zentralen Nische dargestellt, ist er zugleich von den Folterwerkzeugen und Gerätschaften umgeben, die mit seinem Kreuzestod in Verbindung stehen; gut zu erkennen sind die Dornenkrone links unten und die Leiter rechts. In den äußeren Feldern sind wiederum Engel zu erkennen; einer hält das Kreuz, der zweite eine Art Säule, vermutlich den Riegel,

Großer Andrang zu jeder Tageszeit vor der Fassade von São Paulo der Jesu Grabkammer versperrte. Dies ist als ein Hinweis auf seine Auferstehung zu verstehen. Ganz oben schließlich, im Giebelfeld, schwebt zwischen Sonne, Mond und Sternen eine Taube, Symbol des Heiligen Geistes.

Museu de Arte Sacra

tgl. 9–18, Di. nur bis 14 Uhr | Eintritt frei

Museum und Krypta

Sakrale Kunst

Jenseits der Fassade der Paulskirche haben Archäologen Fundamente der Kirche freigelegt, und lässt man das Areal hinter sich, geht es über Treppen hinab in die ehemalige Krypta. Das Museum sakraler Kunst, das dort seinen Platz hat, ist nicht groß, aber durchaus eindrucksvoll. Das beginnt schon mit den verglasten Fächern, in denen Knochen japanischer Märtyrer zu erkennen sind. Ein großes Bildnis zeigt, auf welche Weise viele Glaubensgenossen einst in Japan ums Leben kamen: Sie wurden gekreuzigt.

Fortaleza do Monte und Macau-Museum

Macaus größtes Fort

Festung

Die »Bergfestung« ragt gleich neben der Ruine der Paulskirche auf. Sie entstand mit Unterstützung der Jesuiten in den Jahren 1617 bis 1626 und erwies sich schon 1622 als nützlich bei der Abwehr des holländischen Eroberungsversuchs.

Der **Grundriss** ist leicht rautenförmig, Bastionen befinden sich an allen vier Ecken; die Grundfläche beträgt 0,8 ha. Die Mauern sind mit Zinnen versehen, 9 m hoch und oben 2,7 m dick. Das innere Niveau befindet sich auf 52 m Höhe ü. d. M. Das Fort war noch bis 1965 militärisches Sperrgebiet. Die Hänge unterhalb der Mauern sind heute als **Grünanlage** gestaltet. Man kann entweder auf ansteigenden Wegen zu Fuß hinaufgehen oder die Rolltreppe auf der Nordseite benutzen. Sie führt zum Eingang des Macau-Museums – womit die heutige Nutzung des Forts auch bereits gegeben wäre.

Hier sollte man gut aufpassen

Stadtmuseum

Wie das Seefahrtmuseum erfreut auch das **Macau Museum** durch seine liebevolle Gestaltung. Selbst Hausfassaden wurden im Maßstab 1 : 1 nachgebildet. Das unterste Geschoss ist der **Stadtgeschichte** gewidmet, in der die Begegnung zwischen chinesischer und europäischer Kultur eine zentrale Rolle spielte. Dieser Aspekt wird eine Etage höher noch vertieft: Dort werden Macaus Gewerbe und seine Kulturtraditionen vorgestellt. Zum Abschluss des Rundgangs kann man dann einiges über das Macau der Gegenwart erfahren – und sich am Ende einem Test stellen, um herauszufinden, ob man auch wirklich etwas gelernt und behalten hat!

Di.–So. 10–18 Uhr | Eintritt: 15 Ptcs, Di. und am 15. jedes Monats frei | www.macaumuseum.gov.mo

Nezha-Tempel und Stadtmauer

Vielleicht die kleinste UNESCO-Welterbestätte weltweit

Tempel und Museum

Ein Tempelchen ist es, mit nur einem Raum, und trotz der Nähe zur Ruine der Paulskirche – keine 30 m – leicht zu übersehen. Trotz seines eher geringen Alters – er stammt aus dem Jahr 1888 – wurde dem Tempel die UNESCO-Ehre wegen des Kontrasts zuteil: dort die große Christenkirche (aber Ruine), hier das **kleine volksreligiöse Heiligtum** (aber in Betrieb). Nezha, hier »Na Tcha« geschrieben, ist ein Knabe mit übermenschlichen Kräften; er gilt als Überwinder zorniger Wasserdrachen. Zu dem Tempel gehört sogar noch ein kleines **Museum,** das man durch den Durchgang in einem Stadtmauerrest gleich neben dem Tempel erreicht. In dem Museum ist die Legende zu Nezha nachzulesen.

Knapp 20 Meter sind noch erhalten

Stadtmauer

Der Stadtmauerrest besteht aus einer Art Stampflehm, in den auch Reisstroh, Schotter und zerkleinerte Muschelschalen eingelagert wurden. Die ersten Versuche, Macau zu befestigen, waren 1569 unternommen worden. China jedoch hatte derartige Maßnahmen verboten und erlaubte sie erst nach dem Invasionsversuch der Holländer. Die hier zu sehende Mauer entstand daher vermutlich um das Jahr 1630.

Tempel: tgl. 8–17 Uhr, Ausstellung: Do.–Di. 10–18 Uhr

TAIPA

Lage: südlich der Halbinsel Macau | **Bus nach Taipa-Dorf:** 11, 15, 22, 28A, 30, 33, 34 bis Rua do Cunha

Macaus einzige Satellitenstadt mit ihrem Wald aus Wohnhochhäusern beherrscht die Mitte der Insel Taipa. Sehenswert ist aber Taipa-Dorf im Süden mit seinen autofreien Gässchen, den urigen Restaurants und einigen hübschen, geschichtsträchtigen Plätzen – ein spannender Kontrast zum Kasinogefunkel auf Cotai.

Eine Insel macht Karriere

Bevor ▶ Cotai beide Inseln vereinte, war Taipa durch Landaufschüttung schon erheblich vergrößert worden – ursprünglich hatte es aus zwei Inseln mit einer schmalen Sandbank dazwischen bestanden. Später entstand hier ein Dorf mit Kirche, und wohlhabendere Bürger bauten sich Wochenendvillen. Auch Feuerwerkskörper wurden hier hergestellt. Mit der **Inbetriebnahme der ersten Brücke** (der schmalen, mittleren) im Jahr 1974 begann für Taipa ein neues Zeitalter. Neben der Satellitenstadt wurden hier die Universität, die Pferderennbahn, ein Sportstadion und der **Flughafen** errichtet, der mit seiner Eröffnung 1995 für ganz Macau den Beginn einer neuen Epoche markierte. Im Hinblick auf den Flughafenbau war ein Jahr zuvor bereits die zweite, 4,7 km lange Taipa-Brücke eröffnet worden, 2004 kam im Westen die 2,2 km lange dritte hinzu, über die in Zukunft auch die im Bau befindliche Stadtbahn verkehren wird.

Taipa-Dorf

Dorf mit Charme

Ruhig und überwiegend autofrei

Die Insel hat touristisch nicht viel zu bieten, aber ins alte Taipa-Dorf kommt man doch gern, vor allem um zu speisen, denn hier gibt es einige familiäre portugiesische Restaurants (darunter das Gourmetlokal António) sowie Cafés und Bäckereien. Die bekannteste davon, Lord Stow's Bakery, hat eine Filiale in der einzigen Geschäftsstraße von Taipa-Dorf, der **Rua do Cunha**. Sie ist, wie die meisten Gassen von Taipa-Dorf, so schmal, dass dort keine Autos fahren – was Fußgänger zu schätzen wissen.

Karmelkirche

Auch ohne Meerblick noch ein hübscher Flecken

Wer vom Südende der Rua do Cunha nach links geht, gelangt an einigen kleinen chinesischen Tempeln vorbei zu einer breiten, beschatteten Treppe (Calçada do Carmo), die aufwärts zu einer Kirche führt. Erbaut 1885, ist sie der **Madonna vom Berg Karmel (Our Lady of Carmel)** geweiht. Ihr Vorplatz gewährte einst Aussicht aufs Meer und hinüber nach ▶ Coloane sowie nordwärts übers Dorf; heute, da das Meer in Land verwandelt wurde, bleibt der Blick an den Hotel- und Kasinogiganten von Cotai haften. Wer die Augen senkt, findet vor sich einen hübschen, kleinen Park, durch den Treppen abwärts zu einigen alten Villen führen – und zu einem See, bei dem es sich um ein Überbleibsel vom Meer handelt, den man beim Landaufschütten verschont hatte. So ging das kleine Museum hier seines Ambientes nicht völlig verlustig.

Taipa Houses Museum

Liebevoll renovierte portugiesische Häuser

Diese fünf früheren Landhäuser wohlhabender Bürger wurden zu einem **Freilichtmuseum** zusammengefasst. Sie entstanden 1921 und vermitteln einen wunderbaren Eindruck vom damaligen groß-

bürgerlichen Leben – mit Fokus auf verschiedene Themen. Das »Macanesische Haus« zeigt den Wohnstil der Familien aus gemischt portugiesisch-chinesischer Herkunft. Das »Haus der Inseln« geht auf die Geschichte Taipas ein – Landgewinnung, Gewerbe, Schulen, Verwaltung. Das »Haus der Regionen Portugals« stellt regionale Eigenheiten der Portugiesen vor. Das vierte Haus dient diversen Ausstellungen, während das fünfte Haus für private Veranstaltungen angemietet werden kann und ansonsten nicht öffentlich zugänglich ist.
Avenida da Praia | Di–So. 10–19 Uhr | Eintritt: 5 Ptcs
www.icm.gov.mo/en/housesmuseum

Noch ein bisschen ins Grüne?

Groß-Taipa

Vom letzten Haus des Houses Museum sind es nur noch wenige Meter bis zu einer Fußgängerbrücke, die zur Basis eines Schrägaufzugs führt. Damit erreichen Sie die **Aussichtsterrasse** von »Groß-Taipa« – das ist die größere der zwei ursprünglichen Taipa-Inseln. Von oben blicken Sie auf die Kasino- und Hotelpaläste von Cotai und sehen sich am Ausgangspunkt von überraschend ländlichen Wanderwegen, die durchs Grün zu einem Naturpark, einem Kamelienpark und weiteren Aussichtspunkten führen.

Hier geht es hinauf zur Karmelkirche.

H
HINTER-GRUND

Direkt, erstaunlich, fundiert

Unsere Hintergrundinformationen beantworten (fast) alle Ihre Fragen zu Hongkong und Macau.

Der Bauboom in Hongkong hat auch traditionelle Seiten. ►

HONGKONG UND SEINE MENSCHEN

Mehrmals in der Geschichte sah sich die Stadt einem enormen Zustrom an Flüchtlingen gegenüber, dennoch ist Hongkong alles andere als ein ethnischer Schmelztiegel: Nicht einmal ein Zehntel der Bewohner sind Nichtchinesen. Freihandel und eine hochmoderne Infrastruktur sorgen für die Ansiedlung von Kapitalgebern und dadurch für wirtschaftliche Stärke.

International und doch fast rein chinesisch

Hongkong ist kantonesisch

Auch wenn die Stadt als internationale Metropole gilt, ist sie von ihrer Bevölkerung her doch eine fast rein kantonesische Ortschaft. Der Anteil von Nichtchinesen liegt gerade einmal bei 8 Prozent, deutlich weniger als der Migrantenanteil deutscher Großstädte, und unter den Chinesen hat die übergroße Mehrheit wiederum kantonesische Wurzeln – 96 Prozent aller Hongkongchinesen haben Kantonesisch als Muttersprache. Hongkong ist daher (neben Macau) weltweit das einzige Territorium, in dem gesprochenes Kantonesisch den Status einer Amtssprache besitzt – im Schriftlichen ist es (neben Englisch) das Hochchinesische. Nur gut drei Prozent der Einwohner sprechen Englisch als Muttersprache – und nur 35 Prozent als Zweitsprache. Hongkong ist daher trotz offizieller Zweisprachigkeit auch **ein wenig integratives Territorium.** Nichtchinesen kommen fast nur zum Arbeiten, und kaum jemand bleibt, um sich einbürgern zu lassen. Die größten Ausländergruppen sind Filipinos und Indonesier (2,5 bzw. 2,1 Prozent, vorwiegend Frauen als Haushaltshilfen und Pflegekräfte); bei den Nichtasiaten rangieren Briten (0,5 Prozent) vor Amerikanern (0,2 Prozent), aber in beiden Fällen stellen ethnische Chinesen (oft aus Hongkong gebürtig) einen erheblichen, zahlenmäßig jedoch nicht erfassten Anteil.

Chinesen vom Festland ist ein freier Zuzug nach Hongkong übrigens nicht gestattet. Schon um nach Hongkong einreisen zu können, benötigen sie einen speziellen Ausweis. Touristen vom Festland sieht man gleichwohl überall, und viele schwangere Frauen kommen zur Geburt nach Hongkong – denn nach britischer Tradition erhält das Neugeborene dann automatisch die Staatsangehörigkeit des Ortes, also in diesem Fall Hongkonger Wohnrecht; zudem sind die Krankenhauskosten niedriger und die Gesundheitsversorgung besser.

Leben auf engstem Raum

Hongkong ist zwar nur rund ein Drittel so dicht besiedelt wie die weltweiten Spitzenreiter Macau und Monaco, steht aber nach New York und Singapur an fünfter Stelle (▶ Baedeker Wissen, S. 182/183). Die

Zahl ergibt dennoch ein falsches Bild. Da 40 Prozent des Territoriums als Country Parks unbesiedelt sind und große Flächen gewerblich genutzt werden (Containerhafen, Büros etc.), ist die Dichte in den eigentlichen Wohnvierteln sehr viel höher; sie erreicht in Kowloon 48 060 Personen pro Quadratkilometer.
Beim Wohnungsbau war spätestens Anfang der 1970er-Jahre ein Wendepunkt erreicht: Das innerstädtische Bauland war aufgebraucht. So begann die große Expansion über die Berge nach Norden, später auch nach Osten und Westen, und dabei vor allem auch ins Meer; für die Satellitenstadt ▶ Sha Tin beispielsweise wurde eine vier Quadratkilometer große Bucht weitestgehend zugeschüttet. Es blieb nicht die einzige, denn Sha Tin ist nur eine von mehreren riesigen Satellitenstädten, die keineswegs nur als Schlafstädte fungieren, sondern bis hin zu Einkaufs- und Kulturzentren ein eigenes Leben entfalten, von dem Touristen kaum je etwas zu sehen bekommen. Heute leben 53 Prozent aller Hongkonger in diesen **Satellitenstädten,** 30 Prozent in Kowloon und nur 17 Prozent auf der Insel Hongkong.
Mit der Zunahme des allgemeinen Wohlstands konnten viele Familien aus den beengten Sozialwohnungen in komfortablere, frei finanzierte umziehen. Heute wohnen etwa 2,12 Mio. Hongkonger in Mietwohnungen des öffentlichen Wohnungsbaus und 1,2 Mio. in geförderten Sozialeigentumswohnungen. 55 Prozent wohnen in frei finanzierten Wohnungen, worunter sowohl die Villa auf dem Peak wie auch der **Wohnkäfig** zu verstehen sind. Diese Form der Behausung, bei der die Menschen auf engstem Raum wohnen und lediglich Pappwände oder Drahtgitter die fensterlosen und oft nur sitzhohen, gestapelten Zellen voneinander trennen, gibt es immer noch – ein Notbehelf für alle, die zwar ein verschwindend niedriges Einkommen, jedoch keinen Anspruch auf eine Sozialwohnung haben oder auf Zuteilung warten. Betroffen davon sind vor allem ältere Alleinstehende.

Herausforderungen

Mit nur 1,2 Kindern pro Frau ist die Geburtenrate eine der niedrigsten der Welt – **die Hongkonger Gesellschaft ist überaltert.** Hongkonger sind überwiegend weiblich: Auf 1000 Frauen kommen nur 847 Männer. Die mit Abstand größte Altersgruppe sind die 35- bis 64-Jährigen, die kleinste Gruppe stellen Kinder unter 15 Jahre. Die Hälfte der Bevölkerung war 2016 44 Jahre oder älter. Dazu kommt: Hongkonger haben nach den Japanern die zweithöchste Lebenserwartung. Bei männlichen Neugeborenen lag sie 2016 bei 81, bei weiblichen bei 87 Jahren, und die Zahlen steigen weiterhin langsam an.

Eine Metropole zwischen Bergen und Wasser

Gebirgige Inselregion

Das Gebiet von Hongkong liegt am südöstlichen Rand eines Ausläufers des stark zergliederten südchinesischen Berglands. Hier hat sich

Zwei Mal Hongkong: Der Glitzer für Touristen und Business-Leute ist für die Bewohner der Satellitenstädte eine andere Welt.

die Erdkruste wiederholt gehoben und gesenkt; im Zusammenspiel mit dem schwankenden Meeresspiegel sind so eine ganze Reihe von Inseln entstanden. Eine davon ist die Insel Hongkong **(Hong Kong Island)**, die den dahinter liegenden Sund vor starkem Wellengang und direktem Angriff von Taifunen schützt: Es ist der Victoria Harbour, einst ein idealer Naturhafen (▶ Baedeker Wissen, S. 122/123).
Die über 260 zu Hongkong zählenden Inseln und Inselchen sowie die Festlandgebiete sind überwiegend gebirgig. Die parallel verlaufenden Höhenzüge erreichen mit dem Tai Mo Shan in den New Territories ihre höchste Erhebung (958 m ü. d. M.). Weitere markante Berge Hongkongs sind der Lantau Peak auf Lantau Island mit 934 m ü. d. M. und der Victoria Peak auf Hong Kong Island mit 554 m ü. d. M.
Ursprünglich fanden sich auf der Insel Hongkong kaum mehr als relativ steile Hänge, und auch die gegenüberliegende Halbinsel Kowloon bestand vorwiegend aus Hügelland. Schon seit dem 19. Jh., verstärkt aber seit den 1960er-Jahren, wurden daher Berge abgetragen und immer mehr Neuland aufgeschüttet, im Bereich vom Central District bis Wan Chai für den Bau von Geschäftshäusern, sonst vor allem für Wohnsiedlungen. Hongkongs Flughafen im Südwesten liegt ebenfalls zum größten Teil auf künstlich aufgeschüttetem Land. Nach wie vor wächst Hongkong jährlich um rund einen Quadratkilometer.

Pflanzen

Ursprünglich war Hongkongs Inselwelt mit dichtem Monsunwald bedeckt, davon blieb jedoch nichts erhalten. Die heutigen Wälder entstanden ab 1926 und verstärkt nach 1950 durch ein Wiederaufforstungsprogramm. Die Pflanzenvielfalt kommt dabei der ursprünglichen Vegetation recht nahe – es gibt allein mehr als 100 Baumarten. Ein Großteil der Berge ist jedoch nach wie vor von Gras oder niedrigem Gebüsch bedeckt, das in der Trockenzeit im Herbst ausdorrt; dann kommt es immer wieder zu Flächenbränden.
Eine neue Etappe begann 1976 mit der gesetzlichen Fixierung der nunmehr **24 Country Parks** (▶ Das ist ... S. 20ff.). Überregional bedeutend ist das Feuchtgebiet der Mai-Po-Marschen, wo es noch Mangrovenhaine gibt. Hongkongs berühmteste Pflanze ist ein blühender Baum: die **Bauhinia blakeana,** eine nach Gouverneur Blake benannte Zuchtform der Bauhinia, die gern in Parks, an Straßen und Plätzen angepflanzt wird und zwischen November und März violett blüht. Hongkong erhob sie zur »Stadtblume«.

Tiere

Mit dem Abholzen der Wälder und durch Bejagung verschwand schon vor vielen Jahrzehnten der größte Teil der wilden **Säugetiere** aus Hongkong. Wieder angesiedelt haben sich Makaken, von denen es sehr stadtnah wieder eine ansehnliche Population gibt. Der am weitesten verbreitete Vierfüßer ist, wen wundert es, die Ratte.
Am ehesten bekommt man die **Vogelwelt** zu Gesicht, deren auffälligster Vertreter, der Schwarzmilan, auf der Insel Hongkong brütet.

Über die Jahre wurden insgesamt 518 Vogelarten in Hongkong gesichtet, die meisten **in den Mai-Po-Marschen** an der Deep Bay, wo sich Zugvögel im Winter oft zu Tausenden einfinden. Reiher sind auch an anderen Stellen der New Territories kein seltener Anblick.
Abgesehen von Ameisen, die auch ältere Hochhäuser besiedeln, ist das häufigste Insekt wohl die **Küchenschabe**. Die hiesigen sind deutlich größer als die europäischen Schwestern. Denkwürdig sind einige Spinnenarten, vor allem eine Seidenspinne, die mit ihren Beinen größer ist als eine Hand und imposante Netze spinnt.
Wenig Sympathie genießen Hongkongs Giftschlangen, darunter Kobras – wandern Sie nur mit festem Schuhwerk.
Im Hongkonger Seegebiet wurden 680 **Meeresfischarten** nachgewiesen – trotz der erheblichen Verschmutzung. (Was in den Tanks der Fischlokale schwimmt, kommt anderswoher; in Hongkongs Seegebiet ist das Fischen seit Ende 2012 verboten.) Östlich der Stadt wachsen sogar Korallen. Sie waren ein Hauptgrund, seit 1996 fünf Meeresschutzgebiete, sogenannte Marine Parks, auszuweisen. Der bekannteste Hongkonger Meeresbewohner ist übrigens der **Chinesische Weiße Delfin** (Rosa Delfin bzw. pink dolphin bezeichnet). Im Bereich der Perlflussmündung bis ins Hongkonger Seegebiet bei Lantau lebt eine große Population; der ganz im Westen gelegene »Mari-

Yin und Yang als gärtnerisches Kunstwerk im Tempel Won Tai Sin

ne Park« bei den Inselchen Sha Chau und Lung Kwu Chau dient ihrem Schutz. Angesichts des Fehlens größerer Flüsse erstaunt Hongkongs Reichtum an **Süßwasserfischen:** 185 Arten.

Ein Land, zwei Systeme

SVR Hongkong

Als **Sonderverwaltungsregion** (SVR) der Volksrepublik China genießt Hongkong nach der Formel »Ein Land, zwei Systeme« Sonderrechte – vertraglich zugesichert bis 2047. Es hat ein eigenes politisches System mit eigener Gesetzgebung und einer unabhängigen Gerichtsbarkeit. Das Gemeinwesen ist jedoch **nur teilweise demokratisch organisiert**. Das gesetzgebende Organ und die Regierung der SVR sind stark von Peking bzw. pekingtreuen Kreisen geprägt. So setzt auch Carrie Lam, seit 2017 Regierungschefin und erste Frau in diesem Amt, die pekingtreue Politik ihrer Vorgänger fort.
Nach außen wird Hongkong (wie auch Macau) ohnehin durch die Regierung in Peking vertreten; Chinas Staatspräsident ist daher gleichzeitig formelles Oberhaupt der SVR.

Gesetzgebende Versammlung

Die 70 Mitglieder des »Legislative Council«, Hongkongs Parlament, werden nur zur Hälfte durch allgemeine, freie und demokratische Wahlen bestimmt. Fünf werden von den Bezirksversammlungen gewählt, die übrigen 30 werden jeweils einzeln von gesellschaftlichen, teils berufsständischen Gruppen gewählt bzw. entsandt.

Verwaltungsbezirke

Hongkong gliedert sich in 18 Bezirke (»districts«) mit jeweils eigener Bezirksversammlung, deren Mitglieder größtenteils, aber nicht vollständig demokratisch gewählt werden. Die Insel Hongkong umfasst vier und Kowloon fünf Bezirke, die restlichen neun Bezirke entfallen auf die New Territories einschließlich der allermeisten Inseln. Der Central District als Hauptgeschäftszentrum ist tatsächlich kein Bezirk für sich, sondern Teil des Bezirks Central und Western, Gleiches gilt für den Stadtteil Admiralty, wo sich das neue Regierungs- und Verwaltungszentrum der SVR befindet.

Wirtschaft

Was Hongkong stark macht

Gemessen am Bruttonationaleinkommen pro Kopf zählt Hongkong zu den reichsten Volkswirtschaften der Welt. 2018 rangierte es mit 48 829 US-Dollar auf Platz 19 und lag damit nur 4 Prozent unter dem deutschen Wert, aber über demjenigen vieler anderer europäischer Staaten. Als Handels-»Nation« steht Hongkong weltweit an siebter Stelle. Die Bedeutung des Handels zeigt sich auch in der Stellung des **Hafens** (▶ Baedeker Wissen, S. 122/123). Nach wie vor werden hier

▶ Hongkong

Kantonesisch »Heung kong« (sprich: hönggong), Bedeutung: »Weihrauchhafen«

Lage:
An der Küste des Südchinesischen Meeres, östlich der 30 km breiten Mündung des Perlflusses

Einwohner:
7,45 Mio.

Bevölkerungsdichte:
6429 Einwohner/km², drei Stadtbezirke mit mehr als **40 000 Einwohnern/km²**

Zum Vergleich:
Macau: 21 000
Monaco: 18 900
New York City: 10 815
Singapur: 7800
Hongkong: 6429
Berlin (Bundesland): 4050
Peking: 1280
Deutschland: 232
China: 144
Neuseeland: 17

Fläche:
Hongkong umfasst die **namensgebende Insel Hongkong**, die Halbinsel Kowloon und die New Territories einschließlich rund 260 zumeist unbewohnten Inseln und Inselchen.
1108 km² Gesamtfläche

▶ Politischer Status

Sonderverwaltungsregion (SVR) der VR China

▶ Verwaltung

Hongkong ist in **18 Distrikte** unterteilt. Regierungschef (Chief Executive) ist **Carrie Lam** (seit 2017)

▶ Wappen

Hongkongs Wappen zeigt eine stilisierte Bauhinia-Orchidee.

Klima

Monsunklima mit feuchtwarmer Regenzeit im Sommer und trockenem Herbst- bis Frühwinterwetter, **Taifunsaison** ist von Juli bis Anfang Oktober.

Hauptwirtschaftszweige

Handel, Dienstleistungen, Bankwesen

Tourismuszahlen

65,1 Mio. Besucher (2018, ca. **225000** aus Deutschland)

Religion

Synkretistisch-taoistische Volksreligion, Buddhismus, Christentum, Islam

Klimastation Hongkong

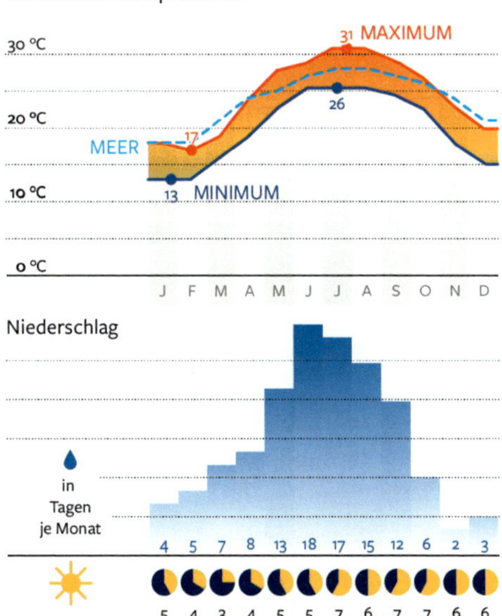

Macau

Historischer Name:
Cidade do Santo Nome de Deus de Macau, Não Há Outra Mais Leal – »Stadt Macau des heiligen Namens Gottes, es gibt keine loyalere«

Einwohner:
646 800

Bevölkerungsdichte:
21 000 Einwohner/km²

Fläche: **30,3 km²**

Politischer Status:
Sonderverwaltungsregion
(Região Administrativa Especial de Macau)

Hauptwirtschaftszweige
Handel, Dienstleistungen, Bankwesen, Glücksspielgewerbe und -tourismus

Tourismus
jährlich ca. **35,8 Mio.** Besucher
(davon **24,6 Mio.** Festlandchinesen)

mehr Waren umgeschlagen als in vergleichbaren Häfen Europas oder Amerikas. Beim Containerumschlag lag Hongkong zuletzt weltweit auf Rang 5.

In Hongkong herrscht ein – nach europäischen Maßstäben – **extremer Wirtschaftsliberalismus.** Die Steuerlast ist niedrig, es gibt keine Mehrwertsteuer, und die Einkommensteuer beginnt mit lediglich 2 Prozent bei einem Höchstsatz von 20 Prozent für abhängig Beschäftigte. Touristen und Einheimische leiden allerdings unter zwei ziemlich heftigen Verbrauchssteuern: auf Tabak und auf Alkohol. Der Import untersteht entsprechend scharfer Kontrolle. Ansonsten genießt Hongkong den Status eines Freihafens.

Für Hongkongs anhaltende wirtschaftliche Stärke gibt es darüber hinaus wesentlichere Gründe: Hier sitzen die Kapitalgeber, **die »Tycoons«,** und hier bleiben sie auch, weil das Umfeld stimmt: freies Wirtschaften, Freihandel, freie Informationen, eine hochmoderne Infrastruktur in allen Bereichen, dazu Rechtssicherheit und eine sehr weit gehende Freiheit von Korruption.

Finanzsektor

Am greifbarsten wird Hongkongs Leistungsfähigkeit im Banken- und Finanzsektor. Auch wenn die dort Beschäftigten nur 6 Prozent der Hongkonger Erwerbstätigen stellen, zählt der Finanzsektor doch global zu den bedeutendsten. Die **Börse** rangiert nach GFCI-Index weltweit an dritter Stelle; in Asien ist die Hongkonger Börse führend.

Staatseinkommen

Das Staatseinkommen stammt zu gut 30 Prozent aus Steuern auf Unternehmensgewinne, der zweitgrößte Anteil (16 Prozent) resultiert aus der Vergabe von Landnutzungsrechten. In Hongkong gehört aller Grund und Boden dem Staat, also der SVR. Das Bauland wird per Auktion zur Erbpacht angeboten, zudem wird der Weiterverkauf von Landnutzungsrechten besteuert (ähnlich einer Grunderwerbssteuer). So profitiert der Staat direkt von steigenden Bodenpreisen.

Tourismus

Der Tourismus trägt zwar nur rund 5 Prozent zu Hongkongs Bruttoeinkommen bei, doch das ist nur scheinbar wenig. Immerhin sind in diesem Sektor über 230 000 Arbeitskräfte beschäftigt, 6,5 Prozent aller Erwerbstätigen. Rechnet man all die Gaststätten, Einzelhändler und Taxifahrer dazu, die zumindest teilweise vom Fremdenverkehr leben, steigt die Zahl auf mehr als 300 000 Hongkonger.

Gäste aus Übersee spielen nur eine geringe Rolle. 2017 kamen drei Viertel der 58 Millionen Besucher vom chinesischen Festland, vor allem um Luxuswaren zu kaufen, die in Hongkong dank des Freihafenstatus deutlich billiger sind. Mehr als die Hälfte der Besucher sind Tagestouristen – sie kommen rein zum Einkaufen über die Grenze. Wer jedoch wenigstens einmal übernachtet, lässt in Hongkong einiges Geld: pro Kopf 708 Euro. Davon gehen im Schnitt fast 142 Euro pro Nacht fürs Hotel drauf. Von Gästen von außerhalb Asiens kommen die meisten aus den USA. Ende 2016 hatte Hongkong 257 Herbergsbetriebe mit zusammen knapp 74 000 Zimmern, die aufs Jahr gerechnet zu 89 Prozent ausgelastet waren – für europäische Hoteliers eine Traumquote.

GESCHICHTE HONGKONGS

Hongkong ist das Kind vieler Kriege. Sein Aufstieg begann mit der Besetzung der Insel durch Briten im Ersten Opiumkrieg, aber erst die Millionen von Flüchtlingen späterer Jahrzehnte (und die Unternehmer in ihren Reihen) machten die einstige Kronkolonie zu dem, was sie heute ist.

Vor- und Frühgeschichte

Erste Zivilisation

Hongkongs Inselwelt entstand erst nach der letzten Eiszeit, als der Meeresspiegel sich um über 100 m auf das heutige Niveau anhob. Älteste **Steinwerkzeuge** (Keile, Schaber, Äxte), die zu Tausenden bei neuen archäologischen Ausgrabungen gefunden wurden, stammen jedoch bereits aus dem späten Paläolithikum und wurden auf ein Alter von 35 000 bis 40 000 Jahren datiert. Auch nacheiszeitliche, neolithische Zivilisationsspuren wurden gefunden, darunter bereits fein gearbeitete Schmuckobjekte aus einem jadeartigen Stein. Auf die Jungsteinzeit werden ebenfalls verschiedene Steinkreise datiert, die vermutlich eine kultische Funktion hatten.

Die bemerkenswertesten Zeugen prähistorischer Kulturen, die man (auch als Tourist) in Hongkong sehen kann, sind jedoch mehrere **Ritzzeichnungen** an vorwiegend ufernahen Felsen. Insgesamt acht sind bekannt, davon sieben auf verschiedenen Inseln. Sie zeigen geometrisch stilisierte Tierformen und abstrakte Ornamente und entstanden zur Bronzezeit; ihre Urheber sind nicht bekannt.

Eines jedenfalls ist klar: Die wenigen Menschen, die in der Steinzeit oder der Bronzezeit in Hongkong auf Fischfang oder auf die Jagd gingen – von Landwirtschaft ist noch nichts bekannt –, kann man nicht als Chinesen bezeichnen. Die protochinesischen Kulturen und später die ersten chinesischen Reiche nach Erfindung der Schrift lagen über 1000 km weiter nördlich. Wer aber waren diese Urhongkonger? Aus der frühen chinesischen Geschichtsschreibung sind sie als **»Yue«** (sprich: Yüä) bekannt, doch das ist vermutlich nur ein Oberbegriff für zahlreiche Stämme und Kulturen, die sich über ein riesiges Gebiet

STADTGESCHICHTE

IM CHINESISCHEN REICH

ab 221 v. Chr.	Eroberung Südchinas durch den Ersten Kaiser der Qin-Dynastie
111 v. Chr.	Die Han-Dynastie erobert Südchina.
9. Jh.	Erste schriftliche Erwähnung eines Hongkonger Ortsnamens
10. Jh.	Beginn der Perlenzucht
1277 – 1279	Die Reste des Song-Kaiserhofs fliehen vor den Mongolen nach Hongkong; Hongkong wird mongolisch.
1369 – 1644	Ming-Dynastie; die Seeverbotspolitik macht Chinas Seefahrer zu Piraten.

VON DER GRÜNDUNG MACAUS ZUM ERSTEN OPIUMKRIEG

1513	Der Portugiese Jorge Álvares erreicht die Perlflussmündung.
1557	China überlässt Macau den Portugiesen.
1644	Die Mandschus werden Kaiser (Qing-Dynastie).
1839	Die Vernichtung britisch-indischen Opiums in Kanton löst den Ersten Opiumkrieg aus.

DIE KRONKOLONIE BIS ZUM ZWEITEN WELTKRIEG

1841	Die Briten besetzen die Insel Hongkong.
1842	Hongkong wird britische Kolonie.
1860	Ende des Zweiten Opiumkriegs: Hongkong wird um Kowloon erweitert.
1898	Verpachtung der New Territories auf 99 Jahre an Großbritannien
1937	Beginn des Zweiten Weltkriegs in Ostasien; die Einwohnerzahl überschreitet die Millionengrenze.
1941	Japan errichtet ein Besatzungsregime.

1960ER-JAHRE BIS 1997

1967	Antibritische Unruhen mit Todesopfern
1972	Der erste Hafentunnel geht in Betrieb.
1974	Chinesisch (Kantonesisch) wird zweite Amtssprache.
1979	Die erste U-Bahn-Linie geht in Betrieb.
1984	Großbritannien und China einigen sich über die Zukunft Hongkongs.

HONGKONG SEIT 1997

1997	Rückgabe Hongkongs an China
1998	Der neue Flughafen geht in Betrieb.
2009	Massenproteste am 20. Jahrestag der Niederschlagung der Demokratiebewegung in Peking.
2018	Eröffnung der Expresszugstrecke nach Shenzhen und Kanton und der Straßenverbindung nach Macau und Zhuhai.

entlang der südchinesischen und nordvietnamesischen Küste verteilten. In den frühen Berichten heißt es, sie hätten weder Städte noch Dörfer; sie verstünden sich nicht aufs Kriegführen zu Lande, besäßen weder Wagen noch Pferde, noch verwendeten sie Pfeil und Bogen. Mag sein, dass ein Teil dieser Yue die Vorfahren der Tanka und Hoklo waren, mithin von den Fischervölkern, die bis weit ins 20. Jh. hinein nur auf Booten lebten und als einzige Häuser an Land Tempel bauten.

Im chinesischen Reich

Einflüsse aus China

Zu einem Teil des chinesischen Reichs wurde Südchina – und damit auch Hongkong – erstmals unter dem Ersten Kaiser, der im Jahr 221 v. Chr. China geeint hatte und anschließend Feldzüge in alle Himmelsrichtungen unternahm, auch nach Süden bis ans Südchinesische Meer. Zur Zeit der nachfolgenden Han-Dynastie machte sich Südchina wieder selbstständig: Um 204 v. Chr. entstand das Königreich Nanyue mit Sitz in Kanton. Im Jahr 111 v. Chr. wurde es vom chinesischen Han-Reich erobert, und von nun an gehörte das Hongkonger Territorium dauerhaft zu China.
Für die wenigen und zunächst vielleicht nur sporadischen Bewohner des heutigen Hongkonger Territoriums dürfte sich weder durch die Eroberung noch in den folgenden Jahrhunderten viel geändert haben. Der politischen Elite im Norden galt der Süden mindestens noch bis ins 3. Jh. n. Chr. als halb barbarisch. Zweifellos aber prägte sich Chinas Kultur der Region immer stärker auf, vor allem durch die zivilen und militärischen Beamten, die in den Süden versetzt wurden. Das bedeutendste Zeugnis für diesen Einfluss liefert das in Kowloon entdeckte Grab **Lei Cheng Uk** (▶ Kowloon-Nord), das auf das 2. oder 3. Jh. n. Chr. datiert wird und mit seinen gemauerten Gewölben sowie den Grabbeigaben die chinesischen Traditionen erkennen lässt. Da es vermutlich für einen Angehörigen der militärischen Elite gedacht war, ist das Grab zugleich ein Hinweis darauf, dass in Hongkong damals zumindest zeitweise schon eine Garnison bestand.
Nachdem Steppenvölker im 4. Jh. Nordchina erobert hatten und der Großteil der alten Elite nach Südchina geflohen war, wird sich die Sinisierung des Südens nunmehr beschleunigt haben. Auf Hongkonger Gebiet begann man damals womöglich auch schon mit der Gewinnung von Meersalz und Kalk; dabei bot sich der Perlfluss als Transportweg zu den Märkten im Binnenland an.

Tunmen

Die erste urkundliche Erwähnung eines Hongkonger Ortsnamens ließ jedoch noch lange auf sich warten – bis zum 9. Jh. Damals, zur Tang-Zeit (618–906), taucht ein Ort namens Tunmen in den Werken zweier Dichter auf, und in der Neueren Dynastiegeschichte der Tang, verfasst im 11. Jh, heißt es: »Fährt man von Kanton nach Südosten zum Meer, so erreicht man nach 200 li den Tunmen Shan« – 1 li ist eine chinesische Meile, etwa 500 m. In der Tat liegt 200 li, also rund 100 km, südöstlich von Kanton die heutige **Satellitenstadt Tuen Mun** (hochchinesisch: Tunmen) unterhalb des hier wohl angesprochenen Berges, des heutigen Castle Peak. Er ist ein 583 m hoher, markanter Orientierungspunkt an der Perlflussmündung. Im Ort Tunmen selbst war laut Dynastiegeschichte zudem eine Garnison stationiert. Aus jener Zeit blieben in Hongkong auch Reste von Kalköfen erhalten.

Südliche Han

Unter der kurzlebigen Dynastie der Südlichen Han, die nach dem Zerfall des Tang-Reichs im 10. Jh. über die Region herrschte, erfuhr nicht nur die Garnison von Tunmen eine Verstärkung, sondern es wurden auf Hongkonger Gebiet zur Abwehr von Piraten auch **Seestreitkräfte** stationiert. Da der König Perlen schätzte, begann sich im sogenannten Tolo Harbour, jener tief eingeschnittenen Bucht im Osten der New Territories, eine Perlenzucht zu entwickeln.

Song-Dynastie

Unter der Song-Dynastie, die China zu neuer Blüte führte, wurde **Hongkongs Funktion als Flotten- und Armeestützpunkt** abermals verstärkt, und nun finden sich auch Aufzeichnungen über eine Besiedlung durch Bauern. Die erste und bedeutendste von fünf großen Sippen, die sich im Laufe der folgenden Jahrhunderte hier niederließen, ist im 11. Jh. die der Tang. Sie siedelte in Kam Tin und besteht dort bis heute. Auch die Hau-Sippe siedelte sich hier im 11. Jh. an, die anderen drei folgten bis zum 14. Jahrhundert. Je nach Herkunftsregion wurden bei den Siedlern zwei Volks- und Dialektgruppen unterschieden: die Punti und die Hakka. Das Wort »Punti«, wie es sich in englischer Literatur findet, bedeutet allerdings nichts anderes als »Einheimische«, es waren die »Kantonesischsprecher«. »Hakka« dagegen bedeutet »Gastfamilien«; sie kamen später und von weiter nördlich.

Kindkaiser

Am Ende der Song-Zeit erlebte Hongkong die dramatischsten Jahre seiner vormodernen Geschichte: Teile des Kaiserhofs flohen vor den mongolischen Eroberern hierher. Eilends war ein neunjähriger Knabe zum neuen Kaiser gekrönt worden. 1277 suchte er mit Angehörigen und Getreuen der Dynastie Zuflucht auf Lantau, wenig später siedelten sie nach **Kowloon** um, wo es eine Beamtenresidenz gab. Sogleich wurde dort mit dem Bau eines Palastes begonnen, der freilich den Umständen entsprechend äußerst bescheiden gewesen sein muss. Bald musste der Kaiser mit seiner Entourage erneut fliehen. Er war den Strapazen offenbar nicht gewachsen und starb 1278 auf Lantau. Nun wurde ein jüngerer Bruder, sieben Jahre alt, zum Kaiser bestimmt. Aber erneut **drangen die Mongolen bis Hongkong vor.** Um dem Kindkaiser die Schmach einer Gefangennahme oder Schlimmeres in den Händen der Eroberer zu ersparen, soll sich ein loyaler

Im Grab Lei Cheng Uk war wohl ein hoher Offizier des Han-Reichs begraben.

Beamter 1279 mit dem letzten Song-Herrscher in den Armen im Meer ertränkt haben.

Ming-Dynastie

In der Ming-Zeit (1369–1644) trieb die sogenannte Seeverbotspolitik alle Küstenbewohner, die auf Seefahrt und Handel angewiesen waren, teilweise in die Illegalität. Sie galten fortan als Piraten und wurden zeitweise militärisch bekämpft.

Portugies. Herrschaft

1514 landeten die ersten Portugiesen bei Tuen Mun, verschanzten sich dort und hielten sich, bis chinesische Streitkräfte sie 1521 vertrieben.

Von der Gründung Macaus zum Ersten Opiumkrieg

Macau

Das aggressive Auftreten der Portugiesen löste eine erneute strenge Anwendung der zwischenzeitlich aufgeweichten Seeverbotspolitik aus. Gegen die starken Portugiesen kam man damit jedoch nicht an, und so versuchte es der Ming-Kaiserhof mit einem **Kompromiss:** Man überließ ihnen Macau. Ab 1557 wurden sie dort toleriert.

Seeverbotspolitik

Die **mandschurische Qing-Dynastie,** die ab 1644 über China herrschte, übernahm nicht nur die handelsfeindliche Einstellung von ihrer Vorgängerin, sondern trieb die Seeverbotspolitik ab 1662 noch weiter: Um die so genannten Piraten von lebensnotwendigen Kontakten an der Küste (Verpflegung, Handel) abzuschneiden, mussten

OBEN: Reger Verkehr im Victoria Harbour um 1900
UNTEN: Der Stoff für die Opiumhöhlen kam per Schmuggel ins Land.

sämtliche Küstenbewohner einen 27 km breiten Streifen räumen und ins Binnenland umsiedeln. Die Maßnahmen, die auch die agrarisch genutzten späteren New Territories mit ihren Hunderten von Dörfern entvölkerten, verursachten bei den ihres Landes und ihrer Häuser Beraubten Not und Tod – und erwiesen sich in Sachen **Piratenbekämpfung** als kompletter Fehlschlag. Nach sieben Jahren wurde die Politik rückgängig gemacht, und die Bewohner, soweit sie überlebt hatten, kehrten an ihre ursprünglichen Wohnorte zurück.

Piraten

Die Behinderung des Seeverkehrs durch die Behörden hielt jedoch an und damit auch die Piraterie, die vom Schmuggel lebte. Einer der Seeräuber wurde so berühmt, dass man seinen Namen heute noch nennt: **Cheung Po Tsai** (hochchinesisch: Zhang Baozai, 1783–1822), eine Art Robin Hood des Meeres und der Küsten. Geschätzt für seine Integrität, befahl er über eine Flotte von 270 Schiffen mit 30 000 Mann. Seine Truppe legte an verschiedenen Stellen auf Lantau und Hong Kong Island Stützpunkte an. Cheungs Piraten machten den Fehler, immer häufiger auch portugiesische und britische Handelsschiffe zu überfallen, sodass es schließlich zu einem Bündnis der Portugiesen und Engländer mit der Mandschuherrschaft kam. In einer Schlacht an der Stelle, wo sich heute der Flughafen befindet, wurde Cheung 1810 gefangen genommen. Er wechselte daraufhin reumütig die Seiten und half, die restlichen Piraten zu vertreiben.

Opium

Um diese Zeit war die **Britische Ostindien-Kompanie** schon dabei, indisches **Opium nach China zu schmuggeln,** um mit den Erlösen den Tee bezahlen zu können, auf den China damals noch ein weltweites Monopol besaß und ohne den die Engländer schon nicht mehr leben mochten. Den Opiumhändlern war ein ständig steigender Absatz garantiert, aber Chinas Handelsbilanz kehrte sich um: Immer mehr Silber, mit dem das Opium bezahlt wurde, floss ab. Die Auswirkungen auf die Volkswirtschaft wie auf die Volksgesundheit wuchsen dramatisch, der **Kampf gegen Opiumkonsum** und -schmuggel wurde immer verzweifelter. 1838 schließlich schickte Peking einen unbestechlichen Beamten nach Kanton: Lin Zexu (1785–1850). Er konfiszierte das in Kanton angelandete Opium (insgesamt über 1000 metrische Tonnen) und ließ es vernichten – ein Riesenverlust für die Ostindien-Kompanie und ein Kriegsgrund für das Vereinigte Königreich.

Die Kronkolonie bis zum Zweiten Weltkrieg

Vertrag von Nanking

Zunächst reagierten die in der Region befindlichen Briten eigenmächtig mit Piraterie, erst 1840 trafen **britisch-indische Streitkräfte** ein. Am 26. Januar 1841 okkupierten sie die Insel Hongkong

(Hong Kong Island) als Flottenstützpunkt, und am »Possession Point« wurde die britische Flagge gehisst. Die britischen Kanonenboote erwiesen sich überall als haushoch überlegen.
Der Krieg endete am 29. August 1842 mit dem Vertrag von Nanking, der die Öffnung weiterer Häfen entlang der chinesischen Küste sowie die Abtretung der Insel Hongkong an Großbritannien vorsah – »auf ewig«. Vom Eigentümerwechsel betroffen waren damals rund 7450 Personen, die an verschiedenen Stellen auf der Insel lebten oder dort als Seefahrer ihren Heimathafen und Liegeplatz hatten.
Nachdem in einem Zusatzvertrag im Jahr darauf den Chinesen gestattet wurde, **in Hongkong Handel zu treiben,** entstand dort rasch eine vorwiegend chinesische Stadt. Binnen zehn Jahren (bis 1851) vervierfachte sich die Bevölkerung. Die hauptsächliche Ware, die hier umgeschlagen wurde, war damals – und nun erst recht – Opium.

Zeit der Stabilität

Hongkong wuchs weiter. Am Ende des sogenannten Zweiten Opiumkriegs (1858–1860) musste China die Halbinsel **Kowloon an Großbritannien** abtreten, ebenfalls »auf ewig«. Es handelte sich um das Gebiet südlich der Boundary Street mit einer Bevölkerung von 800 Personen. Etwa um die gleiche Zeit überschritt die Einwohnerzahl der Kronkolonie die Marke von 100 000. Nur 1,3 Prozent davon waren Europäer oder Amerikaner. Ihr Anteil sank in den nächsten Jahrzehnten auf unter 1 Prozent, da die chinesische Bevölkerung viel stärker wuchs.
Während das mandschurische Kaiserreich von einer Krise in die nächste taumelte, garantierte Hongkong Stabilität und wirtschaftliche Freiheit samt entsprechend funktionsfähiger Infrastruktur. Ein Meilenstein dafür war die Gründung der **Hong Kong & Shanghai Banking Corporation** im Jahr 1865, an der auch Deutsche und Schweizer beteiligt waren, ein weiterer die Telegrafieverbindung mit England ab 1871.

Erstes Pferderennen

Auch wenn Chinesen und Ausländer getrennte Wege gingen und in verschiedenen Vierteln lebten – die Ausländer höher am Hang, die Chinesen im hafennahen Trubel –, fand man doch bei einem Vergnügen rasch zusammen: beim Pferderennen und bei den Pferdewetten. Schon 1845 ließen die Briten **Happy Valley,** die einzige nennenswerte Ebene der Insel, für den Bau einer Rennbahn trockenlegen, Ende 1846 fand das erste Rennen statt.

Gewinnung von Neuland

Schon bald wurden die abschüssigen Uferstreifen des »Victoria« genannten Hauptorts (heute: Central District) zu eng. In den 1880er-Jahren begann man daher mit dem Aufschütten von Neuland. Gegen Ende des Jahrhunderts legte das Entwicklungstempo zu. Moderne Technik hielt Einzug, so beim Bau der **Peak Tram,** die 1888 in Betrieb ging.

Den größten Entwicklungsschritt tat Hongkong mit der **Annexion der New Territories,** 1898 von Großbritannien auf 99 Jahre dazugepachtet. Damit vervielfachte sich das Hongkonger Territorium. Die Einwohnerzahl überschritt nun die erste Viertelmillion. 1904 ging die Straßenbahn in Betrieb, 1910 bis 1912 die Eisenbahnlinie nach Kanton, zur gleichen Zeit entstand die **Universität Hongkong,** und 1917 war die Repulse Bay erstmals per Automobil erreichbar.

Flüchtlinge

Der Zuzug nach Hongkong blieb ungebrochen, viele Chinesen flüchteten vor den Bürgerkriegen und politischer Verfolgung in ihrer zunehmend zerrissenen Heimat. Die Volkszählung von 1931 ergab eine Einwohnerzahl von 849 800. Ein immer größerer Teil wohnte nun in Kowloon, während die New Territories noch bis lange nach dem Zweiten Weltkrieg ihren ländlichen Charakter wahrten.
Dramatisch wurde die Situation nach Beginn des Zweiten Weltkriegs: Ab 1937 besetzten die Japaner immer größere Teile Chinas, die Flüchtlingsströme Richtung Hongkong schwollen an. Noch im selben Jahr wurde die **Millionengrenze überschritten,** vier Jahre später lag die Zahl der Einwohner bei 1,6 Millionen. Die Neuankömmlinge mussten in eilig errichteten Lagern hausen. Dann begann der Pazifikkrieg, und in der Schlacht von Hongkong (8.–25. Dezember 1941) wurde die Kronkolonie japanisch.

Wirtschaftlicher Kollaps

Was folgte, war die finsterste Epoche in Hongkongs Geschichte. Die Wirtschaft brach zusammen, eine Hyperinflation zehrte die Ersparnisse auf, die Menschen hungerten, es galt das Kriegsrecht. Ausländer wurden interniert, die Flüchtlinge zurückgeschickt, andere flohen vor dem Terrorregime und dem Hunger ins Hinterland. Bei Kriegsende war die Einwohnerzahl auf 600 000 geschrumpft.

1950er-Jahre bis 1997

Mao und Folgen

Nach dem faktischen Ende des Zweiten Weltkriegs am 15. August 1945 dauerte es noch zwei Wochen, bis die japanische Besatzungsarmee die Kontrolle über das Territorium wieder den Briten übergab. Bis ins Jahr 1967 hinein wurde dieser 30. August als Befreiungstag gefeiert.
Hongkong erholte sich schnell, die Stadtgemeinde kam aber kaum zur Ruhe, ehe der neuerliche **chinesische Bürgerkrieg** wieder Hunderttausende hier Zuflucht suchen ließ. 1949, als Mao in Peking die Gründung der Volksrepublik China ausrief, wurde die Zweimillionenmarke überschritten. Auf den stadtnahen Hängen breiteten sich riesige Elendssiedlungen aus. In einer brach im Dezember 1953 ein Feuer aus, das über Nacht 53 000 Menschen obdachlos machte. Es war der Startschuss für ein ungemein ehrgeiziges **Wohnungsbaupro-**

gramm. Schon drei Jahre später lebten 120 000 Menschen in den ersten (noch sehr primitiven) Sozialwohnungsblocks. Noch schneller wurde die Arbeitslosigkeit überwunden. Hongkong hatte Shanghai als Tor zu China beerbt, aber nun wurden hier nicht mehr nur Waren umgeschlagen, sondern es wurde auch produziert. Das Stadtbild wandelte sich dramatisch. Die typische Kolonialarchitektur wich dem Hochhauswald. Bis 1980 wuchs die Bevölkerung zu jedem vollen Jahrzehnt um eine Million.

1960er-Jahre In China brach sich die Kulturrevolution Bahn – mit schlimmen Folgen für Hongkong. Soziale Spannungen in der Kolonie hatten zugenommen, die Verwaltung war korrupt. Geplante Preissteigerungen bei der Star Ferry lösten 1966 Proteste aus, in deren Folge 258 Personen zu Freiheitsstrafen verurteilt wurden. Gravierender waren die Unruhen des Jahres 1967, die die Form **antikolonialen Terrors** annahmen. Bombenleger töteten 15 Menschen, Maotreue erschossen einen populären Radiokommentator. Insgesamt kamen 51 Hongkonger ums Leben. Um dieselbe Zeit gewann ein Stadtteil überregionalen Ruhm: **Wan Chai.** Dort vergnügten sich die US-Soldaten, die aus Vietnam zum Urlaub kamen, in »girlie bars« und Bordellen.

1970er-Jahre Die Stadt sah sich auf dem Weg, eine internationale Metropole des späten 20. Jh.s zu werden. 1972 erfolgten die Eröffnung des ersten Hafentunnels und der Bau des Jardine House, das mit 178,5 m Höhe fast doppelt so hoch war wie die älteren Bürohäuser. 1973 wurde ein erstes Programm zum **Bau von Satellitenstädten** in den New Territories aufgelegt.
1974 begann man mit der Korruptionsbekämpfung ernst zu machen (später sehr erfolgreich) und Chinesisch wurde zweite Amtssprache – ein enormer Fortschritt, da nur die wenigsten Hongkonger Englisch beherrschten. 1979 ging die erste U-Bahn-Linie in Betrieb.

1980er-Jahre Der Beginn von **Chinas Reform- und Öffnungspolitik** ab 1978 stärkte Hongkongs Rolle zunächst. In den 1980er-Jahren wurde der Containerhafen der umschlagsstärkste der Welt. Wenige Jahre nach der Gründung der Wirtschaftssonderzone Shenzhen gleich jenseits der Grenze setzte jedoch ein enormer **Strukturwandel** ein, der zu einer nahezu kompletten Entindustrialisierung führte. Von 1984 bis 1995 fiel der Anteil der Industriearbeiter an der gesamten Arbeitnehmerschaft von 42 auf 15 Prozent. Zudem hatte Hongkong auch die Ankunft einer großen Anzahl vietnamesischer Bootsflüchtlinge zu bewältigen. Im Spitzenjahr 1989 landeten 34 000 Menschen hier an.
Bereits 1982 waren zwischen Großbritannien und der VR China Verhandlungen über die Zukunft des Territoriums aufgenommen worden. Dabei ging es von Anfang an um ganz Hongkong, denn es war klar, dass die »auf ewig« abgetretenen Teile allein nicht überlebensfähig wären.

19. Dezember 1984: Großbritanniens Premierministerin Margaret Thatcher und ihr chinesischer Amtskollege Zhao Ziyang unterzeichnen die Vereinbarung zur Rückgabe Hongkongs.

In Hongkong fürchtete man, die Volksrepublik China könne die Freiheiten, die die Hongkonger genossen, beim Ablauf des Pachtvertrags für die New Territories 1997 radikal beschneiden. Großbritannien und China gaben in ihrer »Joint Declaration« im Dezember 1984 jedoch bekannt, dass Hongkong zwar zur Gänze an China zurückgehe, sein System aber noch 50 Jahre lang fortführen dürfe – mit einer eigenen Währung, einer eigenen Gesetzgebung und einer unabhängigen Gerichtsbarkeit. Dies implizierte aber auch, dass der Chief Executive von Peking zu bestimmen war – wie zuvor der Gouverneur von London.

Keine freien Wahlen

Noch immer wurde Hongkong nicht nach demokratischen Grundsätzen regiert. Demokratisch gewählt wurden nur 12 Mitglieder des 24-köpfigen Urban Council, dessen Kompetenzen ein Gouverneur einst so beschrieb: »Beaufsichtigung der Müllabfuhr und der Straßenhändler sowie die Vergabe von Straßennamen.« Um zumindest dort mitwählen zu dürfen, musste man sich als Wähler registrieren lassen. Ein allgemeines Wahlrecht gab es nicht.
Demokratische Reformen wurden erst 1992 vom letzten Gouverneur Hongkongs, Chris Patten, eingeleitet, allerdings viel zu spät, um die Hongkonger noch von den Vorzügen der Volksherrschaft zu überzeugen.

Hongkong seit 1997

Nach dem Wechsel

Es kam der 30. Juni 1997. Chinas Staatspräsident Jiang Zemin und Prinz Charles waren für die Zeremonie der **Übergabe Hongkongs an China** angereist, chinesische Streitkräfte lösten die britischen in den Kasernen ab. Punkt 24 Uhr stach die königliche Yacht Britannia mit Prinz Charles und Chris Patten an Bord in See. Eine 155-jährige Ära hatte ihr Ende gefunden.

Der politische Wechsel verlief undramatisch. Begleitet wurde er von steigenden Aktienkursen: Ein weiterer wirtschaftlicher Aufschwung wurde erwartet. Politisch legten die neuen Stadtoberen den Rückwärtsgang ein: Pattens Reformen wurden sogleich kassiert, allerdings ist Hongkong heute immer noch demokratischer, als es die meiste Zeit unter britischer Kolonialherrschaft gewesen war.

Immer wieder kommt es seit 1997 zu **politischen Protesten und Demonstrationen.** Ein wiederkehrender Anlass ist die Niederschlagung der Demokratiebewegung am 4. Juni 1989 in Peking; besonders der 20. Jahrestag 2009 mobilisierte erneut Tausende. Chinas Regierung hat zwar versprochen, dass die Hongkonger in Zukunft den Regierungschef und die gesamte Legislative in allgemeinen Wahlen selbst bestimmen können sollen, aber der Zeitpunkt wurde immer weiter hinausgeschoben. Derzeit sieht es nicht so aus, dass es jemals passieren wird.

Zur Zeit der »Heimkehr« stand das gewaltigste Infrastrukturprojekt der Exkolonie kurz vor der Fertigstellung: der neue Flughafen samt Verkehrsanbindung. Im Juli 1998 löste der neue Flughafen den alten innerstädtischen ab.

»

Hongkong ist der Rolls-Royce einer Gesellschaft, und es ist schwer zu verstehen, warum die Chinesen nun anfangen, den Motor zu überprüfen und an der Bereifung herumzupfuschen, statt einfach durchzustarten und den Rolls-Royce so erfolgreich in die Zukunft zu steuern, wie er in der Vergangenheit gesteuert wurde.

«

Chris Patten

Pläne

2019 ist die Zeit riesiger neuer Infrastrukturprojekte, die Hongkong enger an China binden: Die unterirdische Expresszugstrecke nach Shenzhen und Kanton wird eröffnet sowie die 39 km lange Brücken-Tunnel-Straßenverbindung nach Macau und Zhuhai. In ▶ Kowloon-West-zeigen sich Hongkongs neue kulturelle Ambitionen mit dem im Bau befindlichen spektakulären Kulturzentrum, das das 1989 fertiggestellte Cultural Centre an der Spitze von Tsim Sha Tsui ergänzen wird. Noch im Bau sind **weitere U-Bahn-Linien** mit einer weiteren Hafenquerung. Hongkong behauptet damit auch auf lange Sicht seine Rolle als Drehkreuz für ganz Südchina und als eine der führenden internationalen Metropolen auf dem ostasiatischen Festland.

KUNST UND KULTUR

Kultur geht in Hongkong durch den Magen: An den Teehäusern führt kein Weg vorbei, und wenn dort auch noch kantonesische Musik gespielt wird, ist man der kulturellen Identität der Stadt schon sehr nah. Stöbern Sie aber auch mal bei den Kunsthändlern auf der Hollywood Road, sehen Sie sich Hongkongs »Bleistifthäuser« an und besuchen Sie ein paar der vielen Tempel und Schreine – Kunst und Kultur haben in Hongkong viele Gesichter.

Kulturmetropole Hongkong

Hongkongs kulturelle Wurzeln sind südchinesisch, und entgegen der nur scheinbar großen Internationalität der Stadt herrscht hier eine **kantonesisch geprägte kulturelle Identität** vor. Sie hebt sich von derjenigen jenseits der Grenze ab. Immer deutlicher aber wird die Weltkultur Teil dieser Identität.
Das traditionell wichtigste Merkmal der Hongkonger Kultur – das Hongkong zudem mit der Provinz Guangdong verbindet – sind die Gaumenfreuden. Gutes Essen steht obenan. Ihren typischen und schönsten Ausdruck findet diese Einstellung in der Teehauskultur (▶ Das ist ..., S. 12ff.). Das zweitwichtigste Element ist das Fernsehen. Es ist für die Hongkonger Identität sogar noch prägender aufgrund der Tatsache, dass (abgesehen von englischen Programmen) ausschließlich in Kantonesisch gesendet wird und nicht, wie jenseits der Grenze, in Hochchinesisch.

Musik, Theater und Kunst

Musik

Den größten Einfluss auf die chinesische Kultur hatte aber wohl Hongkongs Musik: der **Kantopop.** Er entstand in den 1970er-Jahren. Die Sänger waren oft Schauspieler, und viele Songs stammten aus Filmen bzw. waren für Filme komponiert worden. Mit der Öffnung Chinas prägte der Kantopop Chinas Popmusik. Heute ist die kantonesische Popmusik auf dem Rückzug – das Hochchinesische drängt nach vorn.
Die 1970er-Jahre waren es auch, die in Hongkong klassisch-westliche Musik- und Theaterkultur heimisch werden ließen. 1974 wurde das Hongkonger **Philharmonische Orchester,** zuvor mit Amateuren be-

setzt, zum ersten professionellen Klangkörper der Stadt. 1977 kam ein 85-köpfiges chinesisches Orchester dazu, 1979 das **Hong Kong Ballet.** Unterdessen verfügt Hongkong über weitere Orchester, unter denen sich vor allem die 1990 gegründete Hong Kong Sinfonietta einen Namen gemacht hat. Wichtigster Aufführungsort war zunächst die 1962 fertiggestellte City Hall, die im Wesentlichen (heute nahezu ausschließlich) als Kulturzentrum fungiert. Einen großen Meilenstein in Hongkongs Kulturleben bedeutete im November 1989 die Eröffnung des **Cultural Centre** in ▶ Tsim Sha Tsui, in dem auch westliche Opern und Musicals aufgeführt werden können und das über die größte Pfeifenorgel Asiens verfügt.

Theater und Kantonoper

Das Theater hat nach wie vor keinen leichten Stand. Das 1977 gegründete Hong Kong Repertory Theatre und die zwei Jahre jüngere Chung Ying Theatre Company bringen **Schauspiele** auf die Bühne, haben aber kein eigenes Haus.
Die einzige ständig bespielte Bühne für **Kantonoper,** das Sunbeam Theatre, wird privat betrieben, ihr Fortbestehen ist nicht gesichert.
Ihre Sujets und ihre festgelegten Darstellungsformen (Rollentypen, Gestik, Make-up, Kostüme) sind nicht nur Ausländern, sondern auch jüngeren Hongkongern (wie allgemein jüngeren Chinesen) fremd und oft unverständlich. Das Kantonesische an der Kantonoper ist in erster Linie die Bühnensprache, doch auch im Make-up gibt es Unterschiede, beispielsweise zur Pekingoper; dabei weist die Kantonoper die größte Differenzierung aller Opernstile auf. Hongkong bemüht sich, diese traditionelle Bühnenkunst zu bewahren; die Theaterakademie bietet einen entsprechenden Ausbildungsgang an.

Bildende Kunst

Ganz stark ist Hongkong im **Kunsthandel** – sowohl in Sachen klassischer chinesischer Kunst (Hollywood Road!) als auch in moderner Kunst. Hier profitiert die Stadt von der Nähe zu der äußerst kreativen und spannenden Kunstszene auf dem chinesischen Festland. Das Arts Centre, der Fringe Club und die privaten Kunstgalerien lohnen daher unbedingt den Besuch.

Design

Hongkonger Mode- und Warendesign sind durchaus beachtenswert – und **oft sehr witzig!** Ihre Bedeutung belegen nicht zuletzt ein Hong Kong Design Centre und ein Hong Kong Design Institute sowie eine Hong Kong Designers Association, die einen jährlichen Designerpreis auslobt.

Architektur

Nur wenig Altes blieb erhalten

Wer nun meint, dass eine derart moderne und international ausgerichtete Stadt wie Hongkong sich auch durch eine entsprechende

Fülle an spannender moderner Architektur auszeichnet, dämpft besser seine Erwartungen. Die Stadt war bis in die 1980er-Jahre hinein in dem Punkt erstaunlich provinziell. Stadtbildprägende Projekte wie das Cultural Centre oder die Börse (Exchange Square) waren nur lokal vergeben oder von Amtsarchitekten der Regierung entworfen worden. Dieser Einstellung entsprach ein komplettes Desinteresse an der Wahrung **historischer Bausubstanz** – ein Phänomen, das in leicht gemilderter Form bis heute fortbesteht. Staunenswert schöne Bauwerke der Kolonialarchitektur wurden abgerissen, bis im Zentrum kaum mehr etwas davon übrig blieb. Selbst das Werk eines weltberühmten modernen Architekten fiel der Abrissbirne zum Opfer: das Hochhaus **Sunning Plaza** in ▶ Causeway Bay. 1992 realisiert, war es ein Entwurf des chinesisch-amerikanischen Architekten Ieoh Ming Pei, dem Paris die Louvre-Pyramide und Berlin den Annex des Deutschen Historischen Museums verdankt. Sunning Plaza steht nicht mehr – es war zu klein.

Bauten der 1980er-Jahre

Tatsächlich tauchen die großen Namen der **internationalen Architektenszene** in Hongkong erst in den 1980er-Jahren auf. Während das Sunning Plaza der allgemeinen Aufmerksamkeit noch entglitten war, lieferte die neue Zentrale der Hong Kong & Shanghai Banking Corporation (heute HSBC; ▶ Baedeker Wissen, S. 58), entworfen vom Briten **Norman Foster,** den Startschuss für mehr Innovation – freilich auch erst nach dem Abriss des stadtbildprägenden Vorgängerbaus. Von nun an entstanden in etwas dichterer Folge Gebäude, die eine individuellere, kreativere Handschrift tragen.
Noch im selben Jahrzehnt entwarf der Amerikaner **Paul Rudolph** das Lippo Centre, damals »Bond Centre« genannt, indem er das Logo der Firma dreidimensional in der Hochhausgestaltung umsetzte. Ein Jahr später wurde der Bank of China Tower fertig, **Ieoh Ming Peis** zweites Hongkonger Projekt, in diesem Fall mit hohem Wiedererkennungswert.

Hongkonger Architektenbüros

Unterdessen machten sich auch Hongkonger Büros einen Namen – wenn auch das Architekturbüro Palmer & Turner bereits seit 1868 existiert! Ihm verdankte Hongkong zahllose herrliche Bauten, von denen heute nur noch Fotografien zeugen. **Palmer & Turner** (heute P&T Group) sind aber nach wie vor aktiv; sie entwarfen beispielsweise den Exchange Square. In den 1990er-Jahren aber kamen andere Hongkonger Büros hinzu, zunächst **Dennis Lau & Ng Chun Man** mit dem Central Plaza (1992) und dem Hochhaus »The Centre« (1998), später das auch international sehr erfolgreiche Büro **Rocco Design Architects,** die beispielsweise die IFC Mall und das Four Seasons Hotel gestalteten (beide 2005) und mit den Government Headquarters an der Hafenfront von ▶ Admiralty der Stadt ein neues bauliches Gesicht schenkten (2011).

Est seit den 1980er-Jahren hat sich Hongkong zum Schaukasten moderner Architektur entwickelt: Blick vom Peak.

International tätige Architekten

Das Kongress- und Ausstellungszentrum in **Wan Chai** (die in den Hafen vorspringende Erweiterung mit den geschwungenen Dächern) ist ein Entwurf des amerikanischen Büros **Skidmore, Owings & Merrill,** das Cheung Kong Centre und Turm 2 des IFC stammen vom US-Architekten **César Pelli** (Büro Pelli Clarke Pelli) und das ICC, Hongkongs höchstes Hochhaus, verdankt seine Gestalt dem amerikanischen Büro **Kohn Pedersen Fox.**
Europäische Architekten, auf dem chinesischen Festland höchst erfolgreich, sind in Hongkong nach wie vor kaum präsent. Hongkongs Öffnung gegenüber der ausländischen Architektenkonkurrenz brachte dennoch deutlich mehr Leben in das zuvor wenig inspirierte Design – mit Vorteilen für alle: mehr Licht, mehr öffentlicher Raum, mehr Eleganz, mehr Abwechslung und generell mehr Sinn für die Rolle guter Architektur für die Identität und die Zukunft einer Stadt. Vom angeblich beherrschenden Feng-Shui ist dabei selten die Rede (▶ Baedeker Wissen, S. 68).
Hongkong hat unter allen Städten nicht nur mit Abstand die weltweit größte Zahl an Hochhäusern, sondern auch die meisten **»Bleistifthäuser«**: Gebäude von außerordentlicher Schlankheit, hohe Wohntürme auf manchmal winziger Grundfläche und daher mit Maßverhältnissen ähnlich einem Bleistift. In der Stadt werden Sie immer wieder Beispiele dafür entdecken.

Religion und Brauchtum

Religionsvielfalt

Durch die lange Präsenz der Briten und die Religionsfreiheit konnten sich sowohl das **Christentum** als auch der **Islam** entfalten. Letzterer ist überwiegend beschränkt auf Gläubige aus dem Ausland. Auch die vielfach als Wachpersonal arbeitenden Sikhs haben ihren Tempel.
Gemessen an Hongkongs Bevölkerungsgröße sind die sakralen Stätten, gleich welcher Religion, dennoch nicht sonderlich zahlreich und mit wenigen Ausnahmen auch überraschend klein. Die Stadt scheint ganz überwiegend von einem **säkularen Charakter** geprägt zu sein, von einer Kultur, in der Religion das Leben der Menschen nur wenig berührt. Bei Umfragen erklärten sich auch rund 60 Prozent für nicht religiös. Ein solches Bekenntnis schließt das Praktizieren religiös geprägten Brauchtums (z. B. bei Bestattungen) jedoch nicht aus.
Vom Christentum her fanden die in Amerika starken evangelischen Kirchen, vor allem Baptisten, eine größere Verbreitung als die anglikanische Konfession. Insgesamt sind etwa 12 Prozent der Bevölkerung christlich (römisch-katholisch unter 5 Prozent), 3 Prozent sind Muslime. Für den Buddhismus und die Volksreligion fehlen verlässliche Zahlen, da es keine Gemeindezugehörigkeit gibt und die Grenzen zwischen praktizierter Religiosität und bloßem Brauchtum fließend sind (▶ Baedeker Wissen, S. 204).

6X UNTERSCHÄTZT

Genau hinsehen, nicht daran vorbeigehen, einfach probieren!

1. SATELLITENSTÄDTE

In Hongkong sind das keine verschlafenen Orte. Es gibt dort alles: Theater und Konzerte, Einkaufszentren, Märkte, Restaurants, Parks, Spiel- und Sportplätze – und integriert manch historisches Dorf, etwa in **Tung Chung New Town**. (▶ **S. 86**)

2. INS GRÜNE

Dank der **Countryparks** beträgt der Weg aus der Hochhauswohnung hinein in die Natur oft nur wenige Meter, und mit Bus oder Bahn erreicht man schnell die zahlreichen Wanderwege. (▶ **S. 20ff.**)

3. SICHERHEIT

Hongkong ist eine ausgesprochen sichere Stadt. Die hohe Siedlungsdichte trägt dazu bei, dass man **selten wirklich einsam** ist. Auch in öffentlichen Verkehrsmitteln haben Sie nichts zu befürchten. (▶ **S. 300**)

4. TRADITIONEN

Die Stadt und ihre Bewohner mögen völlig konsumorientiert wirken, aber es gibt viel Gemeinsinn und viel **lebendiges Brauchtum.** Nachbarschaften kümmern sich um kleine Tempel und Schreine, Familien halten zusammen, die Mitglieder unterstützen einander. (▶ **S. 202**)

5. MUSEUMSLANDSCHAFT

Hongkong und Macau mögen nicht für ihre Museen bekannt sein, dabei sind diese nicht nur **vielfältig,** sondern darüber hinaus auch meistens sehr gut gemacht, mit viel ausstellungspädagogischem Geschick. (▶ **S. 258**)

6. CHINESISCHE GÄSTE

An Hongkongs und Macaus Attraktionen drängen Sie sich nicht mit Einheimischen, sondern mit chinesischen Touristen. Die Einheimischen klagen oft über deren schlechtes Benehmen.

GÖTTLICHER SCHUTZ ODER PURES GLÜCK?

Als Kantonesen pflegen sehr viele Hongkonger eine synkretistische Volksreligion, die im Kern taoistisch ist, aber auch buddhistische Elemente umfasst. Viele davon sind äußerlich unscheinbar – man muss sie kennen, um sie überhaupt wahrzunehmen. Nicht immer sind tiefere religiöse Überzeugungen damit verbunden.

Die Volksreligion tritt im täglichen Leben vor allem an drei Orten in Erscheinung: in **Tempeln** für Schutzpatrone, in **Ladenschreinen** und in Form kleiner roter **Blechschreine** für den Gott der Pforten, der Erde und des Reichtums. Letzteren begegnet man besonders oft in älteren Stadtvierteln, wo man sie am Boden neben Ladentüren sieht, als **Opfergaben** stehen darin gewöhnlich ein paar Schnapsbecherchen und Weihrauch, zuweilen auch Obst.

Glückssymbole

Obst ist die häufigste Opfergabe in den Ladenschreinen. Man sieht sie an den Rückwänden vieler Ladengeschäfte des privaten Einzelhandels stehen. Die Schreine beherbergen eine Figur des Kaiser Guan (Guan Di), auch **Onkel Guan** (Guan Gong) genannt, dem beliebtesten chinesischen Schutzpatron. Er gilt in China generell als Schutzherr der Soldaten, ist hier aber auch für andere Gewerbe und Berufe zuständig. Auch in Restaurants ist sein Schrein oft zu sehen – und bitte nicht zu verwechseln mit der allegorischen **Glücksdarstellung,** die man auch aus deutschen Chinarestaurants kennt. Sie zeigt **drei Figuren**, die dem Kreis chinesischer Glückssymbole angehören und nicht Objekt religiöser Verehrung sind.

Schutzpatrone

Neben Onkel Guan tun **weitere Schutzpatrone** Dienst. Auf jeder Baustelle findet sich im Container der Bauleitung ein Schrein für Lu Ban, den Schutzherrn der Baugewerke.
Typisch für Hongkong und entlang der chinesischen Küste häufig anzutreffen ist die Verehrung einer Frau: der **Schutzheiligen der Seefahrer.** Sie hat auf vielen Schiffen einen kleinen Schrein, doch sind ihr auch Tempel geJockeweiht – es waren früher die einzigen Gebäude, die die auf Booten lebenden Volksgruppen der Tanka und Hoklo an Land errichteten, stets mit Seeblick. In Honkong gibt es gut zwei Dutzend dieser Tempel. Die Schutzheilige ist, wie auch die anderen genannten Schutzpatrone, eine historische Figur, die später vergöttlicht wurde. In diesem Fall handelt es sich um ein Mädchen, das der Legende nach ein keusches Leben führte und dank seiner Reinheit einst in der Lage war, die Elemente zu zähmen und Angehörige aus Seenot zu retten. Verehrt wird sie unter zwei Namen: Ama, was »Mütterchen« bedeutet, und Tianhou (kantonesisch: Tin Hau), »Himmelskaiserin«. Auf sie bezieht sich auch das »Ma« in Macau.

Orakel

In Tempeln ist oft zu beobachten, dass Besucher zwei nierenförmige Hölz-

Die Dose mit den Bambusstäbchen für das Stäbchenorakel steht griffbereit auf dem Tisch.

chen zu Boden werfen. Sie praktizieren die einfachste Form des Orakels. Je nachdem, ob die Hölzchen mit der runden oder mit der flachen Seite nach unten zu liegen kommen, lautet die Antwort auf ihre Frage: ja, nein oder unentschieden. Bei komplexeren Anliegen wird das Stäbchenorakel befragt, das jedoch das Mitwirken eines Wahrsagers erfordert: Eine Dose mit nummerierten Bambusstäbchen wird geschüttelt, bis eins herausfällt. Dessen Nummer entspricht im Büchlein des Wahrsagers ein Orakeltext, der nun gelesen und der Frage entsprechend gedeutet wird.

Götter und Gottheiten

Alle Götter, die in Hongkong verehrt werden, haben einen Geburtstag, anlässlich dessen jährlicher Wiederkehr sie mit Geschenken (Weihrauch, Obst) geradezu überhäuft werden. Nie sieht man mehr lebendige Religiosität als an diesem Tag in ihren jeweiligen Tempeln. Ansonsten sind Neumond und Vollmond (der 1. bzw. 15. des chinesischen Mondmonats) Hauptopfertage.

Vieles wird aber von den Schutzpatronen (▶ Baedeker Wissen, S. 204) nicht abgedeckt. Darum kümmern sich dann andere Gottheiten. Zwei sind besonders populär. Da ist zuallererst die **Guanyin** (kantonesisch: Kwun Yam) zu nennen, die in zahlreichen Tempeln auf Hongkonger Stadtgebiet verehrt wird. Sie ist eigentlich buddhistischer Herkunft (ein Bodhisattva), aber das spielt in Hongkong keine Rolle. Als Frau wahrgenommen, doch eher androgyn dargestellt, wird sie besonders gern von Frauen angerufen, und zwar vornehmlich bei Kummer mit den Kindern oder Ärger mit dem Ehemann; manche Frauen stellen auch eine Guanyin zu Hause auf.

Während die Guanyin in ganz Ostasien verehrt wird, gilt für den Hauptgott des größten und meistbesuchten Tempels der SVR beinahe des Gegenteil: **Wong Tai Sin** (hochchinesisch: Huang Daxian = »Huang, der große Unsterbliche«) trifft man anderswo nur sehr selten an. Auch hinter ihm steht eine historische Person: ein Taoist des 4. Jh.s, der 1897 unweit von Hongkong erneut erschienen sein soll und als heilmächtig gerühmt wird (▶ Wong Tai Sin Temple).

Tempel

Größere Tempel haben mitunter eine wichtige Funktion für den **Totenkults.** Gläubige können in ihnen einen Platz für ein Ahnentäfelchen erwerben. Wird ein Vorfahr – die Eltern oder Großeltern – an einem solchen heiligen Ort verehrt und ihm geopfert, so können die Nachkommen seines Segens umso gewisser sein; oft halten solche Tempel auch einen Ofen bereit, in dem **Gaben an einen Verstorbenen** durch Verbrennen ins Jenseits geschickt werden. Diese Gaben sind verkleinerte Modelle von Gegenständen und bestehen aus farbigem Papier (im Falle von Häusern verstärkt mit Bambuslatten). Sie können fertig gekauft werden (Kleidung, Armbanduhren, Telefon, Computer) oder werden nach den finanziellen Vorgaben der Trauernden speziell angefertigt, dies gilt vor allem für Häuser und ihr Interieur. Auch sogenanntes **Höllengeld** wird verbrannt, denn die Seelen der Verstorbenen müssen vor der eventuellen Wiedergeburt zunächst einige jenseitige Gerichtsverfahren, die Höllengerichte, durchlaufen, die sie entsprechend den im Leben begangenen Missetaten aburteilen. Da macht es sich gut, wenn der Verstorbene Bestechungsgelder verteilen und damit seine Qualen mildern kann. Es vermengen sich im Totenkult also gleich **drei verschiedene Glaubensformen:** konfuzianisch ist die Ahnenverehrung, buddhistisch der Glaube an die Wiedergeburt, die nach dem Durchlaufen der Höllen erfolgt, und taoistisch alles Übrige.

Ein Unterschied zwischen **Buddhismus und Taoismus** wird nur in der institutionalisierten Religion gemacht: bei Klöstern, Mönchen und Nonnen. Dafür gibt es in Hongkong nur wenige Beispiele. Die zwei bedeutendsten sind buddhistisch: das Po-Lin-Kloster auf Lantau und das künstlerisch exquisite Chi-Lin-Nonnenkloster in Nordost-Kowloon. Einen Konfuziustempel gibt es in Hongkong nicht, lediglich eine Konfuziusfigur in einer Seitenhalle des Wong-Tai-Sin-Tempels. Klöster

INTERESSANTE MENSCHEN

Volles Risiko: Jackie Chan (geb. 1954)

»Ich will nicht, dass jemand auf die Idee kommt, er könne die Sachen, die er in meinen Filmen sieht, einfach so nachmachen.« Einfach ist es wirklich nicht, was Hongkongs berühmtester Mime Jackie Chan auf die Leinwand der Kinosäle rund um den Erdball bringt. Trotzdem ist er es immer selbst, der auch bei den gefährlichsten Stunts agiert. geb. 1954 Filmschauspieler

Jackie Chan wurde 1954 in ärmlichen Verhältnissen in Hongkong geboren. Bereits im Alter von nur sieben Jahren gaben ihn seine Eltern in die Obhut der Chinese Opera Research School, die für den harten Drill ihrer Zöglinge bekannt war. Bis zu 19 Stunden täglich trainierte man die jungen Körper, Stockhiebe für schlecht ausgeführte Übungen waren eher die Regel als die Ausnahme. Später erweist sich Jackie Chan als **Multitalent des Films**: Neben der Schauspielerei schreibt er nicht nur Drehbücher, sondern führt auch Regie und komponiert Filmmusiken.

»
Warum ich Jackie Chan geworden bin?
Hauptsächlich deswegen, weil ich sehr hart arbeite.
Wenn andere schliefen, trainierte ich immer noch.
«

Aus Worten werden Welten: James Clavell

Der Schriftsteller und Kosmopolit James Clavell wurde durch seine Romane »Rattenkönig« (1962), »Tai Pan« (1966), »Shogun« (1975) und »Wirbelsturm« (1986) einem internationalen Publikum 1924–1994 Schriftsteller bekannt. Sein wohl bekanntestes Werk ist der Roman **»Noble House«** (1981). Die Erzählung basiert auf der Geschichte des Handelshauses Jardine Matheson & Co., das eine wichtige Rolle bei der wirtschaftlichen Entwicklung Hongkongs spielte, und wurde in einer internationalen Koproduktion auch für das deutsche Fernsehen verfilmt. Clavell wurde am 10. Oktober 1924 in Sydney geboren, später besuchte er in England die Public School, bevor er von 1940 bis 1946 als britischer Soldat diente. In seinem Buch **»Shogun«** – der Geschichte eines Europäers im Japan des 16. Jh.s – verarbeitete er Erfahrungen, die er in japanischer Kriegsgefangenschaft gemacht hatte. 1955 zog James Clavell nach Nordamerika; bis zu seinem Tod lebte der Literat abwechselnd in Kalifornien und in Kanada.

Der Opiumhändler im Unterhaus: William Jardine

1784–1843
Konzerngründer

Sein Interesse an China führte den Schotten William Jardine 1827 nach Kanton und Macau, wo er sich mit Hilfe seines Landsmanns James Matheson zu einem der größten Opiumhändler der Region entwickelte. Der damit erworbene Reichtum verhalf Jardine zu hohem Ansehen und sogar zu einem Sitz im britischen Unterhaus. Es gelang ihm, das Monopol der East India Company zu brechen: Er brachte es fertig, die erste »freie« Teeladung nach London zu verschiffen. 1839 zog er sich – nach jahrelangen Streitereien mit dem kaiserlichen »Drogenkommissar« Lin Zexu – aus Kanton und Macau zurück, um sich ausschließlich seinen Aufgaben als Mitglied des Parlaments in London zu widmen. Obwohl Jardine Hongkong nie zu Gesicht bekommen hat, gilt er als einer der Gründerväter der einstigen Kronkolonie: Er war maßgeblich am Zustandekommen des Vertrags von Nanking beteiligt. Gemeinsam mit seinem Partner Matheson legte William Jardine das Fundament des Konzerns **Jardine Matheson & Co.** Das heute größte und traditionsreichste britische Handelshaus in Hongkong verlegte 1985 seinen Sitz nach Bermuda, was in der Hongkonger Geschäfts- und Finanzwelt zu einigem Aufsehen führte. Eine Hongkonger Tageszeitung kommentierte pikiert:

> »
> Als würde die englische Königin in Australien
> um politisches Asyl nachsuchen.
> «

Der Mann mit der Todeskralle: Bruce Lee

1940–1973
Kung-Fu-Legende

Er kam, sah, siegte – und starb mit nur 33 Jahren. Doch wenn es jemanden gegeben hat, der beispielhaft für die Kinoindustrie Hong-

kongs steht, dann ist es Bruce Lee, der »Mann mit der Todeskralle«, der Meister aller Martial-Arts-Filme und Erfinder des »Jeet Kune Do«, besser bekannt als »Kung-Fu«. **Lee Jun Fan**, alias Bruce Lee, wurde am 27. November 1940 als Sohn eines chinesischen Opernkomödianten in San Francisco geboren, wo sich seine Eltern gerade auf einer Gastspielreise befanden. Schon früh schien sein Weg als »Kinoheld« vorgezeichnet zu sein. Als drei Monate alten – weiblichen! – Säugling sah man ihn in »Golden Gate Girl«, und mit sechs Jahren stand er in Hongkong für »The Beginning of a Boy« vor der Kamera.
Sein Vater, selbst Meister des »Schattenboxens« Taijiquan, brachte ihm die ersten Kampfkunsttechniken bei und schickte ihn in die Schule des Wing-Chun-Kung-Fu-Großmeisters Yip Man. Im Training entwickelte Lee seinen eigenen Kampfstil, das Jeet Kune Do (»Der Weg der stoppenden Faust«).
1959 zog er in die USA und begann 1961 ein Philosophiestudium in Seattle, wo er auch auch seine erste Jeet-Kune-Do-Schule gründete. Als hervorragender **Tänzer** gewann er Tanzwettbewerbe, u. a. war er 1958 Cha-Cha-Meister von Hongkong. Seine erste Rolle in der TV-Action-Serie »The Green Hornet« machte ihn 1966 über Nacht berühmt. Parallel zur Schauspielerei betrieb er **Kampfsportschulen.** Zu seinen Schülern zählten u. a. James Coburn, Steve McQueen sowie Jackie Chan. Da ihn Hollywood aber nicht rief, kehrte er 1969 nach Hongkong zurück. Dort wurde gerade »The Green Hornet« ausgestrahlt, und in kürzester Zeit hatte sich eine riesige Fangemeinde gefunden.
1971 verpflichtete ihn der Produzent Raymond Chow für zwei Filme, von denen »The Big Boss« (**»Die Todesfaust des Cheng Li«**) sämtliche Kassenrekorde brach. Lee und Chow gründeten daraufhin eine Produktionsgesellschaft und drehten »The Way of the Dragon« (1972; »Die Todeskralle schlägt wieder zu«) und »Enter the Dragon« (1973; »Der Mann mit der Todeskralle«), sein vielleicht bester Film überhaupt. 1972 begannen die Dreharbeiten zu »The Game of Death« (»Mein letzter Kampf«), während der er an einem Hirnödem erkrankte. Er starb am 20. Juli 1973. Im erst 1978 fertiggestellten »The Game of Death« ist Bruce Lee nur zwölf Minuten zu sehen.

Tycoon und Philanthrop: Li Ka-shing

*1928
Unternehmer

Mit einem geschätzten Vermögen von rund 38 Milliarden US-Dollar gilt der in der Nachbarprovinz Guangdong geborene Unternehmer als **reichster Asiate**. Seine Geschichte ist die des Tellerwäschers, der zum Millionär wurde: Sein Vater war Lehrer. 1940 floh die Familie vor den Japanern nach Hongkong, und als bald darauf der Vater starb, musste Li die Schule verlassen und Geld verdienen. Allerdings fiel er relativ weich: Ihn beschäftigte ein reicher Onkel, dessen Tochter er heiraten konnte. 1950 gründete er die Firma Cheung Kong, die

Martial Arts im Doppelpack: Bruce Lee wird auf der Avenue of the Stars geehrt. Sein Schüler Jackie Chan ist noch quicklebendig.

Plastikblumen herstellte. Ab 1958 wurde er in immer mehr Geschäftsfeldern aktiv: Hochbau, Immobilien, Kreditwesen, Telekommunikation, Hotels, Einzelhandel, Verkehrswesen ... 1972 ging seine Cheung Kong Holdings an die Börse. 2018 zog er sich von der Firmenleitung zurück auf den Posten eines »senior advisor«. Während er einen bescheidenen Lebensstil beibehielt, erwarb er ein hohes Ansehen als Mäzen und Philanthrop. Er ermöglichte u. a. die Gründung der Universität Shantou und spendete der Hongkonger Polytechnischen Universität 100 Millionen Hongkongdollar. 2006 verpflichtete er sich, ein Drittel seines Vermögens wohltätigen Zwecken zu spenden. Die Zentrale seines riesigen Firmenkonglomerats steht in Hongkong: das 283 m hohe **Cheung Kong Centre** westlich gegenüber dem Bank of China Tower. Wenn Sie Facebook oder Skype nutzen, verdient Li Ka-shing mit.

Vom Bankangestellten zum größten Reeder der Welt: Sir Yue-Kong Pao

1918–1991
Reeder

Yue-Kong Pao war einer der reichsten Männer Hongkongs. Er leitete die World-Wide Shipping Group (heute BW Group) und galt allgemein als **weltweit größter privater Reeder**. 1949 kam er nach Hongkong, wo er 1955 einen 27 Jahre alten Frachter kaufte – der Beginn seiner Karriere als Reeder. Sir Yue-Kong Pao war bis zu seinem Tod Vorsitzender der Eastern Asia Navigation Company Ltd., World Maritime Ltd., World Shipping and Investment Company Ltd. und der World International (Holdings) Ltd. Er war einer der Gründer der World-Wide Sea Training School. 1978 wurde er von Queen Elizabeth II. zum Ritter geschlagen und in den Adelsstand erhoben. Sir Yue-Kong Pao war auch Mitglied der Kommission, die die Übergabe Hongkongs an China im Jahr 1997 vorbereitete. Nicht zuletzt deshalb übertrug er in seinen letzten Jahren immer mehr das Tagesgeschäft an seine Schwiegersöhne Helmut Sohmen und Peter Woo, die beide zu den einflussreichsten Männern der ehemaligen Kronkolonie gehören.

Der Erste: Henry Pottinger

1789–1856
Gouverneur

Henry Pottinger besuchte die Belfast Academy, die er aber im Alter von zwölf Jahren wieder verließ, um zur See zu fahren. 1803 kam er nach Indien und arbeitete dort bei der East India Company. Nach knapp 30 Jahren Dienst in den britischen Kolonien kehrte er nach England zurück. Schließlich löste Pottinger auf Betreiben des britischen Außenministers Lord Palmerston im August 1841 Charles Elliott, den Gründer der Kronkolonie, als Verwalter von Hongkong ab. Im Juni 1843 wurde er **zum ersten Gouverneur** des nun offiziell zur

Kolonie erklärten Territoriums von Hongkong ernannt. Drei Jahre später übernahm er den Gouverneursposten am Kap der Guten Hoffnung, dann wurde er Gouverneur von Madras in Indien. Henry Pottinger verstarb 1856 während der Heimreise nach Großbritannien auf Malta. An ihn erinnert die Pottinger Street.

Geschichten für die große Leinwand: Run Run Shaw

1907–2014
Filmmagnat

Run Run Shaw war ab 1963 Präsident des Familienunternehmens Shaw Brothers Organisation, das er gemeinsam mit seinem Bruder Runme aufgebaut hatte. Zum größten Filmunternehmen Hongkongs gehörten knapp 200 Kinos in ganz Südostasien, eine Filmproduktionsgesellschaft in Hongkong und ein Filmvertrieb. Shaw besaß Banken, Hotels Versicherungs- und Immobilienfirmen. 1959 kam er nach Hongkong und baute die Filmstadt **»Shaw Movie Town«** auf. In den Studios werden jährlich etwa 20 Filme produziert; eine Schauspielschule ist angeschlossen. Nachdem Kung-Fu-Filme beim Publikum nicht mehr ankamen, kreierte Shaw die »Cantonese Comedy«, die das Alltagsleben in Hongkong zum Inhalt hat. In den Einwohnern von Hongkong fand er ein dankbares Publikum: Mehr als 70 Mio. Kinokarten werden alljährlich verkauft. Der Filmmagnat führte ein bescheidenes Leben, praktizierte Tai-Chi und trainierte Kung-Fu und war ein prominenter und großzügiger Mäzen der Kunstszene von Hongkong.

Kämpferin für Gerechtigkeit: Elsie Tu

1913–2015
Soziale Aktivistin

Die als Elsie Hume in Newcastle-upon-Tyne Geborene ist so etwas wie Hongkongs Mutter Teresa. Als Missionarsfrau Elsie Elliott kam sie 1951 nach Hongkong. 1954 gründete sie in Ost-Kowloon eine Schule für Kinder von Slumbewohnern. Über Jahrzehnte hielt sie wöchentliche Sprechstunden ab für alle, die sich von der Kolonialverwaltung ungerecht behandelt fühlten. Elliott verschaffte zahllosen einfachen Menschen offiziell Gehör. Als 1965 die Fahrpreise der Star Ferry erhöht werden sollten, organisierte sie eine Unterschriftenaktion; als es später zu gewaltsamen Ausschreitungen kam, wurde sie von der Kolonialverwaltung als Rädelsführerin juristisch verfolgt, allerdings nie verurteilt. Bei vielen im britischen Establishment war Elliott daher nicht gelitten, und später wurde bekannt, dass ab 1970 ihr Telefon abgehört worden war. Ihr wohl größter Erfolg war die Bildung einer unabhängigen **Kommission zur Korruptionsbekämpfung** 1974.
Ihr erster Ehemann kehrte allerdings schon 1955 nach England zurück. 1985 heiratete sie ihren langjährigen Mitarbeiter und Mitstreiter Andrew Tu. Mit Preisen und Orden geehrt, ist sie Hongkong treu geblieben.

Ein filmreifes Leben: Nina Wang

1937–2007 Unternehmerin

Als Nina Wang verstarb, war sie die reichste Frau Asiens, aber im Gedächtnis bleibt diese exzentrische, nur 152 Zentimeter große Gestalt wegen ihrer Selbststilisierung als kleines Mädchen und diverser Skandale. Die in Shanghai Geborene hieß eigentlich Gong Ruxin. Sie kam als Internatsschülerin nach Hongkong, wo sie ihren früheren Spielkameraden Teddy Wang (Wang Dehui) wiedertraf und 1955 heiratete. Er gründete 1974 die Chinachem-Gruppe, die im Pharmahandel und in Immobilien Geschäfte machte. Teddy Wang wurde zweimal gekidnappt, 1983 und 1990. Als er nach der zweiten Entführung trotz Zahlung eines Lösegelds von 260 Mio. Hongkongdollar verschwunden blieb, übernahm Nina das Ruder bei Chinachem. Spätestens seit jener Zeit kannte jeder Hongkonger auch Nina Wangs Markenzeichen: eine **Pippi-Langstrumpf-Frisur** mit seitlich abstehenden Zöpfen, gern in Kombination mit einem engen Minirock. Selbst im Alter trat sie noch so auf. Teddy Wang aber blieb verschollen und wurde 1999 offiziell als tot erklärt. Nun begann ein Streit ums Erbe mit zahlreichen Gerichtsverfahren. Der Nina Tower in Tsuen Wan (▶ Baedeker Wissen, S. 80) erinnert an seine schillernde Bauherrin.

Der Erfinder des Reiseführers: Karl Baedeker

1801–1859 Verleger

Als Buchhändler kam Karl Baedeker viel herum, und überall ärgerte er sich über die »Lohnbedienten«, die die Neuankömmlinge gegen Trinkgeld in den erstbesten Gasthof schleppten. Nur: Wie sollte man sonst wissen, wo man übernachten könnte und was es anzuschauen gäbe? In seiner Buchhandlung hatte er zwar Fahrpläne, Reiseberichte und gelehrte Abhandlungen über Kunstsammlungen. Aber wollte man das mit sich herumschleppen? Wie wäre es denn, wenn man all das zusammenfasste?
Gedacht, getan: Zwar hatte er sein erstes Reisebuch, die 1832 erschienene »Rheinreise«, noch nicht einmal selbst geschrieben. Aber er entwickelte es von Auflage zu Auflage weiter. Mit der Einteilung in »Allgemein Wissenswertes«, »Praktisches« und »Beschreibung der Merk-(Sehens-)würdigkeiten« fand er die klassische Gliederung des Reiseführers, die bis heute ihre Gültigkeit hat. Bald waren immer mehr Menschen unterwegs mit seinen **»Handbüchlein für Reisende, die sich selbst leicht und schnell zurechtfinden wollen«**. Die Reisenden hatten sich befreit, und sie verdanken es bis heute Karl Baedeker.

MACAU UND SEINE MENSCHEN

Als »Special Administrative Region«hat Macau einen ähnlichen Status wie Hongkong, gleichzeitig unterscheidet es sich in vielem von seinem Nachbarn. Historisches Erbe und bombastischer Kasinoprunk, Kleinstadtidylle und Hochhauswald liegen hier oft nur wenige Straßen voneinander entfernt.

Glücksspiel-Dorado

Macau liegt rund 60 km westlich von Hongkong nahe der Mündung des Perlflusses im Südchinesischen Meer. Auf engstem Raum drängen und vermischen sich in Macau **drei ganz verschiedene Wesenheiten:** eine eher kleine kantonesische Großstadt, eine portugiesische Kleinstadt und ein asiatisches Las Vegas. Macau ist gleichzeitig intim, ja familiär, und bombastisch. Es ist viel traditioneller, enger, überschaubarer, dezenter, persönlicher als Hongkong, aber auch hemmungsloser in der Zurschaustellung von Prunk und Protz, es ist viel geschichtsbewusster als Hongkong – die oft liebevoll restaurierten historischen Bauwerke und Plätze sind Welterbestätte der UNESCO. Die meisten Gäste reisen heute des Glücksspiels wegen an. Vom Festland kommend, bummeln sie dann auch mal durchs historische Erbe. So sind die Hauptattraktionen fast täglich überlaufen. Aber schon in der nächsten Seitengasse wirkt Macau, wie es in Hongkong vielleicht vor hundert Jahren einmal gewesen sein mag.

Bevölkerung

Mit gut 92 Prozent ist der Anteil der Chinesen etwas niedriger als in Hongkong, 47 Prozent sind vom Festland zugewandert. Mit knapp 3 Prozent stellen Filipinos die zweitgrößte ethnische Gruppe. Etwa 1,4 Prozent sind Portugiesen. Eine Besonderheit ist der Bevölkerungsteil, der sich als **macanesisch** definiert; er umfasst ethnische, aus Macau gebürtige Portugiesen sowie alteingesessene portugiesisch-kantonesische Mischlinge, die gewöhnlich christlich sind und Portugiesisch sprechen; ihr Anteil von 2 Prozent (gemessen an der Muttersprache) umfasst den größten Teil der genannten 1,4 Prozent Portugiesen. Macau ist die **am dichtesten besiedelte Stadt der Welt**, bei den Sprachen herrschen Chinesisch, Englisch, Portugiesisch vor.

Religion

Hier gilt weitgehend das Gleiche wie für Hongkong, mit dem Unterschied, dass der Anteil der Katholiken mit 5,6 Prozent der Bevölkerung größer ist, während die Protestanten mit unter 1 Prozent Anteil kaum eine Rolle spielen. Kulturell hat der **Katholizismus** Macau noch deutlicher geprägt, als die Zahlen vermuten lassen. Katholische Kirchen und Feste sind Teil der macanesischen Identität.

OBEN: Macau ist das Las Vegas Asiens.
UNTEN: Dieses Denkmal vor der Kirche São Paulo feierte die chinesisch-portugiesische Freundschaft.

Verwaltung

Seit der Rückgabe an die Volksrepublik China und der Erklärung zur »Macau Special Administrative Region« im Jahr 1999 wird Macau von einem **Exekutivrat** regiert, der von einer 300-köpfigen Versammlung gewählt wird. Als offizielles Staatsoberhaupt gilt der chinesische Regierungschef, sein Vertreter auf Macau ist seit 2009 der Mediziner **Fernando Chui Sai On.**

Sein Kabinett besteht aus fünf Mitgliedern, darunter sind zwei Geschäftsleute. Darüber hinaus gibt es einen **Legislativrat**, der aus 29 Mitgliedern besteht, von denen nur zwölf in allgemeinen und freien Wahlen bestimmt werden, weitere zehn in indirekter Wahl, während die anderen sieben Mitglieder der Regierungschef auswählt. Auch nach der Rückgabe wird auf Macau weiterhin nach portugiesischem Recht geurteilt.

Wirtschaft

Das **Glücksspielgewerbe** und der dadurch generierte Tourismus tragen rund die Hälfte zu Macaus Bruttoinlandsprodukt und etwa 70 Prozent zum Staatseinkommen bei. 31 Prozent der Arbeitsplätze bestehen in diesem Bereich.

Der Anteil der **Industrie** ist dagegen stark geschrumpft; nur noch 2,8 Prozent der Erwerbstätigen arbeiten in der Produktion. Die **Textilherstellung** spielt aber nach wie vor eine Rolle und trägt den Löwenanteil zu Macaus Exporten bei. Die Feuerwerksproduktion, für die Macau einst bekannt war, ist gänzlich zum Erliegen gekommen.

Formel-3-Rennen

Mindestens einmal im Jahr spielt der Tourismus jenseits des Glücksspiels die entscheidende Rolle, Macau ist völlig ausgebucht: Im November findet hier der **Formel-3-Grand-Prix** statt. Der Stadtkurs ist dem von Monaco vergleichbar.

GESCHICHTE MACAUS

Auch wenn aus Portugals Plan, Macau »auf ewig« zu behalten, nichts geworden ist – die Kolonialzeit hat die Stadt geprägt. Und mit der Legalisierung des Glücksspiels wurde schon damals der Grundstein für Macaus heutigen Status gelegt.

16.–19. Jahrhundert

Macau wird portugiesisch

Über Macau zur vorportugiesischen Zeit ist wenig bekannt. Klar ist, dass jener **A-Ma-Tempel** an der Spitze der Halbinsel bereits bestand, den man heute noch besichtigen kann und der Macau den Namen gab: »A-Ma-Gau« heißt so viel wie A-Ma-Bucht, und »A-Ma« ist

STADTGESCHICHTE

IM CHINESISCHEN REICH

214 v. Chr.	Eroberung Südchinas durch den Ersten Kaiser der Qin-Dynastie
111 v. Chr.	Die Han-Dynastie erobert Südchina.

16.–19. JAHRHUNDERT

1513	Der Portugiese Jorge Álvares erreicht die Perlflussmündung.
1557	»Verpachtung« an die Portugiesen
1622	Holländer versuchen vergeblich, Macau zu erobern.
1849	Die Pachtzahlungen an China werden eingestellt.
1864	Mit der Besetzung von Coloane erreicht Macau die heutige Südausdehnung.

20. JAHRHUNDERT BIS HEUTE

1962	Ausbau der Glücksspielindustrie und des Verkehrs mit Hongkong
1987	Vertrag über die Rückgabe an China
1995	Eröffnung des Flughafens
20.12.1999	Macau wird als »Special Administrative Region« in das chinesische Staatsgebiet eingegliedert.
2018	Eröffnung der Hongkong-Zhuhai-Macau-Brücke

eine Bezeichnung für die Schutzheilige der Seefahrer. Außerdem existierte ein chinesisches Dorf am Mong-Ha-Hügel. Auch über die ersten Jahrzehnte nach Ankunft der Portugiesen ist vieles unsicher. Klar ist, dass portugiesische Seefahrer 1513 erstmals die Perlflussmündung erreichten. Ob sie dabei auch den Fuß auf das heutige Territorium von Macau setzten, ist nicht sicher, Tatsache ist, dass sie die Insel Lintin in der Perlflussmündung okkupierten und sich später auf dem Festland in Tuen Mun (heute Hongkong) verschanzten.

Kampf gegen die Portugiesen

Das **rücksichtslose Vorgehen der Portugiesen,** die als brutale »Haudegen« Küstendörfer überfielen und die Bevölkerung massakrierten, löste in China äußerste Empörung aus und führte zu einem Erlass, wonach alle Portugiesen, die anlandeten, sofort zu töten seien – und so geschah es auch. Einsichtige Portugiesen erkannten schon damals, dass sie Chinas Feindschaft selbst provoziert hatten. Ein Kommandant soll bekannt haben:

»
Jeder chinesische Dschunkenfahrer weiß mehr über Anstand und Menschlichkeit als ein europäischer Ritter.
«

Erst im vereinten **Kampf gegen chinesische Piraten** kam es später zu einer Allianz, in deren Folge China 1557 den Portugiesen gestattete, sich in Macau niederzulassen und sich dort selbst zu verwalten. Abgetreten an Portugal wurde die Halbinsel keinesfalls, vielmehr hatten die Portugiesen eine jährliche Pacht zu zahlen, und die ortsansässigen Chinesen unterstanden weiterhin chinesischer Jurisdiktion.

Im Blick der Kolonialmächte

Der **Vertrag von Tordesillas** (1494) hatte die Portugiesen für diese Weltgegend zwar von der Konkurrenz durch die Spanier befreit, aber andere seefahrende und Überseehandel treibende Nationen waren daran nicht gebunden, darunter die **Holländer.** 1622 erschienen sie mit 800 Mann vor Macau, um die Stadt zu erobern und sich so den lukrativen Handel mit China zu sichern. Trotz Übermacht scheiterten sie mit großen Verlusten, auch und vor allem dank des Einsatzes afrikanischer **Sklaven der Portugiesen.** Der chinesische Provinzgouverneur dankte anschließend den Portugiesen für die Verteidigung chinesischen Territoriums und schenkte speziell den Schwarzafrikanern, von deren Tapferkeit ihm berichtet worden war, eine Ladung Reis.

Jesuiten

Im 16. und 17. Jh. spielte Macau eine zentrale Rolle in der **Chinamission der Jesuiten.** Die aus Europa kommenden Missionare wurden hier mit der chinesischen Sprache und Kultur bekannt, so auch als erster und berühmtester von ihnen **Matteo Ricci** (1552 – 1610), der 1582 eintraf und über den ein Mitbruder sagte:

> »
> Matteo Ricci, Italiener, so ähnlich in allem den Chinesen, dass er einer von ihnen zu sein scheint in der Schönheit des Gesichtes und im Zartgefühl, und in der Sanftmut und der Milde, welche jene so schätzen.
> «

Qing-Dynastie

Macaus eigentliche Glanzzeit endete schon im 17. Jh., als die Qing-Dynastie im Jahr 1685 auch Angehörigen anderer Nationen als den Portugiesen gestattete, in Kanton Handel zu treiben. Die Portugiesen verloren ihr Privileg im Chinahandel. Macau büßte weiter an Bedeutung ein durch die Gründung der britischen Kronkolonie Hongkong sowie mit dem Fortschritt in der Schifffahrt, denn Macaus Gewässer sind zu flach für größere Dampfer.

Einfluss Portugals

Im 19. Jh. profitierte auch Portugal von Chinas Schwäche. 1844 wurde Macau zu einer Überseeprovinz erhoben, 1849 erklärte Portugal die Kolonie als von China unabhängig. Bis 1864 okkupierte Macau die südlich gelegenen Inseln Taipa und Coloane, und 1883 trotzte Portugal im **Protokoll von Lissabon** China die Zusage ab, Macau einschließlich der besetzten Inseln auf ewig behalten zu dürfen.

In der Bedeutungslosigkeit

Je mehr Hongkong aufblühte, desto mehr verfiel Macau in eine Art Winterschlaf, machte lediglich durch seine **Feuerwerksindustrie** noch von sich reden – und zeitweise als Umschlagplatz für versklavte südchinesische Kulis. Auch das ab 1851 legalisierte Glücksspiel vermochte daran nichts zu ändern.
So unbedeutend wurde Macau, dass die Japaner im Zweiten Weltkrieg es nicht einmal für nötig hielten, die Stadt zu besetzen. Sie erzwangen nur die Anwesenheit japanischer »Berater«, die Macau faktisch zu einer Art Protektorat machten.

20. Jahrhundert bis heute

Modernisierung

Das moderne Zeitalter kam in zwei Etappen: 1962 wurde die Kasino- und Tourismusgesellschaft STDM gegründet, die die Glücksspielindustrie modernisierte, für häufige und schnelle Schiffsverbindungen mit Hongkong sorgte, Macau damit als Vergnügungsdestination für Hongkonger populär machte und der Stadt so erhebliche zusätzliche Einnahmen verschaffte. Das ermöglichte beispielsweise den Bau der ersten Brücke **nach Taipa** (1974) und die Erschließung der Insel durch eine große Satellitenstadt; zugleich wurden enorme Landaufschüttungsprojekte in Angriff genommen. Die zweite Etappe der Modernisierung kam 1995 mit der Eröffnung des Flughafens – nun konnten Glücksspieler aus halb Asien die Stadt im Direktflug erreichen.
Bereits 1987 hatte Portugal mit China ein ähnliches Abkommen über die Rückgabe Macaus geschlossen wie zuvor die Briten betreffs Hongkong. Am 20. Dezember 1999 war es so weit, und der älteste europäische Außenposten in Fernost wurde zugleich der letzte, von dem sich eine europäische Nation zurückzog.
Der Wandlungsprozess setzte sich ab 2002 verstärkt fort durch die Neuvergabe der Kasinolizenzen und die Aufschüttung von Neuland, das als **Cotai** nun die beiden Inseln vereint. Als 2007 »The Venetian« als weltgrößter Kasinokomplex eröffnete, hatte Macau das amerikanische Las Vegas bei den Kasinoeinnahmen bereits überholt. Seit 2005 steht Macau auf der UNESCO-Liste der Welterbestätten.
Am 24. Oktober 2018 wurde die über die Perlfluss-Mündung führende **Hongkong-Zhuhai-Macau-Brücke** eröffnet, mit einer Länge von 22,9 km die längste Überwasser-Brücke der Welt. Mit Tunnel ist das Bauwerk insgesamt 29,6 km lang.

E

ERLEBEN & GENIESSEN

Überraschend, stimulierend, bereichernd

Mit unseren Ideen erleben und genießen Sie Hongkong und Macau.

Bunt ist Trumpf beim Mittherbstfest. ►

中秋佳節
發財

AUSGEHEN

Das Nachtleben von Hafenstädten hat nach allgemeiner Vorstellung oft etwas Verruchtes an sich – gaben doch in vergangenen Zeiten häufig Matrosen auf Landgang hier den Ton an. Heute wird Hongkongs Charakter von seinem Status als internationale Finanz- und Handelsmetropole bestimmt. Die Kneipen- und Kulturszene prägt eine gut verdienende Klientel, die kosmopolitisch und keineswegs mehr nur männlich dominiert ist.

Am Abend in Hongkong

Angesagte Viertel

Das meiste ist auf **Hong Kong Island** los, denn dort sind die Wege vom Büro zur Theke die kürzesten. **Wan Chai** war einst gewissermaßen Hongkongs St. Pauli. Auf eine bestimmte Weise ist es das immer noch, aber die Zeiten haben sich doch gründlich gewandelt. Die breit gestreuten Interessen des Business finden ihre Antwort in einem ebenso vielfältigen Angebot – es spannt den Bogen von der Bierkneipe zum Orchesterkonzert, von der Cocktailbar zur Kellerdiskothek. Im Karree von Jaffe Road, Luard Road, Lockhart Road und Fenwick Street finden sich beliebte Bars und Kneipen (oft als Sports Bar mit Fußballübertragung), an der Jaffe Road beiderseits der Fenwick Street aber auch mehrere Lokale mit Livemusik, zum Teil mit Tanz. Von dort ist das Star-Street-Karree gut zu erreichen, eine nicht so überlaufene, sehr ruhige Gegend mit älterer Bausubstanz, manchmal ein wenig skurril, aber auch sympathisch in den Gässchen **Sun Street** und **Moon Street.**

Lan Kwai Fong sollte man nicht verpassen. Zu dem am Abend autofreien Straßenkarree zählen auch die D'Aguilar Street und das obere Ende der Wyndham Street. Hier gibt es jede Menge Bars und Restaurants, z. T. auch in den oberen Stockwerken der Häuser. In der kleinen Wing Wah Lane, einer autofreien Gasse, lässt es sich auch sehr preisgünstig draußen speisen, vor allem südostasiatisch.

Von Lan Kwai Fong aus in der anderen Richtung – westwärts – ist es nicht weit zum Central Escalator, über den man im Nu ▶ **SoHo** erreicht. Die Gegend »South of Hollywood Road« schließt das Gebiet zwischen Staunton Street, Shelley Street und Elgin Street samt Ausläufern in der Peel Street ein sowie den Bereich unterhalb (nördlich) der Hollywood Road, hier besonders in und um die Lyndhurst Terrace. Nach SoHo geht man vor allem, um zu essen, aber natürlich gibt es auch Bars. Vor allem die Peel Street tut sich in dieser Hinsicht hervor, eine eher alternative Szene, manchmal mit Livemusik.

Ganz neu im Kommen ist **Kennedy Town** an der westlichen Endhaltestelle der Straßenbahn. An der Kennedy Town Praya sitzt es sich

bei einem Glas Wein mit Hafenblick besonders schön in der Abenddämmerung.
Kowloon schließlich hat ein Lan Kwai Fong im Kleinformat: die Knutsford Terrace, eine autofreie Gasse mit vielen Restaurants und ein paar Bars, besonders schön zum Draußensitzen, und das auch schon tagsüber.
Ein abendliches Hongkong-Erlebnis aber toppt alle anderen: der Bummel in **Causeway Bay.** Hierher kommt man aber nicht zum Ausgehen, sondern um einzukaufen und essen zu gehen. Riesige Shoppingpaläste, dazwischen schmale Straßen mit kleinen Läden und Lokalen: Nach Büroschluss wird es richtig voll. Wer vom Trubel genug hat, geht bloß über die Gloucester Road in den Victoria Park und genießt die frische Luft.

Am besten zur Happy Hour

Nötig ist ein Wort zu den Preisen, denn Alkohol kostet in Hongkong richtig Geld. Wer es klug anstellt, nutzt daher unbedingt die Happy Hour mit herabgesetzten Preisen für Bier oder Wein (selten für Cocktails) oder gar, wie es sein sollte: »2-4-1« (two for one), also zwei zum Preis von einem. Jede Bar hat ihre eigene Happy-Hour-Regel, aber bis 19 Uhr reicht der Rabatt mindestens, oft bis 20 Uhr, manchmal noch darüber hinaus. Beim Wein kommt preistreibend hinzu, dass ein Glas nie die daheim üblichen 0,2 Liter hat. Wie viel drin ist, hängt vom Glas und vom Wirt ab, meistens wird es um die 0,15 Liter sein. Auch der Pint beim Bier ist definitionsfähig: Britisches Pint (0,57 l)? Amerikanisches Pint (0,47 l)?

In dieser Bar auf der Lan Kwai Fong wird ohne Zweifel ein britisches Pint gezapft.

Weitere Erlebnisse am Abend Das Nachtleben bietet aber mehr als Drinks und Discomusik. Zu gehobener Kultur, das ist auch mal eine chinesische Oper, ein Ballett oder ein Puppenspiel, strömen die Liebhaber ins **Cultural Centre** auf Kowlooner Seite (▶ S. 115) oder in andere Veranstaltungsorte wie die City Hall oder den Fringe Club, beide im Stadtteil Central gelegen. Am faszinierendsten aber sind die **Nachtmärkte,** allen voran der in der Temple Street (▶ Touren, Tour 1) oder auch der Ladies' Market in Kowloon. Sie öffnen mit der Dämmerung und schließen meist nicht vor Mitternacht.

Nicht zu vergessen sind die Fahrten durch den Hafen in der Abenddämmerung, etwa mit der Aqua Luna (▶ Stadtbesichtigung), oder die aufwendige Lasershow »Symphony of Lights«, am besten zu sehen vom Kowlooner Ufer (▶ Tsim Sha Tsui) aus.

BARS UND CLUBS IN HONGKONG

❶, ❷ ETC. ▶ PLÄNE
S. 242, 276/277

BARS UND KNEIPEN

⓯ AMOY
Fast so etwas wie eine Nachbarschaftskneipe, jedenfalls nicht so schick wie andere und daher auch nicht ganz so teuer. Und es gibt einen seltenen Mehrwert: Sie können beim Thai-Restaurant nebenan Gerichte bestellen und hier verzehren.
1 Amoy Street
MTR-Station: Wan Chai
Tel. 28 66 33 73

㉒ AQUA SPIRIT
Fast so etwas wie die Bar der Bars. Man kommt wegen der Cocktails, aber fast mehr noch, um die spektakuläre Aussicht auf den Hafen und hinüber zur Insel zu bestaunen. Die Preise sind entsprechend, aber für einen Drink sollte es schon noch reichen!
1 Peking Road, 30. Stock
Kowloon, MTR-Station: Tsim Sha Tsui
Tel. 34 27 22 88
http://aqua.com.hk

⓴ CASTRO'S
Unsere Lieblingsbar in Tsim Sha Tsui. Warum, ist einfach erklärt: Die Atmosphäre ist ungezwungen, die Preise sind zivil, Raucher finden ihr Plätzchen an den offenen Fenstern (zwei Straßenfronten!), und jeden Tag gibt's eine Sonderaktion, z. B. zwei Glas Hauswein zum Preis von einem. Am besten gefallen uns, ob Raucher oder nicht, immer die Fensterplätze: Man schaut aus dem 1. Stock aufs bunte Treiben auf der Straße.
16 Ashley Road (Eingang Ichang Street), Kowloon
MTR-Station: Tsim Sha Tsui
Tel. 29 57 80 41

⓭ CIACOE
Die kleine Weinbar an einer autofreien Ecke des Star-Street-Karrees zieht ihren Vorteil aus ebendieser Lage: Hier lässt sich ein Gläschen ohne Automief und -lärm auch im Freien genießen. Der italienische Wirt schenkt Tropfen aus seiner Heimat aus und serviert auch kleine italienische Gerichte – nicht billig, aber durchaus empfehlenswert.
1 Moon Street

MTR-Station: Wan Chai
Tel. 25 29 56 61
www.italiangw.com

3 COLETTE'S

Genug vom Lan-Kwai-Fong-Trubel, aber noch zu früh zum Schlafengehen? Dann auf in die Bar des Fringe Club, gleich um die Ecke! Dort werden abends Tapas serviert, Sie können sich aber auch einfach mit einem Glas Wein in den begrünten Dachgarten setzen.
Fringe Club
2/F, 2 Lower Albert Road
MTR-Station: Central
Tel. 25 21 72 51

23 FELIX

Der Designer Philippe Starck lieferte hier ein Meisterstück ab. Am besten aber steigt man gleich hinauf zur Glasbodenbar und genießt in der Abenddämmerung bei einem Cocktail den grandiosen Hafenblick. Keinesfalls zu versäumen: ein Besuch der spektakulären Toiletten.
28/F, The Peninsula,
19–21 Salisbury Road, Kowloon
MTR-Station: Tsim Sha Tsui
Tel. 26 96 67 78
www.peninsula.com

8 LE MOMENT

Manche kommen zwar zum Speisen her, aber die eigentliche Stärke ist das Weinangebot, das Wirt Bobby Ihnen nicht in Form einer Getränkeliste vorstellt, sondern in einem Beratungsgespräch, bei dem die in Frage kommenden Flaschen zur Auswahl auf den Tisch gestellt werden. Bobby selbst ist ein Kommunikationsgenie und an sich schon ein Grund zu kommen. Am Ende verewigen Sie sich mit dem Stift auf der Wand.
55 Peel St
MTR-Station: Central
Tel. 62 38 92 22

2 THE GLOBE

Der Bierglobus gewissermaßen. Die Liste der ausländischen und Hongkonger Biersorten ist erstaunlich umfangreich – allein 19 Sorten gibt's vom Fass. Auch Hongkonger Craft-Biere sind gut vertreten. Falls Ihr Magen nach einer etwas subtanzielleren Grundlage verlangt, bleiben Sie gleich da. Es gibt eine britisch-internationale Kneipenküche.
45–53 Graham Street
Tel. 25 43 19 41
www.theglobe.com.hk

14 THE PAWN

Das historische Haus ist ein Hingucker: Ein Teil wurde einst als »pawn house« genutzt, als Pfandleihe. Die Bar ist im »Living Room« im 1. Obergeschoss, wo man auch in Loggien sitzen kann, aber der Clou ist der herrliche Dachgarten. Etwas teuer.
62 Johnston Road
MTR-Station: Wan Chai
Tel. 28 66 34 44
www.thepawn.com.hk

12 WOOLOOMOOLOO

31. Stock und Dachterrasse! Das sagt schon fast alles. Natürlich zahlen Sie hier mehr fürs Bier als das Übliche, aber Sie kommen auch nicht deswegen, sondern wegen des grandiosen Panoramas. Falls es Ihnen direkt am Abgrund zu mulmig wird, nehmen Sie auf einem der Sofas oder Sessel Platz. Eine Etage tiefer liegt das gleichnamige Steakrestaurant.
256 Hennessy Road (Eingang Johnston Road)
MTR-Station: Wan Chai
Tel. 28 93 69 60

DISKOTHEKEN, LIVEMUSIK, TANZ

5 BB JAZZ LOUNGE

Eine kurze Aufzugfahrt bringt Sie in diese recht geräumige Jazzbar. Sie ähnelt eher einem Nachtclub (auch wenn nicht getanzt wird), und dem entspricht, dass Blues dominiert,

auch wenn die Hausband deutlich mehr auf dem Kasten hat. Bei freiem Eintritt finanziert man sich über die Getränkepreise.
38–44 D'Aguilar Street
2/F Ho Lee Commercial Building
MTR-Station: Central
Tel. 26 41 28 80

4 DRAGON-I
Bei Gründung 2007 der Club der Reichen, Schönen und Prominenten, aber tagsüber und am frühen Abend stehen die Chancen nicht schlecht, dass Sie auch als Normalkonsument eingelassen werden. Im Red Room werden sehr feine Dimsum serviert (auch am Abend), der Playground ist die Bar mit Tanzfläche, hier gastieren oft internationale DJs. Bestellen Sie bloß keinen Cocktail – lauter teure Eiswürfel.
60 Wyndham Street
(Treppe bergan)
MTR-Station: Central
Tel. 31 10 12 22
www.dragon-i.com.hk

11 DUSK TILL DAWN
Tagsüber Restaurant, abends Kneipe, aber ab 22 Uhr heizt die Filipino-Band ein, und dann geht's rund – bis zum Morgengrauen, wie der Name sagt.
76–84 Jaffe Road
MTR-Station: Wan Chai
Tel. 25 28 46 89

9 ESCAPE ON FENWICK
Mit 700 Quadratmetern ist dies die größte Disco in Wan Chai und schon eine Institution, auch Filipino-Livebands spielen auf. Knurrt später wieder der Magen, können Sie sich mit südostasiatischen Spezialitäten stärken.
64 Jaffe Road
MTR-Station: Wan Chai
Tel. 21 43 60 30
www.escape.com.hk

21 NED KELLY'S LAST STAND
Ein Urgestein im sich stets wandelnden Hongkong: Die Bar besteht seit 1972, und noch immer wird abends Dixieland gespielt – bei freiem Eintritt.
11A Ashley Road, Kowloon
MTR-Station: Tsim Sha Tsui
Tel. 23 76 05 62

1 PEEL FRESCO MUSIC LOUNGE
Das Peel Fresco ist die Musikbar für echte Enthusiasten, nicht groß, daher eher etwas lauter – aber (fast) immer mit toller Stimmung. Gespielt wird Jazz, Rock, Blues. Mittwochs ist Jam Session. Die Preise sind zivil, aber beachten Sie, dass am Ende ein Eintrittsgeld auf der Rechnung erscheint.
49 Peel Street
MTR-Station: Central
Tel. 25 40 20 46
www.peel-fresco.com

MÄRKTE

17 LADIES' MARKET
Auch wenn der Markt im quirligen Mong Kok schon um die Mittagszeit öffnet, ist er vor allem als abendliches Ziel beliebt, und zwar nicht nur für preisgünstige Damenkleidung, sondern auch für Accessoires, Kinderkleidung, Taschen, Spielzeug, Schuhe und Andenken.
Tung Choi Street
(südlich der Argyle Street)
Kowloon
MTR-Station: Mong Kok

18 TEMPLE-STREET-NACHTMARKT
Der Hongkonger Night Market schlechthin. Die Warenfülle ist über-

COCKTAIL IM AQUA SPIRIT

Dass die Cocktailbar exzellente Cocktails mixt – bekannt und fast geschenkt. Dass es abends ziemlich dunkel wird und die Getränkeliste im Kerzenlicht etwas schwer lesbar ist, gehört allerdings zur Konzeption, spielt hier, im 30. Stock des Hauses Peking Road 1, die Aussicht doch die Hauptrolle – aber nie besser als in der Dämmerung. Südwärts schweift der Blick durch eine zwei Etagen hohe Panoramaverglasung übers aufflammende Lichtergeglitzer bis hinauf zum Peak – ein wunderbarer Ruhepunkt über Trubel und Hektik der Stadt.

wältigend, vor allem wenn man auch noch die Läden hinter den Ständen berücksichtigt. Das Besondere sind die Freiluft-Garküchen und die Aktivitäten an der Südseite des Tin-Hau-Tempels, der der Straße den Namen gab: Dort tragen Amateurmusiker Opernarien vor, und Wahrsager geben Rat; manche arbeiten mit dressierten Vögeln, die vorbereitete Umschläge mit Orakelsprüchen darin aus einem aufgefächerten Stapel ziehen. Aufgebaut wird bis gegen 18 Uhr. Tagsüber ist hier nichts los.
Temple Street, Kowloon
MTR-Stationen: Jordan, Yau Ma Tei

THEATER, KONZERTE

⑩ ARTS CENTRE

Mit Veranstaltungssälen und Ausstellungsräumen widmet sich die gemeinnützige Organisation, die das Zentrum betreibt, vor allem dem gegenwärtigen kreativen Schaffen. Es ist ein Forum für Hongkongs Szene.
2 Harbour Road
MTR-Station: Wan Chai
Tel. 25 82 02 00
www.hkac.org.hk

⑦ CITY HALL

Das 1962 eröffnete »Rathaus« fungiert heute nur noch als Kulturzentrum. Verteilt auf einen Konzertsaal, einen Theatersaal und einen Kammermusiksaal findet hier fast jeden Abend eine Veranstaltung statt.
Edinburgh Place
MTR-Station: Central
Tel. 29 21 28 40
www.cityhall.gov.hk

⓳ CULTURAL CENTRE

Der markante Bau an der Südspitze von Kowloon bietet einem großen, auch für Opernaufführungen geeigneten Theatersaal, einem Konzertsaal (Heimat der Hongkonger Philharmoniker) und einem Studiotheater Platz. Es ist Hongkongs bedeutendster Veranstaltungsort für »große« Kultur.
10 Salisbury Road
Kowloon
MTR-Station: Tsim Sha Tsui
Tel. 27 34 20 09
www.hkculturalcentre.gov.hk

❻ FRINGE CLUB

Der private Kulturklub (bei Lan Kwai Fong) beschenkt Hongkong mit einem abwechslungs- und ideenreichen Programm: Ausstellungen, Jazzkonzerte, Kabarett, Performances, Lesungen.
2 Lower Albert Road
MTR-Station: Central
Tel. 25 21 72 51
www.hkfringeclub.com

⓰ YAU MA TEI THEATRE

Hongkongs einziges verbliebenes Kino aus der Vorkriegszeit, Baujahr 1930, erlebte 2012 eine Wiedergeburt als Bühne für Kantonopern. Die schon fast im Aussterben begriffene Kunst fand hier eine neue und schöne Heimat. Aber Vorsicht: Kantonopern sind gewöhnungsbedürftig!
6 Waterloo Road
MTR-Station: Yau Ma Tei
Tel. 22 64 81 08
www.lcsd.gov.hk/en/ymtt/index.html

Am Abend in Macau

Shows und mehr

Viele Besucher werden den Abend wohl gerne bei einer Flasche portugiesischem Wein in einem der familiären Restaurants verbringen – sofern sie nicht dem Glücksspiel nachgehen. Doch es gibt Alternativen. Die spektakuläre Show **»The House of Dancing Water«** ist für sich schon ein Grund, nach Macau zu kommen. Darüber hinaus gibt es gehobene Kultur im **Kulturzentrum** und ein Kneipenviertel, das unter dem Namen »Docks« bekannt ist und sich in dem von der Avenida Dr. Sun Yat Sen und der Avenida Sir Anders Ljungstedt markierten Häuserblock sowie angrenzenden Straßen ausbreitet. Ein Ziel dort ist das »Moonwalker« (Avenida Dr. Sun Yat Sen).

Kasinos

Macau hat **an die 40 Kasinos.** Die großen bilden jeweils mit einem oder mehreren Hotels eine bauliche Einheit. Sie sind rund um die Uhr offen. Am spektakulärsten ist das riesige The Venetian auf Cotai, weniger kitschig das Kasino der City of Dreams schräg gegenüber. Führende Kasinos auf der Halbinsel gehören zu den Hotels Grand Lisboa, MGM, Sands und Wynn. Nehmen Sie Ihren Reisepass mit, Sie müssen ihn evtl. vorzeigen. Fotografieren ist in den Kasinos nicht gestattet. Die erste Kasinosprache ist Kantonesisch bzw. Hochchinesisch, in den großen »Las-Vegas«-Kasinos spricht das Personal evtl. ausreichend Englisch.

BARS, CLUBS UND KASINOS IN MACAU

❶, ❷ ETC. ▶ PLÄNE
S. 246 – 249

❶ CENTRO CULTURAL
Avenida Xian Xing Hai
www.ccm.gov.mo ▶S. 140

❷ SANDS
▶Macau, Fisherman's Wharf

❸ MACAU SOUL
Die Weinbar hat das Zeug, rasch zum Lieblingsort in Macau zu avancieren. Eine riesige Weinkarte, ein gemütliches Interieur, kleine Speisen, ein persönlicher Service und immer mal wieder Livemusik, bevorzugt – aber nicht nur – Jazz: Das britische Wirtsehepaar hat hier, gleich unterhalb der Kirchenruine, alles getan, dass sich die Gäste wohlfühlen und einen anregenden Abend verbringen.
31A Rua de São Paulo
Tel. 28 36 51 82
www.macausoul.com

❹ MGM
▶Kasinoviertel, S. 150

❺ WYNN
▶Kasinoviertel, S. 149

❻ THE VENETIAN
▶ S. 144

❼ THE HOUSE OF DANCING WATER
Die kreisrunde Bühne kann sich in ein Wasserbassin verwandeln, aus dem auch mal ein ganzes Schiff auftaucht. Die Story ist nur Folie für atemberaubende Stunts, z. B.mit fliegenden Motorrädern.
City of Dreams, Cotai
Kartentel.: Macau 88 68 67 67, Hongkong 800 90 07 83
https://thehouseofdancingwater.com
Shows: meist um 17 und 20 Uhr, Di und Mi: spielfrei.
Tickets: ab 580 HK-$

ESSEN UND TRINKEN

Südchinas Äcker liefern das ganze Jahr über allerlei knackig-frisches Obst und Gemüse, und die Vielfalt der Meeresfrüchte ist nicht geringer. Gutes und abwechslungsreiches Essen hat hier eine lange Tradition – hier, das heißt: in der Region der kantonesischen Küche, die unter den Regionalküchen Chinas ein ähnliches Ansehen genießt wie die französische Küche in Europa. Mit anderen Worten: Hongkong ist eine Gourmethochburg.

Gerne im Restaurant

Geld für gutes Essen auszugeben ist ein essenzieller Teil der Alltagskultur. Hongkonger tragen im Schnitt 17 Prozent ihres Monatseinkommens ins Restaurant. Das ist deutlich mehr als der Einkommensanteil, den Mitteleuropäer insgesamt für ihre Ernährung aufwenden. Denn was macht, wer lange Arbeitszeiten, nur eine winzige Küche

Gourmet- oder Garküche:
An kulinarischen Alternativen mangelt es nicht.

und überhaupt wenig Platz in der Wohnung hat, aber genügend Geld? Er isst auswärts. So gehen in Hongkong die Leute selbst zum Frühstück schon ins Restaurant, sei es ins traditionelle Teehaus (▶ Das ist …, S. 12ff.), sei es – wie heute häufiger der Fall – in die nächste Filiale einheimischer Schnellimbissketten.

Mit Sternen gekrönt

Dazu passt, dass Hongkong angeblich der Ort mit der **größten Restaurantdichte** der Welt ist, sowohl auf die Fläche als auf die Einwohnerzahl bezogen. Wer das ausgerechnet hat, wissen wir nicht, die Zahl von rund 14 000 amtlich registrierten Speiselokalen spricht aber für sich. Wer sie alle testen wollte und zweimal am Tag essen ginge, hätte mehr als 19 Jahre zu tun.
Was für leidenschaftliche Genießer Hongkonger sind, illustrieren auch die folgenden Zahlen: 46 Restaurants erhielten im Jahr 2018 einen Michelin-Stern, 11 wurden mit 2 Sternen und 6 mit 3 Sternen geehrt, was zusammen die stolze Zahl von 63 Sternen ergibt.

Küche in Hongkong

Kantonküche

Vor allem ist Hongkong das kulinarische Zentrum der kantonesischen Küche und der Teehauskultur. Chinesen aus anderen Landesteilen spotten gern, Kantonesen äßen alles, was vier Beine hat (außer Tischen), alles, was schwimmt (außer Schiffen), und alles, was fliegt (außer Flugzeugen). Der wahre Kern dieses Scherzes ist eine große Vielfalt der Zutaten bis hin zu Hühnerfüßen und Vogelnestern (▶ Tour 2). Hundefleisch übrigens, obwohl Teil der Tradition, wird in Hongkong nicht angeboten, Schlange durchaus, jedoch vorwiegend im Winter und nur in sehr wenigen, darauf spezialisierten Lokalen.
Charakteristisch ist vielmehr, dass die **Zutaten sehr frisch** sein müssen und Gewürze nur sparsam verwendet werden, um den natürlichen Geschmack zur Geltung kommen zu lassen. Darum schwimmt Fisch und vieles andere Seegetier bis zur Bestellung, also bis kurz vor dem Verzehr, im Bassin.
Anders als sonst in China üblich, wird in Hongkong **ziemlich viel Fleisch** verzehrt (▶ Baedeker Wissen, S. 232). Bei Tisch bringen dann oft verschiedene Saucen und Tunken, in die man beispielsweise Fleischhappen stippt, würzige Noten auf die Zunge. China hat jedoch auch eine buddhistisch-vegetarische Speisetradition, und entsprechend finden sich **vegetarische Restaurants** in Hongkong, zudem gewinnen Lokale, die Zutaten allein aus biologisch-dynamischem Anbau verwenden, heute mehr und mehr Anhänger.

Dimsum

Dimsum, die kleinen Teigtaschen, gibt es in herzhaft und süß in unterschiedlichen Formen. Die folgenden Dimsum führt fast jedes Teehaus. **Ha gau** (»shrimp dumpling«) sind gedämpfte Teigtaschen aus bei-

TYPISCHE GERICHTE

In der kantonesischen Küche steht Dimsum (▶S.12ff., 231). ganz oben, aus den Töpfen südchinesischer Küchen kommen aber auch allerlei andere Leckereien, oft mit Fisch oder Geflügel. Ein paar Klassiker:

Austernomelett (»oyster omelett«): Der Name sagt schon alles. Das Omelett mit eingebackenen Austern ist eine Spezialität der Chaozhou-Küche. Einst ein Essen der ärmeren Bevölkerung, ist es heute auch auf Nachtmärkten ein beliebtes Gericht.

Fischbällchen (»fish balls«) sind kein Gericht für sich, sondern eine gern verwendete Zutat in Suppen. Sie bestehen aus in Kugelform gepresstem Fisch- und Garnelenfleisch, weiß und grätenfrei.

Bettlerhuhn (»beggar's chicken«): Ein ganzes Huhn wird mit Kräutern gefüllt, in ein Lotosblatt gewickelt und in einem Gefäß aus Ton oder in einem Tonmantel im eigenen Saft gegart. Der gebrannte Tonmantel wird bei Tisch mit einem Hammer zerschlagen. Angeblich hat ein Bettler im zentralchinesischen Jiangsu das Gericht erfunden, der zwar ein Huhn, aber kein Kochgefäß hatte. Salonfähig wurde es später in Hangzhou (südlich von Shanghai).

Hainan-Huhn (»Hainan chicken«): Es kommt als mundgerechte Portion auf den Teller – also keine Angst vor Überforderung! Denn das in Ingwermarinade eingelegte Huhn wird in Scheiben geschnitten und mit Reis serviert. Das Gericht stammt von der Insel Hainan und soll eine lange Tradition haben.

Xiaolongbao, eine Spezialität der Shanghai-Küche, sind Teigtaschen aus dem Dämpfkorb, die außer einer Fleischfüllung auch Brühe enthalten. Die Hülle ist oben zusammengedreht. Man muss das Teigtäschchen sehr vorsichtig hochnehmen, damit es nicht ausläuft. Entweder lässt man es etwas abkühlen und steckt es komplett in den Mund, oder man legt es auf einen Porzellanlöffel und sticht es mit dem Stäbchen an, sodass die Brühe auf den Löffel läuft.

Wachskürbissuppe (»winter melon soup«): Der Wachskürbis ist die wohl größte Frucht auf den Märkten. Seinen Namen hat er von der weißlichen dicken Wachsschicht, die ihn umzieht. Geschmacklich ist er zwischen Kürbis und Gurke angesiedelt. Die daraus zubereitete Suppe mit glasigen Wachskürbiswürfeln ist ein typisches Sommergericht; laut chinesischer Auffassung kühlt die Suppe den Körper. Mit Fleischbeilage ist das Gericht auch für kältere Tage geeignet.

nahe durchsichtigem Reismehlteig mit Garnelenfüllung, **Ssiu mai** (»pork dumpling«) enthalten gedämpftes Schweinefleisch in einer Hülle aus Weizenmehl-Eierteig. **Tscha ssiu bau** (»BBQ pork bun«) sind mit geröstetem Schweinefleisch gefüllte Hefeteigbällchen; an ihnen klebt eine Papierunterlage, die man vor dem Genuss zunächst abziehen muss. Anders als bei den anderen herzhaften Dimsum bitte keinen Essig oder Sojasoße dazu verwenden, das würde gar nicht schmecken! Klein gehackte Schweinerippchen, mariniert in einer würzigen Schwarze-Bohnen-Soße, verstecken sich in **Pai gwat** (»spare ribs«), und **Yütchi gau** heißen zwar »shark fin dumplings«, enthalten allerdings kein Haifischflossenfleisch, sondern eine Mischung aus Schweinefleisch, Garnelen, Bambusschösslingen und Dörrpilzen. Wer **Tschong fan** (»rice roll«) bestellt, bekommt gedämpfte Reisteigrollen mit einer Füllung aus geröstetem Schweinefleisch, Rindfleisch oder Garnelen, hinter **Tschun Guun** (»spring roll«) verbergen sich frittierte Frühlingsrollen, und **Wu gok** (»taro ball«) bezeichnet frittierte Taroteigtaschen mit einer Schweinefleisch-Garnelen-Füllung.

Typische süße Dimsum-Vertreter sind **Ma tai go** (»water chestnut cake«), ein süßlicher Wasserkastanienkuchen aus der Pfanne, **Dahn daht** (»egg custard tart«), portugiesische Eiertörtchen, und **Djin dueh** (»sesame ball«), mit Lotoskernpaste gefüllte, frittierte Teigbällchen mit Sesamsamen – als krönender Abschluss.

Regionalküchen

Hongkonger speisen zwar am liebsten kantonesisch, aber auch andere Regionalküchen sind vertreten. Die **Chaozhouküche** ähnelt in ihrem Charakter sehr der kantonesischen. Eine Besonderheit ist der vor und nach dem Essen aus Minischälchen getrunkene, kräftige Tee, eine Wulong-Sorte namens Tieguanyin.

Auch die **Shanghaiküche** wendet Gewürze eher sparsam an, setzt jedoch gern etwas süßlichere Akzente; typisch: das bei Auswärtigen so beliebte süßsaure Schweinefleisch. Zur Shanghai-Küche gehören auch die im Herbst verzehrten Wollhandkrabben.

Peking- und Sichuanküche sind in Hongkong etwas seltener zu finden und selten auch in typischer Form. Pekingente mundet hier freilich genauso gut wie in Peking. Worauf es ankommt, ist die Haut, die man sich stückchenweise am Tisch mit Lauch und einer speziellen Sauce in hauchdünne Weizenfladen wickelt. Sichuanküche zeichnet sich durch den reichlichen Einsatz von Chili und Sichuanpfeffer aus, ist entsprechend oft höllisch scharf und gewissermaßen das gerade Gegenteil der milden Kantonküche. Sichuanlokale in Hongkong passen sich dem notgedrungen an.

Küchen anderer Länder

Die modernen Hongkonger gehen genauso gern spanisch oder thailändisch oder japanisch essen – oder französisch, wenn sie es sich leisten können. Gerade **die gehobenen Lokale** mit ausländischer Küche sollte man auch als Tourist nicht links liegen lassen, denn das große Angebot an Zutaten aus aller Welt und die Anregungen durch die chinesischen Kochtraditionen fördern die Kreativität der Köche immer wieder aufs Neue. Vor allem **japanisch** lässt sich in Hongkong auf hohem Niveau speisen, aber auch mediterrane, nahöstliche, indische und südostasiatische Restaurants lohnen den Besuch.

Regeln und Sitten

Bitte mit Stäbchen!

Gegessen wird natürlich mit **Essstäbchen.** Das ist keine größere Kunst als das Führen eines Bleistifts, und man lernt es umso schneller, je größer der Appetit ist. Ein Stäbchen klemmt man in die Daumenkerbe und drückt Mittel- oder Ringfinger dagegen; dieses Stäbchen sitzt fest. Das zweite wird zwischen Daumenspitze und Zeigefinger beweglich geführt. Man stößt die Stäbchen dann einmal senkrecht auf, damit sie genau gleich weit vorstehen und die Spitzen sich treffen. Das Essen erleichtert man sich, indem man die Reisschale mit der freien Hand nahe an den Mund führt. Um Happen von einem Teller aufzunehmen, greift man sie nicht von oben, sondern hält die Stäbchen möglichst flach. Auf diese Weise lassen sich auch glitschige Sachen fassen. Sie dürfen aber immer auch einen Löffel zu Hilfe nehmen.

Essenszeiten, Trinkgeld

Die meisten Büros machen um 13 Uhr Mittagspause, dann wird es überall äußerst voll, bei beliebten Lokalen (das bedeutet: billig und gut) kann es aber sein, dass man schon ab 12 Uhr Schlange stehen muss und Wartenummern ausgegeben werden. **Eine Tischreservierung ist daher immer ratsam.**
Speisen Sie chinesisch, so sammelt und koordiniert einer die Wünsche der Runde und gibt dann für alle die Bestellung auf. Da sich beim Essen alle alles teilen, übernimmt am Ende auch nur einer die Rechnung – auseinanderdividieren kann man dann anschließend. Saßen aber Chinesen mit am Tisch, lässt man das besser bleiben, sondern lädt sie ein – sie werden sich dann gelegentlich revanchieren. Schlägt das Restaurant 10 Prozent auf die Rechnung auf (ein entsprechender Hinweis muss auf der Speisekarte stehen, gewöhnlich unten auf jeder Seite), zahlt man üblicherweise kein zusätzliches **Trinkgeld;** anderenfalls lässt man vom Wechselgeld einen angemessenen Teil zurückgehen (▶ Praktische Informationen, Etikette).
Sparsame Leckermäuler nutzen den **preisgünstigen Mittagstisch,** der auch in vielen teuren Gourmetlokalen die exquisite Kochkunst bezahlbar macht. Abends kostet es oft das Doppelte. Leider gibt's diese Sonderangebote nur montags bis freitags.

Tischetikette

In chinesischen Lokalen ist Naseschneuzen bei Tisch tabu, Schlürfen aber erlaubt – bei Nudelsuppen mit Stäbchen geht es auch gar nicht ohne.

Getränke

Von Wasser bis Wein

Zu kantonesischer Küche passt am besten **Tee,** gern auch am Abend. Eine Alternative ist **Bier,** das für chinesische Gerichte vor allem aus anderen Regionen beste Wahl ist. Aber auch Mineralwasser und Limonade oder Cola sind üblich. Ganz groß in Mode gekommen ist **Wein,** auch zum reinen Genuss nach oder vor dem Essen.

Tee

Beliebt sind halbfermentierter **Wulong-Tee** (meist nach englischer Aussprache Oolong geschrieben); der etwas erdig schmeckende, ebenfalls halbfermentierte **Pu-Erh-Tee** und **Jasmintee** (mit getrockneten Jasminblüten aromatisierter grüner Tee). Gute Lokale haben weitere Sorten und Qualitätsstufen, doch diese drei sollte man auf jeden Fall kennen. Alle werden pur genossen. Die Blätter bleiben in der Kanne und werden **bis zu zweimal aufgegossen.**

Kaffee

Im Zuge der Globalisierung haben die Hongkonger auch das Kaffeetrinken entdeckt. Vor allem auf Hong Kong Island, wo viele Nichtchinesen wohnen, sind **Cafés** recht häufig, und sie servieren alles von Espresso bis Caffe latte – sie sind aber auch relativ teuer. Bei manchen fragt man sich, ob sie mehr Restaurant oder Bar als Café sind, aber egal: Vielseitigkeit ist Trumpf. Eine andere Geschichte sind die zunehmend beliebten **Dessertsalons.** Sie sind eine genuin hongkongerische Erfindung und servieren vor allem fruchtige Kreationen mit Mango, Papaya, Sago, Klebreis, roten Bohnen, Kokos, Pudding und Eiscreme. Manche dieser Etablissements sind besonders bei jungen Leuten derart beliebt, dass sich davor Schlangen bilden. Aus »westlicher« Perspektive bleibt dabei ein Wunsch offen: Der typische Dessertsalon serviert keinen Kaffee.

Macanesische Küche

Unter Portugals Einfluss

Die Mehrheit der Bevölkerung in Macau speist nicht anders als die Hongkonger, nämlich kantonesisch, aber die jahrhundertelange Präsenz der Portugiesen führte zu einer eigenen Küchentradition mit Einflüssen aus dem ganzen portugiesischen Kolonialreich. Dabei geht es weniger um spezielle Gerichte als um den Einsatz besonderer Zutaten und Zubereitungsweisen. Obenan steht die Verwendung von **balichão,** einer Würzpaste auf Garnelenbasis.
Der Großteil der macanesischen Küche ist der **Hausmannskost** zuzuordnen, man findet sie nicht in Restaurants. Portugiesische Restaurants zeigen jedoch in ihrem Angebot gewöhnlich einen macanesischen Einfluss. Ein Erbe der einst Monate dauernden Seereisen sind Gerichte mit Stockfisch (»bacalhau«). Beliebt ist auch Krebscurry (»caril de caranguejo«), ein Erbe aus Goa. Das bekannteste macane-

Feinste Eiertörtchen und Gebäck – dafür steht Lord Stow's.

sische Restaurantgericht kam ebenfalls übers Meer: »galinha à africana«, afrikanisches Hühnchen. Seine spezielle Note erhält es durch afrikanischen Chili, Kokosnuss und Erdnusspaste. Eine portugiesische Leckerei ist übrigens sogar zu einem kantonesischen Dimsum-Bestandteil geworden: pastéis de nata, Eiertörtchen. In Macau ist keine Bäckerei dafür berühmter als **Lord Stow's**. Ausgerechnet der Engländer Andrew Stow kreierte für das feine Gebäck im Jahr 1990 ein verbessertes Rezept, das ihn und seine Backstube im Nu berühmt machte.

AUSGESUCHTE RESTAURANTS IN HONGKONG

❶, ❷ ETC. ▶ PLÄNE
S. 238/239, 242

PREISKATEGORIEN
Preis für ein Abendessen pro Person ohne Getränke und ohne teure Spezialitäten (bei chinesischen Restaurants: eine halbe Zwei-Personen-Rechnung):

€€€€ über 400 HK-$
€€€ 260–400 HK-$
€€ 160–260 HK-$
€ unter 160 HK-$

Sofern nicht anders angegeben, sind alle Lokale täglich mittags und abends geöffnet (sonntags durchgehend).

1 Classified
2 Manchu China
3 Peak Lookout
4 Mana
5 Nha Trang
6 Luk Yu
7 Yung Kee
8 Délifrance
9 Cuisine Cuisine
10 Peking Garden
11 Iwanami
12 Soul Food Thai
13 Petrus
14 Ho Hung Kee
15 Assaggio
16 Pomme

Jade Garden
Coffee Academics
Red Pepper
ABC Kitchen

21–30 Plan S. 242

CAFÉS UND DESSERTSALONS

18 COFFEE ACADEMICS €€
Hier wird das Kaffeetrinken zur Wissenschaft – angefangen mit der eigenen Rösterei! Es gibt auch kleine Gerichte und Kuchen.
38 Yiu Wa Street, Causeway Bay
MTR-Station: Causeway Bay
Tel. 21 56 03 13
http://the-academics.com

21 CAFÉ KUBRICK €
Der Name sagt's: das Cineasten-Café! Es ist Teil einer Filmkunstbücherei, ein Nachbar von Hongkongs führendem Filmkunsttheater. Sie bestellen am Tresen, die Sachen werden dann gebracht.
Shop H2, Prosperous Garden, 3 Public Square St, Yau Ma Tei, Kowloon
MTR-Station: Yau Ma Tei
Tel. 23 84 89 29
www.kubrick.com.hk/wp/cafe

1 CLASSIFIED €€
Beim Windowshopping in der Hollywood Road oder nach einem Besuch des Man-Mo-Tempels ist dieses Café-Restaurant ein willkommener Ort der Rast. Und nicht nur dann: Ab 8 Uhr gibt's Frühstück, und mancher kehrt nach Feierabend hier auch gern auf ein Glas Wein ein.
108 Hollywood Rd
MTR-Station: Sheung Wan
Tel. 25 25 34 54
www.classifiedfood.com

8 DÉLIFRANCE €
Das ist die zentrale Adresse für ein preisgünstiges Frühstück mit Kaffee, der nicht im Pappbecher kommt, sondern anständig in der Porzellantasse. Aber natürlich können Sie den ganzen Tag über einkehren, immer mit besonderen tageszeitlich wechselnden Angeboten in gutem Preis-Leistungs-Verhältnis. Sie bestellen und bezahlen am Tresen. Es gibt weitere Filialen in anderen Stadtteilen.
1/F Worldwide Plaza
19 Des Voeux Road Central
MTR-Station: Central
Tel. 28 68 13 55
www.delifrance.com.hk

29 HONEYMOON DESSERT €
Der Dessertsalon schlechthin, mehr noch: Genau hier sitzen Sie im Original, in der Keimzelle einer international erfolgreichen Kette. Sie müssen also für eine der süß-fruchtigen Kreationen nicht nach Sai Kung kommen, sondern können sie auch in Peking oder Djakarta genießen. In Hongkong läge beispielsweise die Filiale im Western Market näher. Aber da Sie sowieso einmal einen Ausflug in Hongkongs wilden Osten machen, lässt sich das Vergnügen hier am Originalschauplatz abrunden.
10 Po Tung Road
Sai Kung, New Territories

16 POMME €
Ein so liebenswertes kleines Konditorei-Café, fast wie in Europa, würde man an dieser Stelle nicht unbedingt erwarten. Bestellen Sie am Tresen.
Luard Road 11–13, Wan Chai
MTR-Station: Wan Chai
Tel. 25 27 99 33
www.pomme.com.hk

CHINESISCH-KANTONESISCH

30 CHUEN KEE €€
Hier können Sie Ihren Ausflug nach Sai Kung abrunden. Am Hafen reihen sich die Fischrestaurants, und dieses ist eines davon – mit dem Vorteil, dass es ruhig liegt und die Auswahl an Meeresgetier noch etwas größer ist als anderswo. Die Ware schwimmt in Bassins und wird nach Ihrem Wunsch – Beratung gehört dazu - ebendort mit dem Kescher herausgefischt. Es gibt sogar gekühlten Weißwein.

53 Hoi Pong Street, Sai Kung, Kowloon
Bus 92 ab MTR-Station Diamond Hill
Tel. 27 91 11 95

9 CUISINE CUISINE €€€

In diesem edlen Kantonlokal stimmt beides: die Qualität des Essens und das Ambiente – mit Hafenblick. Vor allem für die feinen mittäglichen Dimsum ist zeitige Tischreservierung unerlässlich.
3101, Podium Level 3, IFC Mall, Finance Street, Central
MTR-Station: Central; Hong Kong
Tel. 23 93 39 33
www.cuisinecuisine.hk

14 HO HUNG KEE €

Für 100 Hongkongdollar Michelin-besternt satt werden, und auch noch hoch oben im klimatisierten Einkaufszentrum? Dass das geht, ist in der Tat eine Überraschung. Gemütlichkeit ist nicht zu erwarten, dafür gibt's richtig gute Nudelgerichte – Wantan-Nudeln sind die Spezialität – und auch Dimsum. Auch wenn das Lokal modern ist: Gegründet wurde es schon 1946!
1204–1205, Level 12, Hysan Place
500 Hennessy Road
MTR-Station: Causeway Bay
Tel. 25 77 60 28

17 JADE GARDEN €€

Kommen Sie doch mal zum Dimsum-Frühstück! Diese traditionelle, genussreiche Art, den Tag zu beginnen, können Sie hier ab 7.30 Uhr pflegen. Oder soll's ein Dimsum-Lunch sein? Auch dafür lohnt ein Abstecher. Zudem ist man auf Gäste eingestellt, die kein Chinesisch sprechen: Es gibt eine englische Karte und obendrein noch die althergebrachte Sitte, einen Großteil des Angebots auf Wägelchen durch die Gänge zu schieben.
3/F Causeway Bay Plaza II, 463–483 Lockhart Road, Causeway Bay (Zugang von der Straße, nicht vom Einkaufszentrum aus)
MTR-Station: Causeway Bay
Tel. 25 73 93 39
www.maxims.com.hk/en/index.asp

26 NANHAI NO. 1 €€€€

Teuer und unvergesslich: das Hafen- und Großstadtpanorama aus dieser Höhe (30. Stock) ist großartig – besonders wenn man einen Platz direkt am Fenster (Zweiertische) oder in der zweiten Reihe (Mindestverzehr 500 HK-$ p. Pers.) hat. Es gibt eine große Auswahl an fein zubereitetem Fisch und Meeresfrüchten.
Level 30, iSquare, 63 Nathan Road, Tsim Sha Tsui, Kowloon
MTR-Station: Tsim Sha Tsui
Tel. 24 87 36 88
www.elite-concepts.com

6 LUK YU €€€

Ein Denkmal: Das Teehaus wurde bereits 1933 eröffnet. Die historische Ausstattung blieb erhalten. Das Lokal nimmt mehrere Etagen ein. Dimsum gibt's schon ab 7 Uhr morgens. Zur Tradition des Hauses zählt leider auch die unpersönliche Bedienung und dass nur Bargeld akzeptiert wird.
24–26 Stanley Street, Central
MTR-Station: Central
Tel. 25 23 54 64

28 SYMPHONY BY JADE €€€

An der Südspitze von Kowloon serviert dieses feine Kantonlokal Dimsum mit Hafen- und Hongkongpanorama. Natürlich gibt es auch eine bebilderte Karte, welche die Auswahl erleichtert. Die Lage könnte vermuten lassen, dass Sie hier nur anderen Touristen begegnen, aber das ist keineswegs der Fall.
OG, Cultural Centre Restaurant Block (Zugang außen)
10 Salisbury Road
MTR-Station: Tsim Sha Tsui
Tel. 27 22 09 32
www.maxims.com.hk

7 YUNG KEE €€€
Das größte der Hongkonger Traditionslokale schmückt sich mit einer Fassade aus Goldmosaik, die über zwei Etagen geht. Es ist das klassische Teehaus-Restaurant schlechthin. 1942 gegründet, ist es seither in Familienbesitz. Hier zu speisen, bedeutet ein in jeder Hinsicht typisches und lukullisch befriedigendes Hongkong-Erlebnis.
32–40 Wellington Street, Central
MTR-Station: Central

21 Café Kubrick
22 Crystal Jade
23 Chiuchow Garden
24 Kung Tak Lam
25 Gaylord
26 Nanhai No. 1
27 Pizza Express
28 Symphony by Jade
29 Honeymoon Dessert
30 Chuen Kee

1–20 Plan S. 238/239

11 Silka Seaview
12 Ritz-Carlton
13 Largos Hotel
14 Royal Pacific Hotel
15 Marco Polo Hong Kong Hotel
16 Citadines
17 Salisbury YMCA
18 Peninsula
19 Intercontinental
20 Heritage Lodge
21 Hyatt Regency
22 Benito
23 Stanford Hillview
24 Grand Stanford
25 Mei Ho House

1–10 Plan S. 276/277

16 Yau Ma Tei Theatre
17 Ladies' Market
18 Temple-Street-Nachtmar
19 Cultural Centre
20 Castro's
21 Ned Kelly's Last Stand
22 Aqua Spirit
23 Felix

1–15 Plan S. 276/277

Tel. 25 22 16 24
www.yungkee.com.hk

CHINESISCH – DIVERSE REGIONEN

❷ MANCHU CHINA €/€€

Mandschurisch und Nordchinesisch! Historische Schwarz-Weiß-Fotos aus Chinas Nordosten zieren die Wände dieses sympathischen kleinen Lokals. Zu den Spezialitäten zählen Jiaozi-Teigtaschen und in Öl ausgebackene Shaobing-Fladen.
33 Elgin Street, Central
MTR-Station: Central
Tel. 25 36 92 18

㉓ CHIUCHOW GARDEN €€

Chaozhou-Küche in günstiger Lage an der Spitze von Kowloon. Mittags werden kantonesische Dimsum serviert.
2/F Star House, 3 Salisbury Road, Tsim Sha Tsui, Kowloon
MTR-Station: Tsim Sha Tsui
Tel. 28 01 68 99, www.maxims.com.hk/en/index.asp

㉒ CRYSTAL JADE €

Die Restaurantkette hat in Hongkong an die 20 Filialen, aber diese hier bietet Hafenblick. Serviert werden einfache Shanghaier Gerichte (Nudeln, Teigtaschen) von hoher Qualität. Sehr populär, man zieht sich am Eingang eine Wartenummer, dabei gibt man auf dem Bildschirm die Zahl der Personen an.
Shop 3328, Level 3, Gateway Arcade, Canton Road, Harbour City, Tsim Sha Tsui, Kowloon
MTR-Station: Tsim Sha Tsui
Tel. 26 22 26 99
www.crystaljade.com

㉔ KUNG TAK LAM €/€€

Shanghai-Küche vegetarisch, inkl. Dimsum – und in modernem Ambiente mit Blick auf den Hafen! Das Lokal hat Tradition: Gegründet wurde es 1922.
7/F, 1 Peking Road, Tsim Sha Tsui, Kowloon
MTR-Station: Tsim Sha Tsui
Tel. 23 12 78 00

❿ PEKING GARDEN €€€

Das im Ausgang H der U-Bahn-Station gelegene Restaurant ist für seine verlässlich gute Küche bekannt. Die Pekingente ist empfehlenswert. Zugabe abends um 20 Uhr: eine »Nudelshow« – ein Koch zieht Spaghetti mit bloßen Händen.
Shop B1, Alexandra House, 16–20 Chater Road, Central
MTR-Station: Central
Tel. 25 26 64 56, www.maxims.com.hk/en/index.asp

⓳ RED PEPPER €€€

Sichuanküche, serviert in Traditionsambiente. Das Lokal ist ein Familienbetrieb und erfreut sich anhaltender Beliebtheit. Neben Klassikern wie Hühnerfleischwürfeln mit Erdnüssen gefällt auch das gebratene Rindfleisch mit Kumquats.
7 Lan Fong Road, Causeway Bay
MTR-Station: Causeway Bay
Tel. 25 77 38 11

SONSTIGE ASIATISCHE KÜCHE

㉕ GAYLORD €€/€€€

Der alteingesessene Inder, gepflegt und gut, hat trotz seiner Lage im Touristenviertel viel Stammkundschaft. Abends untermalt Livemusik die Schlemmerei. Beliebt ist das preisgünstige Lunchbüfett.
23–25 Ashley Road, Tsim Sha Tsui, Kowloon
MTR-Station: Tsim Sha Tsui
Tel. 23 76 10 01

⓫ IWANAMI €€–€€€

Einer jener vielen für Hongkong typischen Lokale, die man nie von selbst finden würde – wer (außer Hongkongern) sucht schon in einem recht gewöhnlichen Gebäude auf der 9. Eta-

ge? Dabei gibt's hier doppelte Freude: Der Japaner ist preisgünstiger als ähnliche Lokale in Hongkong (besonders mittags), und wer am Tresen sitzt, kann schön verfolgen, wie die Kunstwerke entstehen, welche die japanische Küche auszeichnen. Spezialitäten sind Sashimi und Tempura.
9/F Macau Yat Yuen Centre
525 Hennessy Road

BAEDEKER MAGISCHE MOMENTE

DIMSUM MIT MUSIK

Teehäuser gibt es viele, aber nur das Lok Cha in der K. S. Lo Gallery ist intim, mit vielen Zweiertischen, so schlicht wie fein – ein Refugium im hektischen Alltag des Büro- und Shoppingdistrikts Admiralty. Dazu passen das altchinesische Ambiente mit dunklem Holz und geschnitzten, durchbrochenen Raumteilern, die über hundert Teesorten und vor allem die vegetarischen Dimsum. Wenn dann am Sonntagnachmittag dazu noch musiziert wird (ab 16.30 Uhr), entschwebt der Geist in andere Sphären. (► S. **52**)

MTR-Station: Causeway Bay
Tel. 25 91 11 59

❺ NHA TRANG €
In dem populären Vietnamlokal herrscht stets fröhlichster Essenslärm. Wer nicht vorab reserviert, wird eine Wartenummer ziehen müssen – kein Wunder, denn vor allem die Curries sind überaus beliebt und von verlässlicher Qualität.
1303, 13/F Times Square
1 Matheson Street
MTR-Station: Causeway Bay
Tel. 25 06 22 20

⓬ SOUL FOOD THAI €€€
Auch wenn es etwas eng und laut ist: Hier macht das Speisen Laune. Die Thai-Curries sind authentisch mit gerade der richtigen Schärfe. Legen Sie hier die Grundlage für Ihren Soho-Kneipenbummel. Nur sonntags ab Mittag geöffnet, sonst nur abends.
26–28 Elgin Street
www.soulfoodthai.com.hk
MTR-Station: Central
Tel. 21 77 35 44

❸ PEAK LOOKOUT €€€
Hongkongs schönstes Lokal: Das Gebäude ist eine ehemalige Sänftenträgerstation. Noch schöner ist der schattige Garten dahinter mit ein bisschen Fernblick aufs Südchinesische Meer. Serviert wird eine internationale Küche mit südostasiatischem Schwerpunkt – ideal, um Ihren Besuch auf dem Peak abzurunden.
121 Peak Road, Peak
an der Bergstation Peak Tram
Tel. 28 49 10 00
www.peaklookout.com.hk

INTERNATIONALE UND EUROPÄISCHE KÜCHE

⓯ ASSAGGIO €€€
Das kulinarische Herz des Arts Centre serviert Pizza, Pasta & Co. zu (für Hongkonger Verhältnisse) zivilen Preisen. Mit einer Pizza wird man noch am preisgünstigsten satt. Gute Auswahl an glasweise ausgeschenktem Wein. Die eigentliche Attraktion ist aber der Balkon mit Hafenblick!
6/F, Hong Kong Arts Centre,
2 Harbour Road, Wan Chai
MTR-Station: Wan Chai
Tel. 28 77 39 99,
www.assaggio.hk

㉒ CITY'SUPER COOKED DELI €
Internationaler Garküchenmarkt im klimatisierten Shoppingpalast. Wer Glück hat, ergattert einen Platz mit Hafenblick. So funktioniert's: Gericht aussuchen, Nummer merken, bestellen, zahlen, genießen. Im gesamten Stadtgebiet gibt es noch einige weitere Filialen.
Level 3, Gateway Arcade,
Harbour City, 17 Canton Road,
Tsim Sha Tsu
Kowloon
MTR-Station: Tsim Sha Tsui
www.citysuper.com.hk

❹ MANA €
»Fast slow food« bedeutet hier: Alles, was biologisch-dynamisch, vegetarisch, auch laktosefrei oder gar vegan ist, ist hier per Selbstbedienung zu wählen. Schwerpunkt: Gerichte aus Nahost bis Indien. Setzen Sie sich hinten auf die »Terrasse« in einer superengen Hochhausschlucht: Dieses typische Hongkong-Ambiente gibt's gratis dazu.
92 Wellington Street
Central
MTR-Station: Central
Tel. 28 51 16 11, www.mana.hk

⓭ PETRUS €€€€
Das plüschige Interieur des Restaurants im Shangri-La-Hotel wirkt nicht gerade geschmackssicher, aber wen stört's bei der Aussicht und den Mi-

MACAU
ZHUH AI
CHANG-SHENG-WEI
SHIJIAOJU
HUADI
Inner Harbour
SANTO ANTONIO
SÃO LAZARO
SÃO LOURENÇO
Sun Yat Sen Park
Ilha Verde
Our Lady of Fatima
Lin Fung
Lin Zexu Mem. Mu
Mong Ha Park
Mong-Ha Fort
Canidrome
Red Market
St. Francis Xavier
Lin Kai
Luis de Camões Garden and Grotto
Casa Garden
St. Anthony
Lou Lim Ieoc Garden
Tea Culture Museum
Tap Seac Gallery
St. Michael Cemetery
Tap Seac Square
Museum of Sacred Art
Na Cha
Ruins of St. Paul's
Fortaleza do Monte
Hong Kung
Na Cha
São Domingos
Sam Kai Vui Kun
St. Lazarus
Casa de Penhores Tradicional
Lou Kau Mansion
Senado Square
Holy House of Mercy
Cathedral
St. Augustine
Dom Pedro V Theatre
St. Joseph's Seminary
Casino Grand Lisboa
Police Force Exhibition Hall
St. Lazaro
Government Headquarters
Mandarin's House
Lilau Square
Moorish Barracks
Penha Hill
A-Ma-Tempel
Maritime Museum
Santa Sancha
Barra Hill
Pousada de São Tiago
Sai Van Lake
Cybernetic Fountain
Nam Van Lake Nautical Centre
Nam Van Lake
Legislative Assembly Bldg.
The Court Bldg.
Macau Tower
Convention and Entertainment Centre
Porta do Entendimento
Wynn
MGM Grand
Orient Arch
Praça de Ferreira do Amaral
Ponte Governador Nobre de Carvalho
Ponte de Sai Van
Av. Panorâmica do Lago
Rua do Almirante Sergio
Avenida Marginal do Lam Mau
Estrada Marginal
Av. do Parque Industrial
Av. do Comendador Ho Yin
Av. do Conselheiro Borja
Av. da Praia Grande
Av. de Almeida Ribeiro
Rua do Campo
Av. Dr. Mário Soares
Av. Infante D. Henrique
Avenida Dr. Stanley Ho
Avenida Dr. Sun Yat Sen
Praça das Orquídeas

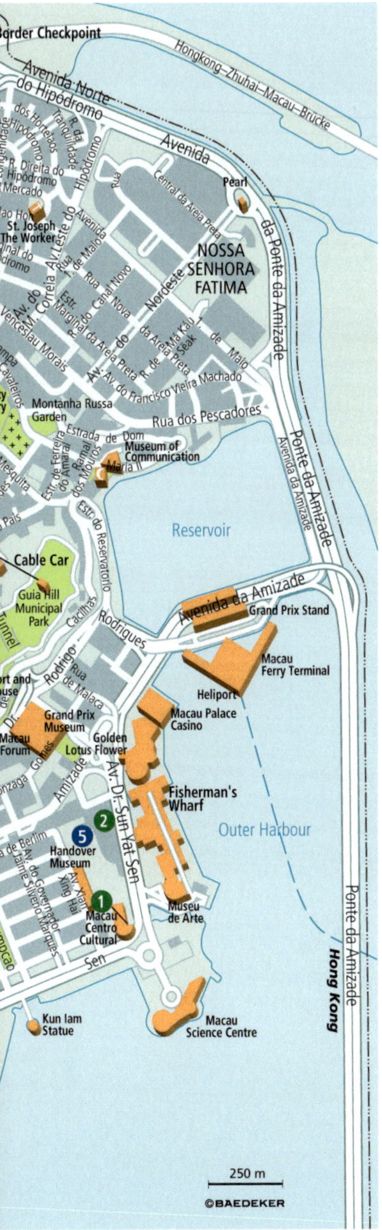

1 Café Ou Mun
2 Noodle and Congee Corner
3 Clube Militar
4 Wing Lei
5 Naam Thai

6–11 Plan S. 248/249

1 Pousada de Mong-Há
2 Sofitel Macau at Ponte 16
3 Riviera Hotel
4 Mandarin Oriental

5–7 Plan S. 248/249

1 Centro Cultural
2 Casino Sands
3 Macau Soul
4 MGM
5 Wynn

6–7 Plan S. 248/249

TAIPA UND COLOANE
Kun Iam Rock
University of Macau
Pou Tai Un Monastery
Taipa Pequena
Four Faced Buddha
Cidade das Flores Garden
TAIPA
Taipa Temporary Ferry Terminal
Wing of Good Winds
Taipa Grande Nature Park
Taipa Grande
Macau International Airport
Sam Po
Macau Jockey Club
Macau Olympic Complex
Macau Stadium
Olympic Aquatic Centre
Ka Sin Tong
Pak Tai
Taipa Houses Museum
Our Lady of Carmel
Museum of Taipa and Coloane History
Tin Hau
Macau University of Science and Technology
City of Dreams
The Venetian
COTAI
Cotai Frontier Post
Macau East Asian Games Dome
ZHUHAI
Orient Golf Macau Club
Karting Track
Reservoir
Ká Hó Reservoir
Altinho de Ká Hó BBQ Park
Seac Pai Van Park
Museum of Nature and Agriculture
Hác Sá Reservoir
Water Activities Centre
Macau Tin Hau
A-Má Goddess Statue
CUSHAHUAN
LAI CHI VUN
HENGQINZHEN
Coloane Hill
COLONAE
St. Francis Xavier
Hác Sá Beach
Trail of Morro de Hác-Sá
Tam Kung
Tin Hau
Cheoc Van Swimming Pool
Nautical Club
Cheoc Van Beach

chelin-besternten Gaumenfreuden? In klimatisierten Schränken ruht der französische Wein, darunter echte Raritäten. Der Name des Lokals, Petrus, ist, bitte sehr, französisch auszusprechen.
56/F, Island Shangri-la,
Pacific Place,
Supreme Court Road,
Admiralty
MTR-Station: Admiralty
Tel. 28 20 85 90
www.shangri-la.com/hongkong/islandshangrila

27 PIZZA EXPRESS €/€€

Was sich nach Schnellimbiss oder Lieferservice anhört, ist tatsächlich ein durchaus respektables Restaurant mit zwei Dutzend Filialen. Diese hier ist die beste, denn sie bietet Hafenblick. Die Pizzen können mit denen aus
Napoli allemal mithalten.
G 53, Ocean Terminal,
Harbour City
Tel. 21 67 87 82
www.pizzaexpress.com.hk

20 ABC KITCHEN €€/€€€

Das nent man Kuriosität: Italienisch speisen im Garküchenmarkt! Jedes Stadtviertel hat ein Marktgebäude mit einer Etage, auf der oft sehr gute Speisen serviert werden, aber man sitzt eben unter Neonlicht auf Plastikhockern. So ähnlich ist es hier. Die zu ABC gehörenden Tische identifizieren Sie an den rot-weißen Tischdecken. Für Hongkong fast sensationell günstig ist der Hauswein, aber auch der Mittagstisch (Pizza, Pasta, Risotto) ist ein absolutes Schnäppchen.
Shop 7, Food Market,
1 Queen Street
MTR-Station: Sheung Wan
Tel. 92 78 82 27
www.abckitchen.com.hk/page37en

AUSGESUCHTE RESTAURANTS IN MACAU

❶, ❷ ETC. ▶ PLÄNE
S. 246 – 249

ASIATISCHE KÜCHE

❽ BEIJING KITCHEN €€
Peking-Spezialitäten sind nur ein kleiner Teil des kulinarischen Angebots in dem Hotelrestaurant. Gerade die einfacheren nordchinesischen Gerichte gefallen hier.
Grand Hyatt, City of Dreams, Estrada do Istmo, Cotai
Tel. 88 68 19 30
http://macau.grand.hyatt.com/en/hotel/dining.html

❷ NOODLE AND CONGEE CORNER €
Pech gehabt beim Glücksspiel? Dann dürften doch die Restmünzen noch reichen, um sich hier zu sättigen – an einfachen Speisen, die trotzdem köstlich sind. Das Lokal bleibt rund um die Uhr geöffnet. Kurios: die Ein-Nudel-Suppe.
Grand Lisboa, Avenida de Lisboa
Tel. 88 03 77 55
www.grandlisboahotel.com/en/grandlisboa/dining/rtc-noodle-congee

❹ WING LEI €€/€€€
Blickfang ist ein Drache aus Swarovski-Kristallen. Besser noch: Man schließt die Augen und genießt die womöglich besten Dimsum der Stadt.
Wynn Macau, Rua Cidade de Sintra
Tel. 89 86 36 63
www.wynnmacau.com/en/restaurants-n-bars/fine-dining/wing-lei

❺ NAAM THAI €€€
In Macaus schönstem Thai-Restaurant sitzen Sie mit Gartenblick oder besser noch draußen auf der Terrasse – eine Oase fern von allem Casino-Trubel.
Grand Lapa, 956–1110 Avenida da Amizade
Tel. 87 93 48 18
www.grandlapa.com/en-gb/naam-thai-restaurant

PORTUGIESISCH-MACANESISCHE KÜCHE

❼ ANTÓNIO €€€
Antonio Coelho, Wirt und Chefkoch, begrüßt die Gäste meist persönlich. Auf der Karte stehen portugiesische Spezialitäten, v. a. die Meeresfrüchte lohnen den Besuch in dem Gourmetlokal.
Rua dos Clerigos No. 7, Taipa-Dorf
Tel. 28 99 99 98
www.antoniomacau.com

❶ CAFÉ OU MUN €
Das traditionelle Café in der Nähe des Largo do Senado ist ideal für eine kleine Rast während des Stadtbummels. Ein Tagesmenü und eine umfangreiche Sandwichkarte sind im Angebot. Montagabends geschlossen.
Travessa de São Domingos No. 12
Tel. 28 37 22 07

❸ CLUBE MILITAR €€€
Lassen Sie sich nicht vom Namen abschrecken! Wenn hier etwas knallt, dann Sektkorken. Die Gäste erfreuen ein Kolonialzeit-Ambiente mit Ventilatoren und die gehobene portugiesische Küche.
Avenida da Praia Grande No. 975
Tel. 28 71 40 00

❾ ESPAÇO LISBOA €€/€€€
Das beliebte Lokal in Coloane-Dorf unweit der Bushaltestelle serviert portugiesische und macanesische Ge-

richte auf zwei Etagen (oben mit verglastem Balkon) und in familiärer Atmosphäre. Besonders gut für Meeresfrüchte und afrikanisches Hühnchen; eher große Portionen.
Rua das Gaivotas No. 8
Coloane
Tel. 28 88 22 26

⑩ CAFÉ NGA TIM €€

Am schattigen Kirchvorplatz rastet man hier gern unter den Arkaden – »feiner Rastplatz« bedeutet der chinesische Name. Portugiesische und chinesische Gerichte.
Rua Caetano No. 8, Coloane
Tel. 28 88 20 86

❻ FERNANDO

Das Lokal hinter der Bougainvilleenlaube ist schon eine Institution. In locker-rustikalem Ambiente kommen hier Meeresfrüchte auf den Tisch, stets in großen Portionen. Die Wartezeit auf einen freien Tisch lässt sich gut mit einem Aperitif überbrücken. Fernando akzeptiert keine Kreditkarten.
Am Hác-Sá-Strand, No. 9
Coloane
Tel. 28 88 22 64
www.fernando-restaurant.com

⑪ LORD STOW'S BAKERY

Versäumen Sie keinesfalls Macaus berühmteste Bäckerei, Spezialist für pastéis de nata – eine auf die Hand ist das Mindeste, was Sie dem authentischen Macau-Erlebnis schulden. Weitere Filialen.
Rua do Tassara No. 1
Coloane
Rua do Cunha 9-E, Taipa
www.lordstow.com

FEIERN

Drachen, Heilige und viel Musik – im Festtagskalender von Hongkong und Macau mischen sich chinesische und westliche Traditionen, wobei Erstere doch den Ton angeben.

Neujahr und mehr

Das **chinesische Neujahrsfest** ist ein Familienfest, bei dem das öffentliche Leben weitgehend zum Erliegen kommt; für manche Restaurants oder auch Museen ist es das einzige Mal im Jahr, dass sie für mehr als einen Tag schließen. Anders als sonst in China üblich, ist in Hongkong aber auch zu der Zeit noch einiges los, angefangen von den Neujahrsmärkten bis hin zum Großfeuerwerk. Trotzdem sind manche der weniger wichtigen Feste touristisch interessanter, besonders gilt dies für das **Drachenbootfest** und den **Tin-Hau-Geburtstag** sowie für das **Bun-Fest** auf Cheung Chau.

Wer bei einem der Hongkonger **Dezenniumsfeste** dabei sein kann, hat seltenes Glück, denn die Feste werden nur für einen kleinen Kreis publik gemacht. Bei den terminlich variablen Veranstaltungen wird die Wiederkehr der Gründung eines Gemeinwesens in Zehnjahresabständen gefeiert. Aus diesem Anlass werden riesige Theaterbühnen aus Bambus aufgestellt.

Mondkalender

Mit Ausnahme des Qingming-Festes richten sich die chinesischen Fest- und Feiertage nach dem traditionellen **Mondkalender,** bei dem die Monate mal 29, mal 30 Tage haben und der Vollmond immer auf den 15. Tag des Monats fällt. Schaltmonate, etwa alle drei Jahre eingefügt, hindern die immer um knapp 11 Tage zu kurzen Mondjahre daran, durchs Sonnenjahr zu wandern.

Chinesisch Neujahr wird von daher niemals früher als am 21. Januar gefeiert; es fällt immer auf den Neumond nach diesem Datum. Die Mondmonate sind auch für den Kultus außerhalb der Feste von Bedeutung. Im Tempel opfern Gläubige vorzugsweise zu Neumond und zu Vollmond.

www.hko.gov.hk/gts/time/conversion.htm

Veranstaltungen

Sowohl in Hongkong als auch in Macau spielen Festivals eine große Rolle, das gilt vor allem für **Hongkonger Kulturereignisse,** während in Macau der **Formel-3-Grand-Prix** bedeutsam ist. Die genauen Termine von Konzertreihen, Filmfestivals und sonstigen kulturellen Programmen und Veranstaltungen werden jedes Jahr neu festgelegt. Sportwettkämpfe und Straßenfeste finden in unregelmäßigen Abständen statt. Infos zu allen Arten von Veranstaltungen geben das Hong Kong Tourism Board (HKTB; ▶ Auskunft) und das Macao Government Tourism Office (s. u.). Die Fremdenverkehrsbüros in Hongkong und Macau halten gedruckte Veranstaltungshinweise und Sonderpublikationen bereit.

Auch in Hongkong geht es nicht ohne Neujahrs-Feuerwerk. Private Knallerei ist aber verboten!

Über Veranstaltungen in Hongkong informiert auch Urbtix (**www.urbtix.hk**), teilweise mit **Online-Reservierungsmöglichkeit**. Für das Smartphone gibt es die Buchungs-App »My Urbtix«. Eine neue, gut gemachte Übersicht zu allen Arten von Veranstaltungen ist **http://timable.com/en/**.

FESTKALENDER

VERANSTALTUNGSTICKETS

URBTIX

www.urbtix.hk
Tel. + 852 21 11 59 99
Tickets für viele Veranstaltungen werden in 35 Urbtix Outlets verkauft; die wichtigsten sind in der City Hall (▶ Central) und im Cultural Centre (▶ Tsim Sha Tsui). Liste der Urbtix Outlets (s. o.) unter www.lcsd.gov.hk/en/ticket/counter.html

CITYLINE

Karten zu Veranstaltungen, auch Sportereignisse
www.cityline.com/Events.do

JANUAR / FEBRUAR

NEUJAHR

1. Januar (gesetzlicher Feiertag).

CHINESISCHES NEUJAHR

Ende Januar, Anfang Februar findet das drei Tage dauernde wichtigste chinesische Fest mit Umzügen, Blumenmärkten und einem Großfeuerwerk über Victoria Harbour statt. Jede private Knallerei ist streng verboten (drei gesetzliche Feiertage).

LATERNENFEST

Zum ersten Vollmond des neuen Mondjahrs werden Prunklaternen zur Schau gestellt. Die schönsten sind am Cultural Centre in ▶ Tsim Sha Tsui zu sehen, große, figürliche Arrangements, die erst am Abend ihre Pracht entfalten. Sie stehen auch schon vor und noch nach diesem Datum; am Festtag selbst finden ebendort Freiluftveranstaltungen statt.

FEBRUAR

HONG KONG MARATHON

Rund 50 000 Läufer nehmen an der größten Sportveranstaltung der Stadt teil, Zieleinlauf ist am Victoria Park.
www.hkmarathon.com

HONG KONG ARTS FESTIVAL

Musik- und Theaterfestival mit weltberühmten Ensembles, die hier Gastspiele geben. Das Festival geht über vier Wochen, von Mitte Februar bis Mitte März.
www.hk.artsfestival.org

HONG KONG MASTERS

Das Springreiten dauert zweieinhalb Tage und findet in dem großen Zentrum der Asiaworld Expo am Flughafen statt.
www.longineshkmasters.com
www.cityline.com/Events.do (Tickets)

MÄRZ

HONG KONG SEVENS

Für Hongkong ein sportliches Großereignis: Wettkampf der weltbesten Rugby-Mannschaften. Die Veranstaltung gegen Ende März (manchmal auch Anfang April) geht über drei

Tage und findet im Hong Kong Stadium, Ortsteil Tai Hang, statt.
www.hksevens.com

HONG KONG INTERNATIONAL FILM FESTIVAL

Zweiwöchiges Festival mit Filmen aus aller Welt. Dauert bis Anfang April.
www.hkiff.org.hk

MÄRZ/APRIL

GEBURTSTAG DES NORDKAISERS

am 3. Tag des 3. Mondmonats
Der Nordkaiser (kanton.: Pak Tai) ist Herr des nördlichen Firmaments und ein mächtiger Schutzpatron, der v. a. Brandkatastrophen fernhält. Er wird in seinem Tempel in Macau (im Westen von ▸ Taipa-Dorf, Rua de Regedor) u. a. mit einer Opernaufführung geehrt.

OSTERFEIERTAGE

Karfreitag ist gesetzlicher Feiertag. In Macau schreitet am Abend eine eindrucksvolle Karfreitagsprozession von der Kirche Santo Agostinho zur ▸ Sé-Kathedrale.
Karsamstag: gesetzlicher Feiertag.
Ostersonntag: In Macau wird die Figur des kreuztragenden Christus von der Sé-Kathedrale am Nachmittag in einer Prozession zur Kirche Santo Agostinho zurückgetragen.
Ostermontag: gesetzlicher Feiertag nur in Hongkong.

APRIL

QINGMING-FEST

Traditioneller Totengedenktag am 4. oder 5. April, an dem die Gräber der Vorfahren gefegt und gereinigt werden und den Ahnen am Grab (oft im Rahmen eines Familienpicknicks) geopfert wird (gesetzlicher Feiertag).

APRIL/MAI

GEBURTSTAG DER TIN HAU (A MA)

am 23. Tag des 3. Mondmonats
Der wichtigste Feiertag für alle Seeleute, die ihrer Schutzpatronin in den ihr geweihten Tempeln opfern und ihr ihre Schiffsschreine bringen, damit sie mit neuer magischer Kraft aufgeladen werden. In Hongkong ist an zwei Stellen am meisten los. Besonders viele Schiffe und Seeleute kommen zu dem abgelegenen Tin-Hau-Tempel an der Joss House Bay, der als Muttertempel aller anderen Tin-Hau-Tempel gilt; von North Point aus verkehren Sonderfähren dorthin.
Eine Prozession mit farbenfrohen Drachentänzen und viel Lärm ist in Yuen Long im Nordwesten der New Territories zu erleben (ab Fung Cheung Road).

MAI

TAG DER ARBEIT

1. Mai (in Macau; gesetzlicher Feiertag)

GEBURTSTAG DES TAM KUNG UND BUDDHAS GEBURTSTAG

8. Tag des 4. Mondmonats (gesetzlicher Feiertag)
Tam Kung gilt als Herr des Wetters; ihm opfern daher vor allem die Seeleute – an seinem Geburtstag mit großem Aufwand in seinem Tempel in ▸ Shau Kei Wan (nahe MTR-Station: Shau Kei Wan). In buddhistischen Tempelklöstern werden die Buddhafiguren gewaschen.

BUN-FEST AUF CHEUNG CHAU, HONGKONG

im frühen 4. Mondmonat
Die größte traditionelle Ortschaft Hongkongs feiert zum Dank und zu Ehren ihres Schutzheiligen, des Nordkaisers (s. März/April), im Gedenken an das Ende einer Epidemie ein mehr-

tägiges Fest, in dessen Mittelpunkt der Ortstempel steht. Höhepunkt am letzten Tag ist zum einen ein Umzug mit prächtig gekleideten Kindern am Nachmittag; von verborgenen Gestellen gehalten, scheinen sie in der Luft zu schweben. Spätabends, zum Abschluss, werden Glück bringende Semmeln (englisch: »bun«) verteilt, die an hohen Bambusgestellen angebracht werden.

FÁTIMA-PROZESSION IN MACAU

13. Mai
Am Abend wird eine Figur der in Portugal hoch vereherten Madonna von Fátima in einer feierlichen Prozession von der Kirche São Domingos zur Penha-Kirche getragen.

MACAU ARTS FESTIVAL

Theater, Tanz, Musik, Ausstellungen: Internationale Künstler kommen in die Stadt. Das meiste findet im ▶ Centro Cultural in Macau statt, manches auch im historischen Teatro Dom Pedro V.
www.icm.gov.mo/fam

JUNI

DRACHENBOOTFEST

am 5. Tag des 5. Mondmonats
Zum Gedenken an den Dichter Qu Yuan (3. Jh. v. Chr.), der sich aus Gram über die Korruption im Staate ertränkte und trotz zu Hilfe eilender Drachenboote nicht gerettet werden konnte , werden Wettrennen mit Drachenbooten veranstaltet, schmalen, 12 m langen Kanus mit einem Drachenkopf und einem Drachenschwanz. Zuschauen können Sie am Stanley Beach, in ▶ Aberdeen, in ▶ Sai Kung, auf der Insel ▶ Cheung Chau und in Tai O im Westen von ▶ Lantau; in Tai O findet vor den Rennen eine farbenprächtige Bootsprozession statt. In Macau finden Drachenbootrennen mit internationaler Besetzung auf den Seen zwischen Halbinsel und Fernsehturm statt. Zum Fest verspeist man in Blätter gewickelten Klebreis, in herzhafter Form mit Fleisch oder in süßer Form mit roten Bohnen.

INTERNATIONAL DRAGON BOAT RACES UND BEER FESTIVAL

Nicht zu verwechseln mit den früher anlässlich des Drachenbootfests stattfindenden Rennen. Rund 200 Mannschaften aus aller Welt messen hier ihre Kräfte, und zwar auf einer Strecke vor der Promenade von ▶ Tsim Sha Tsui East, also vor grandioser Hochhauskulisse. Gleichzeitig findet ein Bierfest statt.

JULI

GRÜNDUNGSTAG DER SVR HONGKONG

Am 1. Juli wird die Rückgabe der einstigen britischen Kronkolonie an die Volksrepublik China im Jahr 1997 und zugleich die Gründung der »Hong Kong Special Administrative Region« gefeiert (gesetzlicher Feiertag in Hongkong).

AUGUST

MACAU INTERNATIONAL FIREWORKS DISPLAY CONTEST

An fünf Tagen ab Mitte September bis zum 1. Oktober zeigen Feuerwerker aus aller Welt ihr Können. Ort: unweit des Fernsehturms. Von den Ufern der Seen hat man einen idealen Blick.
http://fireworks.macautourism.gov.mo

SEPTEMBER

MITTHERBSTFEST (MONDFEST)

am 15. Tag des 8. Mondmonats

Der Herbstvollmond ist nach chinesischer Ansicht noch schöner und runder als die anderen Vollmonde. An sich sollte man sich im Familienkreis zur Mondbetrachtung ins Freie begeben (und sich womöglich ein Mondgedicht einfallen lassen), aber meistens bleibt es dabei, dass Mondkuchen verzehrt werden. Das sind zu diesem Anlass gebackene, kleine runde Kuchen mit einer marzipanähnlichen Füllung und einem Eigelb in der Mitte.
In Hongkong wird das Fest (gesetzlicher Feiertag) durch zusätzliche Aktionen angereichert. So gibt es an verschiedenen Orten einen »Lantern Carnival«, eine Schau kunstvoller Laternen; am bekanntesten dafür ist der Victoria Park. Eine traditionelle Spezialität im Ortsteil Tai Hang und keinesfalls zu versäumen ist der Tanz des Feuerdrachens, eines mit 70 000 glimmenden Weihrauchstäbchen besetzten Ungetüms, an drei aufeinanderfolgenden Abenden zu erleben in der Wun Sha Street und abzweigenden Gassen (südöstlich vom Victoria Park, MTR-Station: Tin Hau).

HONG KONG INTERNATIONAL JAZZ FESTIVAL

Nur wenige Tage, Ende Sept. bis Anfang Oktober, sind dem Jazz Festival gewidmet. Konzerte der Musiker aus aller Welt finden in der City Hall (► Central) und im Cultural Centre (► Tsim Sha Tsui) statt.
www.hkijf.com/en

OKTOBER

NATIONALFEIERTAG DER VOLKSREPUBLIK CHINA

1. Oktober

CHUNG-YEUNG-FEST

(Doppelter Neunter)
am 9. Tag des 9. Mondmonats
Ein Totengedenkfest mit Picknick, ähnlich dem Qingming-Fest (► S. 254).

MACAU INTERNATIONAL MUSIC FESTIVAL

Hier liegt der Schwerpunkt eindeutig auf der Musik. Es gibt auch Opernaufführungen, Workshops und Meisterklassen. Dauert ggf. bis Anfang November.
www.icm.gov.mo/fimm

NEW WORLD HARBOUR RACE

Massenschwimmen in Hongkong: Wer schafft es als Erster quer durch Victoria Harbour? Die Strecke führt vom Sam-Ka-Tsuen-Pier bei ► Lei Yue Mun zum Stadtteil Quarry Bay auf der Insel.
www.hkharbourrace.com

NOVEMBER

ALLERSEELEN

2. November: Allerseelen (gesetzlicher Feiertag in Macau).

HONG KONG PEOPLE’S FRINGE FESTIVAL

Den ganzen November über zeigt sich Hongkong von der kreativen Seite – lauter ungewöhnliche Veranstaltungen an kleinen und ebenso ungewöhnlichen Orten, in Galerien, Cafés und Übungsräumen, manchmal auf einer der oberen Etagen eines Gebäudes.
www.facebook.com/pplsfringe

MACAU GRAND PRIX

Schwierigstes und zugleich bedeutendstes Rennen der Formel 3. Die Rennen ziehen sich Mitte des Monats über drei Tage (► Tourist Activities Centre).
www.macau.grandprix.gov.mo

MACAU INTERNATIONAL MARATHON

Macaus größte Sportveranstaltung

Die Drachenbootrennen haben einen ernsten Hintergrund.

5
HONG KONG

fndet Ende November oder Anfang Dezember statt. Start und Ziel ist das sogenannte Olympiastadion auf Taipa.
www.macaomarathon.com/en

HONG KONG OPEN CHAMPIONSHIP

Das internationale Golfturnier, das auf dem Fanling Golf Course in Sheung Shui ausgetragen wird, ist Teil der sogenannten European Tour. Es geht über vier Tage.
https://honmahkopen.com

DEZEMBER

TAG DER UNBEFLECKTEN EMPFÄNGNIS

8. Dezember (gesetzlicher Feiertag in Macau).

GRÜNDUNGSTAG DER SVR MACAU

Feiertag zum Gedenken an die Rückkehr Macaus nach China am 20. Dezember 1999 und die Gründung der Sonderverwaltungsregion. Eine riesige Parade lockt Tausende von Zuschauern an. Diese kann bereits vor dem eigentlichen Datum stattfinden.

WINTERSONNENWENDE

22. Dezember (gesetzlicher Feiertag in Macau).

WEIHNACHTEN

24. Dezember: Heiligabend (gesetzlicher Feiertag in Macau).

1. Weihnachtsfeiertag (gesetzlicher Feiertag).

2. Weihnachtsfeiertag (gesetzlicher Feiertag in Hongkong).

MUSEEN

Auch wenn Hongkong und Macau keine Ausstellungshäuser von Weltgeltung besitzen, bieten sie doch eine erstaunliche Themenvielfalt. Und in kleineren Museen entdeckt man oft wirklich Ungewöhnliches.

Besondere Museen Die Museen in Hongkong und Macau überzeugen nicht nur mit spannenden Themen – man denke nur an das Pfandhausmuseum in Macau –, sondern auch mit ihrer Präsentation, die vor allem im Hongkonger Geschichtsmuseum sehr eindrucksvoll ist. Macau hat zudem mit dem Macau Museum und dem Museu Marítimo Liebenswürdiges geschaffen. In Macau gibt es insgesamt 17 Museen, die das Erbe aus der chinesischen und portugiesischen Kultur bewahren. Einige Museen befinden sich in restaurierten Kolonialgebäuden, z. B. in den »Taipa Houses«.

Eintrittspreise Die meisten Museen erheben eine nur geringe Eintrittsgebühr, zudem ist in den großen staatlichen Museen der Eintritt mittwochs frei.

MUSEEN IN HONGKONG

ART MUSEUM DER CHINESE UNIVERSITY

Chinesische Kunst der letzten 1000 Jahre mit Schwerpunkt auf Porzellan. Epigrafik und Steinabreibungen sind ein weiteres Sammelgebiet, hinzu kommen Objekte aus Bronze, Jade, Lack und anderen Materialien. Der zugehörige Garten zeigt eine moderne Adaption klassisch-chinesischer Gartenarchitektur.
Institute of Chinese Studies, Chinese University
Sha Tin, New Territories
MTR-Station: University
Mo.–Mi., Fr., Sa 10–17, So. 13–17 Uhr, Eintritt frei
www.artmuseum.cuhk.edu.hk/en

CORRECTIONAL SERVICES MUSEUM

Strafvollzugsmethoden aus mehr als 170 Jahren zeigt dieses kleine Museum, das mit teils furchterregenden Exponaten und nachgebauten Zellen intensiv Auskunft darüber gibt, wie es Bösewichtern und Verbrechern einst erging.
45 Tung Tau Wan Road, Stanley, Hong Kong Island
Bus: 6 ab Exchange Square bis Endstation
Di.–So. 10–17 Uhr (außer an Feiertagen), Eintritt frei
www.csd.gov.hk/emuseum

FILM ARCHIVE

Das Museum dokumentiert den Rang Hongkongs als Filmstadt. Regelmäßig gibt es Vorführungen, darunter sind viele anspruchsvolle Filme, die auch hier produziert wurden.
50 Lei King Road, Sai Wan Ho, Hong Kong Island
MTR-Station: Sai Wan Ho
tgl. (außer Di.) 10–20 Uhr
Eintritt frei (außer Filmvorführungen)
www.lcsd.gov.hk/CE/CulturalService/HKFA/en/index.php

FLAGSTAFF HOUSE MUSEUM OF TEA WARE

▶S. 52

HERITAGE MUSEUM

▶ S. 104

LEI CHENG UK HAN TOMB

▶S. 73

MARITIME MUSEUM

▶S. 61

MUSEUM OF ART

Zu bewundern sind edle klassisch-chinesische Tuschmalerei und Kalligrafie, Lackwaren, Keramik, Textilkunst, Bronzeobjekte und freundlich-ironische Figurinen, ferner wird das Hongkonger Gegenwartsschaffen gewürdigt, und immer wieder sind interessante Sonderausstellungen zu sehen. Besondere Beachtung verdient der schöne Museumsshop.
10 Salisbury Road, Tsim Sha Tsui, Kowloon,
MTR-Station: Tsim Sha Tsui
http://hk.art.museum

MUSEUM OF COASTAL DEFENCE

▶ S. 92

MUSEUM OF HISTORY

▶S. 119

MUSEUM OF MEDICAL SCIENCES

Das im früheren Pathologischen Institut untergebrachte Museum birgt zahlreiche historische Gerätschaften und Dokumente über medizinische Behandlungsmethoden. Aufschluss-

reich sind die vergleichenden Gegenüberstellungen westlicher und traditioneller chinesischer Medizin.
2 Caine Lane, Mid-Levels, Hong Kong Island
Bus: 26 ab MTR-Station Central, Ausgang G, bis Man Mo Temple
Di.–Fr. 9.30–11.30, 12.30–16.15, Sa 9.30–14, So. 13–17 Uhr
Eintritt: 10 HK-$
www.hkmms.org.hk

MUSEUM M+

►S. 79

POLICE MUSEUM

Hier erfährt man die Geschichte der Polizei von Hongkong anhand zahlreicher Ausstellungsstücke. Beachtenswert ist der Ausstellungsteil über die berüchtigten chinesischen Triaden.
27 Coombe Road, The Peak, Hong Kong Island
Bus: 15 ab Exchange Square bis Wan Chai Gap Road/Peak Road
Di. 14–17, Mi.–So. 9–17 Uhr, Eintritt frei
https://www.police.gov.hk/museum/en

RAILWAY MUSEUM OF HONG KONG

► S. 112

SAM TUNG UK MUSEUM

Einen faszinierenden Einblick in die Vergangenheit Hongkongs ermöglicht dieses kleine Museum, das 1981 zum historischen Denkmal erklärt wurde. Hauptexponat ist das Museumsgebäude selbst: ein ummauertes »Dorf« der Hakka-Volksgruppe. Es besteht jedoch aus einem einzigen, mehrhöfigen Gebäude, das 50 m lang und 36 m breit ist, mit nur einem Eingang und ohne Fenster. Es entstand 1786 und war bis 1980 bewohnt – von bis zu 300 Personen einer einzigen Sippe. Heute sind hier der einstige Ahnentempel sowie historische Möbel und Gerätschaften und Ausstellungen über Hongkongs Kulturerbe zu sehen.
2 Kwu Uk Lane, Tsuen Wan, New Territories
MTR-Station: Tsuen Wan
Mo., Mi., So. 10–18 Uhr
Eintritt frei
www.lcsd.gov.hk

SCIENCE MUSEUM

►S. 120

SPACE MUSEUM

Raumfahrt und Astronomie sind die Themen der Ausstellung, und unter der großen Kuppel befindet sich auch ein Planetarium. Das Museum mit seinen zahlreichen interaktiven Installationen ist besonders auf Jugendliche zugeschnitten.
10 Salisbury Road, Tsim Sha Tsui
MTR: Tsim Sha Tsui (Kowloon)
Mo. und Mi.–Fr. 13–21, Sa. und So. 10–21 Uhr
Eintritt: 10 HK-$ (ohne Planetarium)
http://hk.space.museum

UNIVERSITY MUSEUM & ART GALLERY

Eine Freude ist die Keramiksammlung: Selten erhält man einen so konzentrierten Überblick über die Stilentwicklung in 3000 Jahren chinesischer Geschichte. Einige frühchinesische Bronzegefäße sind bis zu 3000 Jahre alt. Der Hauptschatz des Museums ist jedoch die weltgrößte Sammlung kleiner christlich-nestorianischer Bronzekreuze aus dem China der Mongolenzeit (13. Jh.).
Fung Ping Shan Building und T. T. Tsui Building, University of Hong Kong
90 Bonham Road, Hong Kong Island
MTR-Station: HKU, Ausgang A1
Mo.–Sa. 9.30–18, So. 13–18 Uhr
Eintritt frei
www.hkumag.hku.hk

MUSEEN IN MACAU

GRAND PRIX MUSEUM
► S. 146

HANDOVER MUSEUM
► S. 140

LIN ZEXU MUSEUM
► S. 162

MACAU MUSEUM
► S. 170

MUSEU DAS COMUNICAÇÕES – KOMMUNIKATIONSMUSEUM
In dem modernen Bau erfährt man (fast) alles zu den Themen Post und Telekommunikation. Es ist nach neuesten museumsdidaktischen Grundsätzen gestaltet und vieles ist interaktiv. Damit ist es natürlich auch auf Museumsbesucher im schulpflichtigen Alter ausgerichtet.
Estrada D. Maria II No. 7,
Halbinsel, Bus 2
Tgl. 9–17.30 Uhr
Eintritt: 10 Ptcs
http://macao.communications.museum

MUSEU DE ARTE
►S. 140

MUSEU DE ARTE SACRA
► S. 170

MUSEU MARÍTIMO
►S. 139

PFANDHAUSMUSEUM – CASA DE PENHORES TRADICIONAL
Erst beim Blick auf den Bau von der Nebenstraße aus begreift man die Bedeutung: Es erhebt sich ein im Erdgeschoss fensterloser und weiter oben mit Schlitzen versehener Turm, acht Geschosse für die Pfänder und keine Chance für Einbrecher. Im Innern des 1917 erbauten Hauses kann man nachvollziehen, wie der Pfandleiher die Geschäfte kontrollierte, ohne von der Kundschaft gesehen zu werden. Der Zugang erfolgt durch das hübsche Kulturzentrum im Nachbargebäude.
Av. Almeida Ribeiro No. 396
tgl. 10.30–19 Uhr (geschl. 1. Mo. im Monat)
Eintritt frei
www.macaumuseum.gov.mo

SCIENCE CENTRE
►S. 141

TAIPA HOUSES MUSEUM
►S. 172

SHOPPEN

Was in Hongkong nicht zu kaufen ist, das erhält man wohl nirgendwo – zumindest wird das gern behauptet. Die Fülle des Angebots auf engem Raum ist tatsächlich beeindruckend.

Augen auf beim Kauf

Allgemeine Hinweise

Hongkong hat die weltweit höchsten Ladenmieten, was sich auch im **Ladenpreis** zeigt. Bei Modeartikeln schlagen diese sehr deutlich zu

Mit diesem Souvenir weiß man, was die Stunde geschlagen hat.

Buche. So ist es dann womöglich nur noch die enorme Auswahl in den kaufhausgroßen Läden von Armani, Abercrombie & Co., die für einen Kauf spricht. Bei der Rückreise wird eine Einfuhrumsatzsteuer (Mehrwertsteuersatz) fällig, jedenfalls bei allen Einkäufen, die in der Summe den Freibetrag (Deutschland derzeit: 430 Euro) überschreiten. An **Importwaren aus Europa** ist nur zu finden, was auch hohes Prestige besitzt. Teuerste Schweizer Armbanduhren sieht man in den entsprechenden Einkaufsvierteln in der ganzen Stadt.

Qualitätssiegel

Gerade beim Einkauf teurer Waren sollten Sie darauf achten, ob an der Ladenfront ein großes **Q** mit einem chinesischen Zeichen darin angebracht ist. Es steht für »quality«. Damit zeichnet das Hong Kong Tourism Board Geschäfte aus, die sich zu gewissen Standards nicht nur hinsichtlich Beratung und Warenkenntnis, sondern auch ehrlichen Geschäftsgebarens verpflichtet haben. Bei Kundenbeschwerden können sie dieses Qualitätssiegel auch wieder verlieren.
Hochwertige elektronische Waren sollte man zudem nur bei Vertragshändlern (**»authorized dealer«** oder »authorized reseller«) der jeweiligen Marke kaufen. Gewöhnlich sieht man entsprechende Aufkleber an der Ladentür. Nur solche Händler geben international gültige Garantien. Fragen Sie in einem Büro des HKTB ggf. nach entsprechenden Adressen.

Antiquitätenkauf

Da in China viel und oft auch so gut gefälscht wird, dass selbst seriöse Händler schon darauf hereingefallen sind, sollte man beim Kauf wertvoller Objekte vorsichtig sein. Von einer angeblichen Ming-Vase etwa für 1000 Euro sieht man besser gleich ab, denn für anerkannt echte alte chinesische Kunst fehlen da ein bis drei Nullen. Aber auch eine kunstgerecht hergestellte Replik kann ein guter Kauf sein – zu entsprechend niedrigerem Preis, versteht sich. Seriöse Händler erkennt man leicht daran, dass in ihren Auslagen jedes einzelne Stück effektvoll angestrahlt wird und so zur Geltung kommt.

Kaufstrategien

Auf den Straßenmärkten ist **Feilschen** angebracht, in kleineren Läden kann man es versuchen, aber meistens bringt es nicht viel. Realistisch ist ein Nachlass von etwa 10 Prozent bei Barzahlung. Billigware, die umgerechnet nicht mal einen Euro kostet, sollte man nicht herunterzuhandeln versuchen.
Bei Kreditkartenzahlungen wird gewöhnlich kein **Rabatt** gewährt. Wird auf höherwertige Ware (Kameras, Elektronik) ein Nachlass von 30 Prozent oder mehr gegeben, sollte man besser auf den Kauf verzichten, denn so groß sind die Handelsspannen nicht und man muss Betrug vermuten.

Einkaufsbummel in Hongkong

Souvenirs

Beginnen wir bei Chinatypischem. **Chinesisches Kunsthandwerk, Jade- oder Goldschmuck** gibt es in Hongkong in erstklassiger Exportqualität. Es ist zwar teurer als jenseits der Grenze, aber dafür halten die entsprechenden Läden garantiert Ware erster Wahl vor. Hochwertige Teeblätter, hübsches Teegeschirr, eine Seidenbluse, ein Lackdöschen und allerlei kurioser Nippes bieten sich immer als Mitbringsel an.
Sodann findet sich witzige **Designerware** aus Hongkong. Wer gern nach Ungewöhnlichem, Innovativem und Farbenfrohem stöbert, kann in Läden wie GOD oder Shanghai Tang spannende Entdeckungstouren machen. **Ware aus Japan** ist Teil des Hongkonger Lebensstils und in großer Auswahl und guter Qualität zu haben, zudem – beispielsweise bei Muji – auch in spezifischem Design.

Märkte

Immer eine Freude sind die Märkte, allen voran der beliebte Markt in ▶ **Stanley** und der **Temple-Street-Nachtmarkt** (▶ S. 127). Dort findet man noch am ehesten Sachen, die nicht teuer, aber qualitativ in Ordnung sind. Aber auch einmal über den **Blumen- oder Zierfischmarkt** zu schlendern, kann für völlig neue Eindrücke sorgen.

Kunst und Antiquitäten

Einen guten Ruf genießt Hongkongs Kunst- und Antiquitätenhandel. Die Stadt verfügt über 58 teils hochklassige **Galerien für moderne**

Kunst. Großes Interesse erfährt traditionell der Antiquitätenhandel mit seinem breit gefächerten Spektrum, das von teuren Originalen alter chinesischer Kunst bis zu Mao-Devotionalien reicht.

Maßgeschneidertes

Die Maßschneiderei wird in Hongkong außer von Hongkong-Chinesen von Indern betrieben. Lassen Sie sich nicht zu einem Auftrag drängen. Wenn man Ihnen anbietet, Maßgeschneidertes innerhalb von 24 Stunden zu liefern, leidet darunter unweigerlich die Qualität des Kleidungsstücks. Zwei Anproben sind die Regel. Geben Sie dem Schneider dafür mindestens drei Tage Zeit. Anzahlungen sind in diesem Falle unerlässlich.

Schmuck

Hongkong ist auch ein guter Ort für den Einkauf von Schmuck. Beim Design dominiert chinesischer Geschmack, und generell sollte man sich darüber im Klaren sein, dass der Wiederverkaufswert von Schmuck gering ist.
Während **Jade** ausgesprochen ästhetisch sein kann, ist die Beurteilung des Werts eine Sache von Spezialisten, und nichtchinesische Touristen laufen Gefahr, minderwertige Stücke angepriesen zu bekommen. Besser sieht es bei **Goldschmuck** aus. Laut Gesetz muss das Maß des Feingehalts eingestempelt sein. Zumindest der Materialwert lässt sich daher gut einschätzen. Für Schmuck aus Gold und Edelsteinen stellen die seriösen Händler auch **Echtheitszertifikate** mit genauer Beschreibung aus.

Schnäppchen

Schnäppchenjäger sollten zufällig ergebende Gelegenheiten nutzen. Manche Händler mieten z. B. nur für einen Monat einen Ladenraum an, der gerade leer steht, und verkaufen dort ein für wenig Geld erworbenes Restkontingent an Kleidung oder Schuhen zu einem geringen Preis. Vier Wochen dauert die Aktion, dann sind die Räume wieder leer. Regelmäßige Schlussverkaufszeiten sind unbekannt, **Sonderaktionen** finden jedoch das ganze Jahr über hier und da statt. Hochwertige Winterkleidung (z. B. Kaschmirpullover) ist im Februar oder März günstiger als beispielsweise im November.

Einkaufsmeilen

Auf Hong Kong Island hebt sich die ▶ **Hollywood Road** als Antiquitätenmeile heraus, der ▶ **Central District** für Luxuswaren in entsprechenden Einkaufspalästen (IFC Mall, Landmark) sowie ▶ **Causeway Bay** für das bunteste Angebot: Hier gibt es Ware von schräg bis edel, von billig bis sehr teuer.
In Kowloon tummeln sich die meisten Gäste der Stadt in **Tsim Sha Tsui,** dem Haupttouristenviertel, aber dort ist die Gefahr, eine Fälschung zu erwerben, größer als anderswo – jedenfalls gilt das für den Bereich Nathan Road/Peking Road. Attraktiver ist da schon der Stadtteil ▶ **Mong Kok,** der sich v. a. für den Kauf von Optik- und Elektronikartikeln sowie Sportwaren anbietet.

In den Einkaufsvierteln öffnen die Läden üblicherweise ab 10, teilweise erst ab 11 oder gar 12 Uhr. In ▶ Central schließen sie um 18 oder 19 Uhr, in ▶ Causeway Bay nicht vor 22 Uhr, teils erst um Mitternacht. In anderen Vierteln liegt der Ladenschluss irgendwo dazwischen. In Central bleiben viele Läden sonntags geschlossen, in allen anderen Stadtteilen stehen sie dem Einkaufspublikum sieben Tage die Woche offen.

Öffnungszeiten

Einkaufsbummel in Macau

Der Einkaufsbummel lohnt in Macau vor allem in den Gassen, die **vom Largo do Senado zur St.-Pauls-Ruine** führen und mehr noch westlich davon im Bereich der Straßen **Rua de Nossa Senhora de Amparo, Rua da Tercena und Rua das Estalagens**. Die traditionelle Haupteinkaufsstraße Macaus ist allerdings die **Avenida de Almeida Ribeiro,** die sich vor dem Leal Senado einmal schnurgerade quer über die Halbinsel zieht.

Einkaufsgebiete

In Macau liegt das Preisniveau generell etwas niedriger als in Hongkong; das gilt jedoch nicht für die Einkaufspassagen der »Las-Vegas«-Hotels.
Der **Preisvorteil gegenüber Hongkong** ist ausgeprägt bei Wein und Tabak (niedrige Zollfreigrenzen bei der Wiedereinreise nach Hongkong beachten!), aber auch Antiquitäten (oder Pseudoantiquitäten) sind bei deutlich geringerer Auswahl günstiger zu haben.

Preise

AUSGESUCHTE SHOPPING-ADRESSEN

BRILLEN

NEW FEI OPTICAL

An dieser Adresse trifft es zu: billig und doch gut. Es gibt eine Riesenauswahl an Gestellen, und alles geht professionell zu.
14 Bowring Street, Kowloon
MTR-Station: Jordan, Ausgang C 2
www.newfei.com.hk

BÜCHER

SWINDON BOOK CO.

Hongkongs englischsprachige Traditionsbuchhandlung führt ein großes Sortiment an Hongkong- und Chinaliteratur. Das Haus hat eine Tradition, die bis 1918 zurückreicht.
13–15 Lock Road
Tsim Sha Tsui, Kowloon
MTR-Station: Tsim Sha Tsui
www.swindonbooks.com

COMPUTER UND ELEKTRONIK

WAN CHAI COMPUTER CENTRE

Geradezu labyrinthisch mit all seinen kleinen Lädchen ist das Zentrum, aber sehr lohnend für preisgünstiges

Zubehör (Mäuse, Speichermedien, auch einfache Digitalkameras etc.).
130 Hennessy Road,
Wan Chai
MTR-Station: Wan Chai

DESIGN

GOD
Witziges Hongkonger Design von der Postkarte bis zum Tisch zieht Kauflustige zu GOD. Der Name steht für »Goods of Desire« – Sehnsuchtsgüter. Es gibt mehrere Filialen, die größte gehört zum Design-Zentrum PMQ.
48 Hollywood Road, Central
MTR-Station: Central
www.god.com.hk

MUJI
Japanische Kette, die sich über die betont schlichte Gestaltung einer großen Produktpalette definiert. Die Qualität ist gut bei sehr reellen Preisen. Weitere Filialen, z. B. in der Harbour City.
3/F, Lee Theatre Plaza, 99 Percival Street, Causeway Bay
MTR-Station: Causeway Bay
www.muji.com.hk

PMQ
► S. 109

SHANGHAI TANG
Farbenfrohes Hongkonger Design, das in oft durchaus witziger Weise mit traditionellem chinesischen Dekor spielt. Hochwertige, relativ teure Ware mit einem Schwerpunkt auf Damenbekleidung und Accessoires.
1 Duddell Street, Central
MTR-Station: Central
www.shanghaitang.com

EINKAUFSZENTREN UND KAUFHÄUSER

HARBOUR CITY
450 Läden, 50 Restaurants, 3 Hotels und ein Kreuzfahrtterminal formieren sich in Kowloon zu einem riesigen Komplex aus mehreren Teilen, die zusammenhängen; die größten darunter sind Gateway Arcade und Ocean Terminal. Besondere Beachtung verdient die Kinderetage im Ocean Terminal (Erdgeschoss).
Canton Road, Tsim Sha Tsui
MTR-Station: Tsim Sha Tsui
www.harbourcity.com.hk

HORIZON PLAZA
Hier verkaufen die großen Hongkonger und internationalen Modemarken wie Armani, Boss, Joyce oder Salvatore Ferragamo alles zu stark herabgesetzten Preisen, was in den Innenstadtläden keine Liebhaber fand, zudem gibt's jede Menge Innenausstatter und andere Läden mit Rabatt-Artikeln. Das alles füllt 25 Etagen eines Hochhauses – genug, um sich einen ganzen Regentag lang stöbernd zu verlustieren. Ganz oben bietet das Tree Café Stärkung.
2 Lee Wing Street
Ap Lei Chau
www.horizonplazahk.com

IFC MALL
Geräumig und elegant ist diese Shoppingdestination in zentraler Lage. Sie beherbergt auf drei Ebenen über 200 Adressen, darunter drei Dutzend Restaurants, ein Kino, das Luxushotel Four Seasons sowie das Edelkaufhaus Lane Crawford.
8 Finance Street, Central
MTR-Station: Hong Kong; Central
www.ifc.com.hk/mall

LANDMARK
Der älteste Luxusshoppingpalast im Zentrum, mehrfach wieder umgebaut. Ein Besuch lohnt, will man Mode führender Hongkonger Couturiers kaufen.
12–16 Des Voeux Road Central, Central
MTR-Station: Central
www.landmark.hk

LANGHAM PLACE

Einkaufen auf 15 Etagen! Der Komplex, zu dem auch ein Hotel und ein Kino sowie drei Dutzend Restaurants gehören, ist architektonisch spektakulär mit seinen schrägen Winkeln, einem fünf Etagen hohen gläsernen Atrium, langen Rolltreppen und einem schneckenförmig ansteigenden Gebäudeteil. Mit vielen Hongkonger Marken liegen Sortiment und Preise eher im normalen Bereich.
Portland Street, Ecke Argyle Street, Mong Kok
MTR-Station: Mong Kok
www.langhamplace.com.hk

PACIFIC PLACE

Hongkongs einziges Einkaufszentrum mit direktem Parkzugang! Es sind viele Luxusmarken vertreten und im Untergeschoss befindet sich eine große Lebensmittelabteilung mit Frischware. Zu dem Komplex gehören drei Luxushotels, Kinos und diverse Restaurants.
88 Queensway, Admiralty
MTR-Station: Admiralty
www.pacificplace.com.hk

SOGO

Das größte japanische Kaufhaus der SVR breitet sich über 12 Etagen aus. Neben internationaler Designermode finden sich auch viele hochwertige Waren aus japanischer Produktion.
555 Hennessy Road, Causeway Bay
MTR-Station: Causeway Bay
www.sogo.com.hk

TIMES SQUARE

Kein Platz, sondern Hongkongs erstes vertikal orientiertes Einkaufszentrum.

Shopping auf 12 Stockwerken im Times Square

Es war bei der Eröffnung 1994 eine Sensation. Hier türmen sich 12 Ladenetagen (davon zwei unterirdisch) übereinander und darüber drei Stockwerke mit Restaurants.
1 Matheson Street, Causeway Bay
MTR-Station: Causeway Bay
www.timessquare.com.hk

YUE HWA CHINESE PRODUCTS

Gegründet für Exportwaren vom Festland, werden hier zwar auch internationale Marken verkauft, doch das Sortiment ist weiterhin chinesisch geprägt. Besonders die Abteilungen für Porzellan und Seide lohnen einen Besuch.
301–309 Nathan Road,
Yau Ma Tei, Kowloon
MTR-Station: Jordan
www.yuehwa.com

ELEKTRONISCHE UND OPTISCHE GERÄTE

FORTRESS

Nur eine von vielen Filialen des führenden Hongkonger Technikmarkts. Weitere gibt es beispielsweise in Harbour City und im Times Square.
Shop 4–6, Wai Fung Plaza,
664 Nathan Road, Mong Kok,
Kowloon
MTR-Station: Mong Kok
www.fortress.com.hk

OCEAN CENTRE

Der 3. Stock ist ganz Optik, Elektronik und Hifi gewidmet. Neben weiteren Marken sind hier Filialen von Fortress und Broadway vertreten.
Harbour City, Canton Road,
Tsim Sha Tsui, Kowloon
MTR-Station: Tsim Sha Tsui
www.harbourcity.com.hk

SAI YEUNG CHOI STREET

Ab Argyle Street südwärts: eine Straße mit Sortimentsschwerpunkt auf Computern, Kameras, Videogeräten und allem, was dazu gehört. Hier kaufen die Hongkonger ein. Läden mit Quality-Siegel sind beispielsweise Wing Shing Photo in Hausnr. 55 und Broadway in Nr. 78.
Mong Kok, Kowloon
MTR-Station: Mong Kok

GALERIEN

ARTOMITY

Artomity ist Hongkongs Kunstmagazin, es stellt Galerien, Ausstellungen und Kunstaktionen vor.
https://artomity.art/

HONG KONG ART GALLERY ASSOCIATION

Der Verein Hongkonger Kunstgalerien veranstaltet im November eine »Art Week«, zu der beispielsweise ein »Gallery Walk for Charity« gehört.
http://www.hk-aga.org/

KUNST UND KUNSTHANDWERK

»CAT STREET«

▶ Tour 2
Upper Lascar Row
Sheung Wan
MTR-Station: Sheung Wan

CHINESE ARTS AND CRAFTS

Hochklassiges Kunsthandwerk aus China wird hier verkauft, teuer und verlässlich, im Stil eher traditionell, aber auch dezent modernes Design ist zu finden. Dies ist sicher der beste Ort, um sich über Qualität und Preise von Jade zu informieren.
2/F Causeway Centre
28 Harbour Road
MTR-Station: Wan Chai

HOLLYWOOD ROAD, WYNDHAM STREET

▶ Hollywood Road

MÄRKTE

BLUMENMARKT, VOGELMARKT
Kowloon
▶ S. 91

FA-YUEN-STRASSENMARKT
Ein bunter Stadtteilmarkt mit Billigwaren – von Socken über Spielzeug bis zu Frischobst.
Fa Yuen Street, Mong Kok
MTR-Stationen: Prince Edward; Mong Kok

LADIES' MARKET
▶ S. 91, 226

NELSON-STREET-MARKT
▶ S. 91

STANLEY MARKET
▶ S. 109

TEMPLE-STREET-NACHTMARKT
▶ S. 127

»THE LANES«
Zwei Marktgässchen mitten im Central District: Stände mit Taschen, Schuhen, Kleidung (auch im chinesischen Stil, auch für Kinder), Modeschmuck und manch anderem. Hier ist Feilschen angesagt.
Li Yuen Street East, Li Yuen Street West, Central
MTR-Station: Central

SCHMUCK

JADEMARKT
▶ Yau Ma Tei
Kansu Street/Reclamation Street, Yau Ma Tei, Kowloon
MTR-Station: Yau Ma Tei

KING FOOK
Zentrale Filiale einer renommierten, sehr soliden Firma, die vor allem Goldschmuck verkauft.
30–32 Des Voeux Road Central, Central
MTR-Station: Central

PRINCE'S BUILDING
Das bescheiden auftretende Einkaufszentrum birgt einige seriöse Schmuckhändler, darunter C. Y. Tse (Shop 229) für alten Jadeschmuck und Wai Kee (Shop 104–105), der auch Perlen führt.
10 Chater Road/Statue Square, Central
MTR-Station: Central

WING KUT STREET
Ein Gässchen, dass dem falschen Schmuck gewidmet ist: Hier wird Strass verkauft.
Sheung Wan
MTR-Station: Sheung Wan

SCHNEIDER

MANDARIN TAILOR
Altbewährter, konservativer Damen- und Herrenschneider.
Raum 604, Takshing House, 20 Des Voeux Road Central, Central
MTR-Station: Central
Tel. 35 25 08 32
www.mandarintailor.com

TCNY
Damen- und Herrenschneider, der stärker modeorientiert ist und gern mit hellen, sommerlichen Stoffen arbeitet.
Shop B, 43–49 Wellington Street, Central
MTR-Station: Central
Tel. 22 59 50 00
www.tcny.com.hk

TEE

FOOK MING TONG
Sehr feiner Teeladen für Qualitätsware, verkauft auch Geschirr.
3316 Gateway Arcade
Harbour City, Tsim Sha Tsui
MTR-Station: Tsim Sha Tsui
www.fookmingtong.com

STADTBESICHTIGUNG

Vom Festland zu den Inseln? Kein Problem. Hongkong ist durch Bahnen, Busse und Fähren bestens erschlossen, aber hier wie anderswo gilt: Wer zu Fuß unterwegs ist, erlebt am meisten. Gerade die Kleinigkeiten des alltäglichen Lebens sind es, die einen Bummel in den älteren Stadtvierteln (Mong Kok, Yau Ma Tei, Ho Man Tin, Sheung Wan) besonders spannend machen.

Hongkong

Zu Fuß

Im Bereich **Central** und **Admiralty** kann man regelrecht »Wanderungen« unternehmen, vor Sonne und Regen unter einem Dach geschützt: Ein Netz aus Brücken und Passagen schenkt den Fußgängern eine eigene Verkehrsebene. Central ist auch der wichtigste Ausgangspunkt für Fahrten zu den anderen Inseln und für Bustouren in den Süden sowie für Bahnfahrten in den Westen der New Territories. Für Stadterkundungen zu Fuß hat Hongkongs Tourismusverein HKTB einige Vorschläge ausgearbeitet. Zu einigen davon gibt es handliche, gedruckte Broschüren; sie sind auch in der HKTB-App **»My Hong Kong Guide«** enthalten. Je drei Routen erschließen dicht bebaute Teile der Insel bzw. von Kowloon, zwei weitere führen zu Zielen in den New Territories.

Star Ferry, Straßenbahn, Peak Tram

Drei Verkehrsmittel aber gibt es, die jeder einmal benutzen sollte, und das gleich aus zwei Gründen: Sie selbst sind eine Sehenswürdigkeit, und sie lassen Hongkong unter einem jeweils eigenem Aspekt erleben. Die **Star Ferry,** die seit 1898 zwischen der Insel und Kowloon pendelt, bietet das Stadtpanorama vom Wasser aus. Eine Fahrt mit der gemächlich daherschwankenden, d**oppelstöckigen Tram** – seit 1904 ist sie in Betrieb – verschafft Einblicke in die Straßenschluchten und ins tägliche Leben; Wagen nach Kennedy Town bzw. Shau Kei Wan fahren am weitesten, solche nach Happy Valley enden in einer unattraktiven Zweiglinie. Die besonders bei Fotografen begehrten Plätze oben vorn erhalten Sie eher, wenn Sie an einer der Endhaltestellen einsteigen, z. B. am Western Market oder in Causeway Bay. Die **Peak Tram** schließlich ist das älteste und spektakulärste der drei Verkehrsmittel (▶ Peak); ihre Doppelwaggons, von je einem 1500 m langen Kabel gezogen, pendeln seit 1888 zwischen der Talstation an der Garden Road und der Bergstation in 400 m Höhe und verschaffen schon beim Hochfahren tolle Aussichten. Die idealen Sitzplätze sind rechts am Fenster.

Bustouren

Bei »**Hop-on/Hop-off**«-Rundtouren kann man beliebig oft aus- und wieder einsteigen. Rickshaw Bus hat eine Route auf der Insel und

6X TYPISCH

Dafür fährt man nach Hongkong und Macau.

1. CHEUNG CHAU

Das »outlying island« mit der **größten historischen Ortschaft**, der lebendigsten Tradition (Bun-Fest und Pak-Tai-Tempel), Dschunkenhafen und Sandstrand – hier kommt zusammen, was woanders verstreut liegt. (▶ **S. 64**)

2. HOCHHAUS-RESTAURANTS

Etliche Einkaufszentren gehen mehr in die Höhe als in die Breite – gekrönt von Restaurant-Etagen wie im **iSquare** an der Nathan Road oder im **Times Square** in Causeway Bay. (▶ **S. 90, 54**)

3. FEIERABEND

Einkaufen, essen gehen, ins Kino, in die Bar – wo wäre das typischer zu erleben als in **Causeway Bay?** Was für Menschenmassen! Und doch tritt man sich nicht auf die Füße und steht geduldig Schlange. Man muss es erlebt haben. (▶ **S. 53**)

4. DIMSUM-FRÜHSTÜCK

Den Klassiker liefert etwa **Jade Garden** im Causeway Bay Plaza 2. Ein Großteil der Dimsum wird noch per Büfettwagen durchs Restaurant geschoben und die Dimsum-Stunden gehen wochentags von 7.30 bis 16.30 Uhr. (▶ **S. 241**)

5. TRAM

Die doppelstöckige **Straßenbahn,** seit 1904 unterwegs, fungiert schon als Wahrzeichen, ist Hongkonger Inventar und rollende Nostalgie. Längst hätte man klimatisierte Wagen haben können, aber nein! Sie bleibt, wie sie immer war. (▶ **S. 270, 306**)

6. BLICK AUFS GRAND LISBOA

Und zwar **von der São-Paulo-Ruine** aus. Die Wahrzeichen des historisch-frommen Macau und des geldverrückten Fernost-Las-Vegas haben Sie hier in einem Blick. (▶ **S. 167**)

zwei, die von der Insel aus vorwiegend durch Kowloon verkehren, davon eine »Night Scene«-Tour, Big Bus verkehrt auf drei Routen: einer in Kowloon (ab Ostende der Promenade Avenue of Stars) und zwei auf der Insel (ab Star Ferry Pier), davon führt eine in den Inselsüden bis nach Stanley.
Ein umfangreiches Angebot an **geführten Touren** finden Sie beim Hongkong Tourism HKTB (▶ Auskunft). Im Vordergrund stehen kulturelle Hintergünde und die Geheimnisse des Alltags, die Ihnen ohne entsprechenden Hinweis und kundige Erklärung verborgen blieben, aber gewissermaßen zu Hongkongs Seele gehören – etwa die spannenden Foodie-Touren (Tipp: Sham Sui Po). Die angebotenen Themen reichen vom Sozialwohnungsbau über die Ökologie des Kowloon-Parks bis zu Zeugnissen der Militärgeschichte auf Mount Davis.
So hilfreich wie interessant sind **Bustouren durch die New Territories,** denn die Sehenswürdigkeiten dort liegen verstreut. Sie mit dem öffentlichen Nahverkehr zu erreichen, kostet viel Zeit. HKTB hat auch hierzu entsprechende Routen ausgearbeitet: »Trail to the Hidden Oasis« bspw. führt u. a. zu einem buddhistischen Tempel und zu zwei Sippendörfern; am Ende können Sie Ihre Wünsche an das Schicksal auf einen Zettel schreiben und an einem »Wunschzettelbaum« befestigen. Zu empfehlen ist auch die von Gray Lines durchgeführte »Heritage Tour«. Sie macht Station an einem Großteil des Ping Shan Heritage Trail, dem Haus eines einstigen Mandarins, an einem Gemüsemarkt und einem Tempel im Zentrum von ▶ Tai Po.

Wanderungen und Radtouren

Die handliche HKTB-Broschüre **»Your Guide to Hiking & Cycling in Hong Kong«** (engl.) enthält zwölf Vorschläge für kürzere und längere Wanderungen, stadtnahe wie stadtferne, sowie zwei Anregungen für Radtouren in den New Territories.

Hafenrundfahrten, Bootstouren

Die **Star Ferry** bietet täglich Hafenrundfahrten an, die Boote beschreiben eine große Schleife zwischen Kowloon und der Insel. Weitere Hafenrundfahrten gibt's von Watertours. Romantischer und uriger ist der gemächlichere Törn mit der **Aqua Luna**, einer umgebauten Segeldschunke. Sie dreht nachmittags mehrfach eine dreiviertelstündige Runde durch den östlichen Victoria Harbour mit Motorkraft, aber für die Optik werden immer noch brav Segel gesetzt. Tipp: Mit der Aqua Luna um die Insel herum bis Stanley fahren (▶ Abb. S. 29)!
Für alle, die an den geologischen Formationen der unbewohnten Inselwelt im Osten von Hongkong Interesse haben oder sich überhaupt für einen längeren Ausflug zu unberührten Küsten begeistern können, bieten sich entsprechende Boots- und Wandertouren zum und durch den **Unesco Geopark** an. Ebenfalls im Programm eines Hongkonger Anbieters: Bootstouren zu den weißen (oder rosa) Delfinen, die im Bereich der Perlflussmündung dem Schmutz und dem Lärm von tausend Schiffsmotoren trotzen, dort allerdings auch ein Schutzgebiet haben.

Macau

Nur wer im historischen Zentrum zu Fuß geht, bekommt hier auch etwas zu sehen. Überschaubar sind auch die Dörfer Taipa und Coloane auf den gleichnamigen Inseln. Ein paar Strecken wird man allerdings per Bus oder Taxi zurücklegen müssen, so in den Norden der Halbinsel sowie über die Brücken nach ▶ Taipa und weiter nach ▶ Coloane. **MGTO** hat für passende Spaziergänge ausgearbeitet.

Zu Fuß, per Bus

EINIGE ANBIETER

BUSTOUREN

BIG BUS
Info und Buchung im Star-Ferry-Anleger Tsim Sha Tsui sowie im Anleger Pier 7 in Central; 24-Stunden-Karte ab 480 HK-$ bzw. 47 € online
www.bigbustours.com

GRAY LINE
Tel. 23 68 71 11
www.grayline.com.hk

HONG KONG FOODIE TASTING TOURS
Tel. 28 50 50 06
www.hongkongfoodietours.com

RICKSHAW BUS
alle 30 Min. ab Star Ferry Pier in Central; Tageskarte: 50 HK-$
Tel. 21 36 88 88
www.rickshawbus.com

HAFENRUNDFAHRT UND BOOTSTOUREN

GEOPARK TOURS
Veranstalter: Earth Favorer; ab 580 HK-$ inkl. Mittagessen
Tel. 90 60 30 68
http://earthfavorer.com/index.php?page=geopark-guilded-tours
Weitere Angebote:
www.geopark.gov.hk
www.volcanodiscoverycentre.hk
www.discoverhongkong.com

STAR FERRY
85, abends 150 HK-$; Buchung an den Anlegern oder über
Tel. 21 18 62 01
www.starferry.com.hk

WATERTOURS
ab 160 HK-$
Tel. 29 26 38 68
www.watertours.com.hk

DSCHUNKENFAHRT MIT AQUA LUNA (▶ Abb. S. 29)
Diverse Touren ab 160 HK-$
Tel. 21 16 88 21
aqualuna.com.hk/experience

DELFINBEOBACHTUNG

DOLPHINWATCH
460 HK-$, Fahrten sind Mi., Fr. und So.
Tel. 29 84 14 14
www.hkdolphinwatch.com

MACAU

MGTO
Routen der Tourist Information inkl. Karten zum Download
http://en.macautourism.gov.mo

ÜBERNACHTEN

Vom Luxushotel bis zur Jugendherberge bietet Hongkong jede Art von Unterkunft. Grundsätzlich hat man dabei zweierlei zu erwarten: eine technisch moderne Ausstattung und kleine, wenn nicht gar enge Zimmer.

Hongkong

Hotels Trotz der üppigen Anzahl von etwa 74 000 Hotelzimmern sowie mehreren tausend Zimmern in anderen Unterkünften liegt die Auslastungsquote im Jahr durchschnittlich bei rund 85 Prozent. Daher ist das Preisniveau hoch, und in den Hauptreisezeiten schlagen selbst preisgünstigere Häuser kräftig auf. Auf die publizierten Preise schlagen die allermeisten Häuser auch noch 10 Prozent »Service« auf.
Was man sich bei einem Aufenthalt in Hongkong erhofft, ist natürlich ein Zimmer mit Hafenblick, aber den bieten fast nur Fünfsternehäuser. In deren Suiten haben teilweise sogar die Badezimmer ein Panoramafenster. Angenehm ist, dass selbst in einfachen Herbergen die Räume klimatisiert sind. Viele Hotels bieten einen Wäscheservice an, oft findet sich auch ein Buchungstresen für Ausflüge.
WLAN auf den Zimmern ist selbstverständlich. Gehobene Hotels verfügen auch über ein Business Centre oder, wie es bei Geschäftsleuten beliebt ist, spezielle Etagen (»Executive« oder »Club«) mit Sonder-Check-in und diversen anderen Vorzügen.

Preise In der Regel halten nur einfache Herbergen für Rucksackreisende ihre Preise stabil. Bei vielen anderen Hotels schwanken sie von Tag zu Tag, tendenziell deutlicher bei hochpreisigen. Im Abstand von nur wenigen Tagen kann der Preis für ein Zimmer um ein Mehrfaches steigen! Wer nicht zu einem bestimmten Termin in Hongkong sein muss, ist daher gut beraten, vorab online zu recherchieren und sein Reisedatum womöglich anzupassen.

Wohin? Da das Hongkonger Stadtgebiet recht kompakt ist, kann man bei der Wahl des Standorts keinem großen Irrtum erliegen – sofern man im Bereich von Kowloon und Hong Kong Island bleibt. Eine Metrostation sollte jedoch in der Nähe sein. Selbst MTR-nahe Hotels in Tsuen Wan oder Sha Tin sollte man nicht von vorneherein ausschließen, denn die Fahrzeiten in die Innenstadt sind kurz, die Fahrtkosten niedrig.
Oder möchten Sie ein, zwei **Urlaubstage im Grünen** einlegen? Ferienwohnungen sowie das eine oder andere Hotel auf ▶ Lamma Island (am Anleger bei der Ankunft buchbar) sowie auf ▶ Lantau Is-

land machen es möglich. Meiden Sie die Wochenenden, die Betten sind dann von Einheimischen und Touristen vom Festland belegt.

Jugendherbergen

Die meisten **Jugendherbergen Hongkongs** liegen fernab der Stadt im Grünen. Will man die Stadt kennenlernen, sind sie von daher nicht gut als Stützpunkte geeignet. Eine Ausnahme bildet **Mei Ho House** im Stadtteil Sham Shui Po (auch MTR-Station) im Norden von Kowloon. Es entstand durch Umbau des einzigen erhalten gebliebenen Sozialwohnungsblocks der ersten Generation.

Macau

Schwerpunkt: Luxus

Viele Leute, die Macau besuchen, müssen nicht aufs Portemonnaie schauen. Daher gibt es dort inzwischen mehr **Luxushotels** – und in diesen auch mehr Luxus – als in Hongkong. Auf der anderen Seite lassen sich wochentags immer recht preisgünstige Angebote finden. Einfache Herbergen sind sogar deutlich billiger als in Hongkong, wenn auch in der Ausstattung schlichter. Es empfiehlt sich, vor der Abreise aus Hongkong ein Zimmer in Macau zu buchen. Im Shun Tak Centre, zu dem u. a. das Macau Ferry Terminal gehört, gibt es in Sichtweite der Fährticketschalter etliche Büros, die auch kurzfristig sehr preisgünstige Unterkünfte vermitteln.

EMPFOHLENE HOTELS IN HONGKONG

❶, ❷ ETC. ▶ PLAN
S. 275/276

PREISKATEGORIEN

für ein DZ bei Internetbuchung in der Nebensaison (inkl. 10 % »Servicegebühr«)

€€€€ über 3500 HK-$
€€€ 1750–3500 HK-$
€€ 1000–1750 HK-$
€ bis 1000 HK-$

ÜBER 3500 HK-$

❸ FOUR SEASONS €€€€
Eine Luxusherberge, die man gar nicht mehr verlassen möchte, auch dank der vielen Wellnessangebote – einem Kurhotel beinahe vergleichbar. 399 Zimmer ab 45 m² Größe.
8 Finance Street, Central
MTR-Stationen: Central; Hong Kong
Tel. 31 96 88 88
www.fourseasons.com/hongkong

❻ GRAND HYATT €€€€
Freier Hafenblick aus der Mehrzahl der 539 Zimmer! Das Hotel bildet mit dem Kongress- und Messezentrum eine bauliche Einheit. Großartig ist die palmenbestandene Poollandschaft.
1 Harbour Road, Wan Chai
MTR-Station: Wan Chai
Tel. 25 88 12 34
http://hongkong.grand.hyatt.com

❹ MANDARIN ORIENTAL €€€€
Das einzige am Statue Square in Cen-

1 Ovolo Southside
2 Holiday Inn Express
3 Four Seasons
4 Mandarin Oriental
5 Concerto Inn
6 Grand Hyatt
7 Excelsior
8 Ibis North Point
9 L'Hotel
10 Hotel Jen
11–25 Plan S. 242

1 Peel Fresco Music Lounge
2 The Globe
3 Colette's
4 Dragon-I
5 BB Jazz Lounge
6 Fringe Club
7 City Hall
8 Le Moment
9 Escape on Fenwick
10 Arts Centre
11 Dusk till Dawn
12 Wooloomooloo
13 Ciacoe
14 The Pawn
15 Amoy
16 – 21 Plan S. 242

tral gelegene Hotel, und zudem eines mit klangvollem Namen. Hier wird Luxus nicht zur Schau gestellt, hier gilt er als selbstverständlich. 501 klug durchdachte Zimmer.
5 Connaught Road Central, Central
MTR-Station: Central
Tel. 25 22 01 11, www.mandarinoriental.de/hongkong

18 PENINSULA €€€€

Eine Hotellegende – und doch auf der Höhe der Zeit. Selbst die Reinigungskräfte grüßen die Gäste mit Namen. Berühmt ist die Flotte von hoteleigenen Rolls Royce.
Salisbury Road, Tsim Sha Tsui, Kowloon
MTR-Station: Tsim Sha Tsui
Tel. 29 20 28 88
www.peninsula.com

12 RITZ-CARLTON €€€€

Die 312 Zimmer auf den Etagen 102–118 krönen Hongkongs höchstes Hochhaus. Derzeit bilden sie das höchste Hotel der Welt. Ganz oben ist das Schwimmbad: mit Hafen- und Stadtpanorama.
International Commerce Centre, 1 Austin Road West, West Kowloon
MTR-Station: Austin
Tel. 22 63 22 63
www.ritzcarlton.com

1750 – 3500 HK-$

7 EXCELSIOR €€€

Mit 887 Zimmern ist dies ein sehr großes Hotel, aber in attraktiver Lage: Auf seiner er Rückseite liegt der quirlige Stadtteil und nach vorne

Im höchsten Hotel der Welt, dem Ritz-Carlton, kommt man auch in den Genuss des höchstgelegenen Swimmingpools weltweit.

raus genießt man den freien Hafenblick.
281 Gloucester Road, Causeway Bay
MTR-Station: Causeway Bay
Tel. 28 94 88 88
www.mandarinoriental.de/excelsior

24 GRAND STANFORD €€€

Das Haus der Intercontinental-Kette glänzt mit Hafenblick aus den meisten seiner 570 Zimmer. Auf dem Dach befindet sich ein im Winter beheizter Pool mit Fitness-Center.
70 Mody Road, Tsim Sha Tsui East, Kowloon
MTR-Station: East Tsim Sha Tsui
Tel. 27 21 51 61
www.hongkong.intercontinental.com

21 HYATT REGENCY €€€

Vergleichsweise preisgünstiges, sehr schickes Fünfsternehaus. 381 Zimmer verteilen sich auf die Etagen 3–24 oberhalb des Einkaufszentrums K11, auf dessen Dach der Pool untergebracht wurde.
18 Hanoi Road
Tsim Sha Tsui, Kowloon
MTR-Station: Tsim Sha Tsui
Tel. 23 11 12 34
www.hyatt.com

19 INTERCONTINENTAL €€€

Die Lage an der Südspitze von Kowloon ist einzigartig. Keine Straße trennt das 503-Zimmer-Haus vom Wasser. Zeitweise lässt sich hier auch eine Preiskategorie günstiger übernachten.
18 Salisbury Road, Tsim Sha Tsui, Kowloon
MTR-Station: East Tsim Sha Tsui
Tel. 27 21 12 11
www.intercontinental.com

15 MARCO POLO HONG KONG HOTEL €€€

665 Zimmer an der Spitze von Kowloon, die Mehrzahl mit Hafenblick. Ein Plus ist der direkte Zugang zu Hongkongs größtem Einkaufszentrum und die Nähe zum Cultural Centre.
3 Canton Road, Harbour City, Tsim Sha Tsui, Kowloon
MTR-Station: Tsim Sha Tsui
Tel. 21 13 00 88
www.marcopolohotels.com

14 ROYAL PACIFIC HOTEL €€€

Von den 675 Zimmern oberhalb der China Hong Kong City (mit Fährhafen) haben zwar nur wenige Seeblick, aber dafür hat das Haus einen direkten Zugang zum Kowloon Park.
33 Canton Road, Tsim Sha Tsui
MTR-Station: Austin
Tel. 27 36 11 88
www.sino-hotels.com/hk/royal-pacific

17 SALISBURY YMCA €€€

Der Nachbar des Peninsula ist ein familien- und jugendfreundliches Komforthotel in 1-A-Lage mit erschwinglichen Preisen und Pool. 365 Zimmer – zeitig reservieren!
41 Salisbury Road, Tsim Sha Tsui, Kowloon
MTR-Station: Tsim Sha Tsui
Tel. 22 68 70 00
www.ymcahk.org.hk

1000–1750 HK-$

1 OVOLO SOUTHSIDE €€

Mal was anderes: Im Inselsüden wohnen – und in einem umgebauten Fabrikhochhaus! Dank Tunnelbus und U-Bahn sind es nur wenige Minuten bis zur Innenstadt. Und es macht Freude, hier zu sein: Die 162 Zimmer sind intelligent gestaltet, Frühstück, Minibar und Happy-Hour-Drinks sind gratis, und als besonderen Clou haben das Restaurant und die Bar (ganz oben) jeweils eine Loungeterrasse.
64 Wong Chuk Hang Road
Aberdeen

MTR-Station: Wong Chuk Hang
Tel. 34 60 81 00
www.ovolohotels.com.hk

⑪ HOTEL JEN €€

Viele der 283 Zimmer in diesem schicken neuen Hotel bieten Hafenblick. Für das Haus spricht der preisgünstige Vier-Sterne-Komfort, der in einem tollen Schwimmbad auf dem Dach gipfelt – und von dort ist der Hafenblick schlicht superb.
508 Queen's Road West, Sai Wan
MTR-Station: HKU, Ausgang B2
Tel. 29 74 12 34
www.hoteljen.com

⑯ CITADINES €€

Die Lösung für Familien – oder auch für Paare mit viel Gepäck. Citadines bietet hier in zentraler Lage 36 Studios und Apartments ab 36 m² Größe für Selbstversorger.
18 Ashley Road, Tsim Sha Tsui, Kowloon
MTR-Station: Tsim Sha Tsui
Tel. 22 62 30 62
www.citadines.com

⑫ HOLIDAY INN EXPRESS SOHO €€

274 preisgünstige Zimmer auf 38 Etagen in einer zentrumsnahen Nachbarschaft, die noch etwas Altstadtatmosphäre besitzt – nach Hongkonger Standard jedenfalls. Aber Achtung: Bis zum Kneipen- und Restaurantviertel SoHo sind es noch mindestens 500 m zu Fuß!
83 Jervois Street, Sheung Wan
MTR-Station: Sheung Wan
Tel. 34 17 88 88
www.ihg.com/holidayinnexpress

⑬ LARGOS HOTEL €€

100 Zimmer in einer ruhigen Nebenstraße nicht weit vom Trubel der Nathan Road. Wer hier wohnen will, bucht besser zeitig.
30 Nanking Street, Yau Ma Tei, Kowloon
MTR-Station: Jordan
Tel. 27 83 82 33
www.largos.com.hk

⑨ L'HOTEL €€

Wohnen im Imperium von Nina Wang (▶ Interessante Menschen)! Vom äu-

IN DER PANORAMABADEWANNE

Manche Hotels wie das Grand Hyatt oder das Wynn haben Zimmer, bei denen Sie in der Badewanne liegend aus dem – sagen wir – 20. Stock auf die Welt unten hinabsehen können. Bodentiefe Fenster machen es möglich. Das kostet schon etwas mehr als ein Standardzimmer, aber das Erlebnis könnte es wert sein, idealerweise bei Sonnenauf- oder untergang. Das Gefühl des warmen Über-der-Stadt-Schwebens ist jedenfalls himmlisch.

ßersten Ostrand des Stadtteils blicken viele der 275, mit 26 m² angenehm geräumigen Zimmer auf den Victoria Park. Pool auf dem Dach (39. Stock).
18–24 King's Road, Causeway Bay
MTR-Station: Tin Hau
Tel. 35 53 28 98
www.lhotelcausewaybayhv.com

㉓ STANFORD HILLVIEW €€

Eine ruhige Ecke im lebendigen Stadtteil – und die Knutsford Terrace mit ihren Restaurants und Bars liegt ganz nahe. 178 Zimmer.
13–17 Observatory Road,
Tsim Sha Tsui, Kowloon
MTR-Station: Tsim Sha Tsui
Tel. 27 22 78 22
www.stanfordhillview.com

BIS 1000 HK-$

㉒ BENITO €

Zwei Vorteile: zentral gelegen und billig. Ein Restaurant gibt es nicht, aber genügend Angebote in der Umgebung. 74 Zimmer.
7–7B Cameron Road
Tsim Sha Tsui, Kowloon
MTR-Station: Tsim Sha Tsui
Tel. 36 53 03 88
www.hotelbenito.com

❺ CONCERTO INN €

Sympathische kleine Herberge für einen Tag Strandurlaub. Die preisgünstigen Zimmer sind winzig, die Doppelbetten schmal – nur passend für zwei, die sich sehr gern haben. Vom Anleger Yung Shue Wan sind 1,5 km zu Fuß zu gehen.
28 Hung Shing Ye Beach, Yung Shue Wan, Lamma Island
Fähre ab Central, Pier 4
Tel. 29 82 16 68
www.concertoinn.com.hk

⓴ HERITAGE LODGE €

Zikadengeschnurr und Vogelgezwitscher? Dies ist in der Tat ein sehr besonderer Ort. Sie wohnen hier in zweigeschossigen, historischen Gebäuden auf der Höhe eines Hügels. Die Herberge ist Teil der Jao Tsung-i Academy, einer großen, begrünten Anlage, die sich über drei Stufen den Hügel hinaufzieht. Zu ihr gehören ein Museum, Ausstellungs- und Veranstaltungsräume, Gastronomie und ein parkartiger Garten. Falls Sie den zehnminütigen Fußweg zur MTR scheuen, können Sie auch einen Shuttlebus benutzen. 89 Zimmer.
800 Castle Peak Road, Kowloon
MTR-Station: Mei Foo
Tel. 21 00 28 88
www.heritagelodgehk.com

❽ IBIS NORTH POINT €

275 winzige Zimmer in einem völlig untouristischen Viertel. Die wahre Sensation sind die supergünstigen Zimmer mit Hafenblick.
138 Java Road, North Point
MTR-Station: North Point
Tel. 25 88 11 11
www.accorhotels.com

㉕ MEI HO HOUSE €

Es gibt Schlafsaalbetten, viele Doppelzimmer und sogar ein halbes Dutzend Familienzimmer.
Block 41, 70 Berwick Street,
Shek Kip Mei Estate,
Sham Shui Po, Kowloon
(MTR; s. o.)
Tel. 27 88 16 38
www.yha.org.hk

⓫ SILKA SEAVIEW €

Preiswert wohnen am Temple-Street-Nachtmarkt! »Seaview« gibt's freilich nur aus wenigen der 268 Zimmer – aber immerhin beim Frühstück im Jade Café.
268 Shanghai Street, Yau Ma Tei, Kowloon
MTR-Station: Yau Ma Tei
Tel. 27 82 08 82
www.silkahotels.com

Übernachten kann man im Venetian natürlich auch ... (▶ S. 144)

EMPFOHLENE HOTELS IN MACAU

❶, ❷ ETC. ▶ PLÄNE S. 246 – 249

Die Preiseinstufung für Hotels in Macau bezieht sich nur auf Übernachtungen zwischen Sonntag und Freitag. Wochenendpreise liegen um rund 50 Prozent höher.

1800 – 3600 MOP

❺ FOUR SEASONS €€€
Der Nachbar vom Riesenkomplex »The Venetian« (direkter Zugang) glänzt durch Superluxus in seinen 360 Zimmern, einen wunderschönen Spa-Bereich und seinen Garten mit Poollandschaft.
Estrada da Baía de Nuestra Senhora da Esperança, Cotai
Tel. 28 81 88 88
www.fourseasons.com/macau

❹ MANDARIN ORIENTAL €€€
Hier entschieden sich die Designer für dezente Eleganz. Es erfreuen bester Service sowie Seeblick aus allen 213 Zimmern.
945 Avenida Dr. Sun Yat Sen, Halbinsel, NAPE, Tel. 88 05 88 88
www.mandarinoriental.com/macau

7 GRAND COLOANE RESORT €€€

Macau einmal anders: kein Hochhaus, kein Kasino, auch keine Altstadt, dafür ein subtropischer Garten, Meerblick und Zugang zum Hac-Sa-Strand sowie zum Golfplatz. Schon die kleinsten der 208 Zimmer haben üppige 66 m² inklusive einer großen Terrasse.
Estrada de Hac Sa, No. 1918
Coloane
Tel. 28 87 11 11
www.grandcoloane.com

1000 – 1800 MOP

3 RIVIERA HOTEL €€

Das überschaubar große Komforthotel am Hang des Penha-Hügels bietet aus vielen seiner 132 Zimmer einen überaus preisgünstigen Seeblick; der Lilau-Platz und das Haus des Mandarins liegen in der Nähe, zum zentralen Largo do Senado geht man durch Altstadtgassen eine Viertelstunde.
Rua Comendador Kou Ho Neng, No. 7–13, Halbinsel
Tel. 28 33 99 55
www.macauctshotel.com

6 SHERATON €€

Mit 4001 Zimmern angeblich das größte Hotel der Stadt. Es ist Teil des Hotel-, Kasino- und Shoppingkomplexes Cotai Sands – und erstaunlich preisgünstig für das, was es bietet, z. B. Zimmer ab 42 m² Größe.
Estrada do Istmo, Cotai
Tel. 28 80 20 00
www.sheratongrandmacao.com

2 SOFITEL MACAU AT PONTE 16 €€

408 preiswerte Zimmer mit Fünfsternekomfort in ungewöhnlicher Altstadtlage .
Rua do Visconde Paco de Arcos, Halbinsel, Tel. 88 61 00 16
www.sofitel.com

BIS 1000 MOP

1 POUSADA DE MONG-HÁ €

Liebenswerter als diese romantische 20-Zimmer-Herberge kann ein Hotel kaum sein. Betrieben wird es von der Tourismusschule. Die ruhige, grüne Umgebung des Mong-Há-Hügels kompensiert die etwas ungünstige Lage im Norden der Halbinsel.
Colina de Mong-Há, Halbinsel
Tel. 28 51 52 22
www.ift.edu.mo/pousada

P

PRAKTISCHE INFOS

Wichtig, hilfreich präzise

Unsere Praktischen Infos helfen in allen Situationen in Hongkong und Macau weiter.

Hin und wieder geht es nur per Fähre weiter. ►

KURZ & BÜNDIG

ELEKTRIZITÄT
220 Volt/50 Hz in Hongkong und Macau. Steckdosen sind für das britische System ausgelegt; Adapter nötig.

FUNDBÜRO

MASS TRANSIT RAILWAY
Bei Verlusten in der MTR
Tel. 28 61 00 20, tgl. 8–20 Uhr
sowie beim Aufsichtspersonal
an den MTR-Stationen

GELD

WÄHRUNG/WECHSELKURSE
Hongkongdollar (HK-$, HKD)
Pataca (M-$, Pat./Ptcs, MOP)
1 HKD = 0,11 €/1 € = 8,87 HKD
1 MOP = 0,10 €/1 € = 9,13 MOP
www.oanda.com

BANKEN & GELDAUTOMATEN
Schalterstunden meist Mo.–Fr. 9.30 bis 15, Sa. 9.30–12 Uhr. Bankautomaten (ATM) akzeptieren Maestro, aber kein V-Pay.

BARGELDLOSES ZAHLEN
Hotels, die meisten Restaurants und viele Läden in Hongkong und Macau akzeptieren Kreditkarten. Manche Restaurants lehnen Kreditkartenzahlung ab (Hinweis in der Speisekarte).

SPERRNOTRUF
Bei verlorenen oder gestohlenen Bank- und Kreditkarten sowie Mobilfunk-SIM-Karten
Tel. *00149 116 116
www.sperr-notruf.de

MASSE/GEWICHTE
Offiziell gilt das metrische System, daneben werden oft traditionelle Maßeinheiten benutzt.

Wohnflächen:
10 ft² = 0,93 m²
Auf dem Wochenmarkt/
für Edelmetalle:
1 Pfund = 605 g
1 Unze (Tael) = 37,4 g

NOTRUFE
Englisch sprechende Polizisten erkennt man an einem roten Zeichen unter der an der Schulter angebrachten Personenkennzahl. In Macau kann man sich im Notfall auch an die Polizeidirektion wenden.

POLIZEI, FEUERWEHR, NOTARZT
in Hongkong und auf Macau:
Tel. 999
Polizeidirektion Macau:
Tel. 919

VORWAHLEN
Internationale Vorwahl für
Hongkong: +852
Macau: +853
Deutschland: +49
Österreich: +43
Schweiz: +41
Präfix für Telefonate ins Ausland
in Hongkong: 001
in Macau: 00

WAS KOSTET WIE VIEL?
Einfaches Doppelzimmer: ab 400 HK-$
Einfaches Gericht: ab 45 HK-$
3-Gänge-Mittagstisch: ab 120 HK-$
Tasse Kaffee: 30 HK-$
Glas Bier (0,3 l): 40 HK-$
Peak Tram (Rückfahrkarte): 40 HK-$

ZEIT
In Hongkong und Macau gilt ganzjährig Normalzeit: MEZ + 7 Std. bzw. MEZ + 6 Std. (während der europäischen Sommerzeit).

ANREISE · REISEPLANUNG

Anreise Hongkong

Mit dem Flugzeug

Hongkongs Internationaler Flughafen **Chek Lap Kok** ist eines der großen Drehkreuze des Luftverkehrs in Fernost. Er wird mindestens einmal täglich aus Frankfurt a. M. (Lufthansa und Cathay Pacific), München (Lufthansa), Wien (Austrian) und Zürich (Swiss) sowie von etlichen weiteren europäischen Flughäfen aus nonstop angeflogen. Beliebt sind Umsteigeverbindungen über Istanbul, aber auch Paris, Amsterdam oder London werden häufig gewählt. Auch Verbindungen über Dubai können preisgünstig sein, die Gesamtflugzeit ist dann aber deutlich länger als die für einen Nonstopflug üblichen 12 Stunden. Ein Rückflugticket gibt es manchmal schon für unter 600 Euro.
Soll Hongkong für Sie nur ein Stopover nach Südostasien sein, muss Ihr Reisepass am Tag der Weiterreise noch mehr als sechs Monate gültig sein, sonst verweigern alle Fluggesellschaften die Mitnahme.

Hong Kong International Airport

Der Großflughafen Hong Kong International Airport befindet sich nördlich der Insel Lantau auf einer weitgehend künstlich aufgeschütteten Insel. Er ist über ein gut ausgebautes Straßennetz oder mit öffentlichen Verkehrsmitteln schnell zu erreichen.

ANKOMMEN MIT HOCHBRÜCKENPANORAMA

Nicht den Flughafenexpress nehmen! Hongkong entfaltet seine ersten magischen Momente schon bei der Anreise vom Flughafen, wenn Sie in einem der doppelstöckigen Flughafenbusse oben rechts am Fenster sitzen und der Bus dann nacheinander über drei Hochbrücken fährt. Die dritte ist die beste, der Ausblick hinüber zur Spitze von Kowloon und auf die Insel mit dem Peak schon spektakulär.

WICHTIGE ADRESSEN

FLUGGESELLSCHAFTEN

CATHAY PACIFIC AIRWAYS LTD.
Tel. +852 27 47 33 33
www.cathaypacific.com

LUFTHANSA
Customer Service & Support Center
Tel. +852 28 68 23 13
Hotline Dtld. +49 69 86 79 97 99
www.lufthansa.com

SWISS
Swiss Hong Kong Town Office
Tel. +852 30 02 13 30
www.swiss.com

VERKEHR ZWISCHEN HONGKONG UND MACAU
Es gibt auf beiden Seiten je zwei Fährterminals. Das Haupttterminal in Hongkong ist das Shun Tak Centre auf der Insel (MTR-Station: Sheung Wan). Von dort fahren die meisten Fähren zum Macau Outer Harbour Ferry Terminal auf der Halbinsel.

TURBOJET
Auskunft in Hongkong:
Tel. 28 59 33 33
Auskunft in Macau:
Tel. 28 55 50 25
Auskunft in China und Taiwan:
Tel. 00800 36 28 36 28 (gebührenfrei)
www.turbojet.com.hk

Büros in Hongkong:
HK International Airport (E2 Transfer Area)
3/F Shun Tak Centre, 200 Connaught Road Central, Sheung Wan
1/F China Ferry Terminal, China Hong Kong City, 33 Canton Road, Tsim Sha Tsui, Kowloon

Büro in Macau:
Level 2, Departure Hall
Macau Maritime Ferry Terminal

COTAI WATER JET
Auskunft in Hongkong:
Tel. 23 59 99 90
Auskunft in Macau:
Tel. 28 85 05 95
www.cotaiwaterjet.com

Büros in Hongkong:
Hong Kong International Airport, Transfer Area E2, Level 5, Shop 304A,
Shun Tak Centre, 200 Connaught Road Central, Sheung Wan
Shop 7, 1/F China Ferry Terminal, 33 Canton Road, Tsim Sha Tsui, Kowloon

Büros in Macau:
Counter 1–12, Taipa Ferry Terminal
Shop 512 und Main Lobby, The Venetian
Shop 1030, Sands Cotai Central

SKY SHUTTLE (HELIKOPTER)
Verbindung Hong Kong Island–Macau und zurück
Auskunft in Hongkong:
Tel. 21 08 98 98
Auskunft in Macau:
Tel. 28 72 72 88
www.skyshuttlehk.com

Buchung online oder in den Fährterminals:
in Hongkong: Shun Tak Centre, 200 Connaught Road Central, Sheung Wan
in Macau: Macau Outer Harbour Ferry
Terminal

Vom Flughafen in die Stadt

Das schnellste Verkehrsmittel vom Flughafen in die Stadt – nach Kowloon oder Hong Kong Island – ist der **Airport Express,** der im Zehnminutentakt fährt und für die gesamte Distanz nur knapp 25 Minuten benötigt. Stationen sind Tsing Yi, Kowloon und Hong Kong Island. An den beiden letztgenannten Stationen warten Omnibusse, in die man umsteigen kann und die kostenlos die meisten großen Hotels anfahren. Die Fahrt mit dem Airport Express ist allerdings relativ teuer (Einzelticket 115 HK-$ Airport – Hongkong), man sieht wenig, da ein Großteil der Strecke unterirdisch verläuft, und man muss im Regelfall noch einmal umsteigen, um ans Ziel zu kommen.
Von daher sind die Flughafenbusse – als **Airbus** bezeichnet – die bessere Wahl. Die Fahrt kostet weniger als die Hälfte, viele Ziele, darunter viele Hotels, sind ohne Umsteigen zu erreichen und die Annäherung an die Stadt über Hochbrücken ist ein tolles Erlebnis. Es gibt über zwei Dutzend Linien, die tagsüber bis gegen Mitternacht verkehren, sowie einige Nachtbuslinien.

Einreise per Bahn

Mehrmals täglich verkehren durchgehende Züge ab **Kanton-Westbahnhof (Guangzhou Xizhan)** in China bis zum Bahnhof in Kowloon **(Hung Hom)**, wo dann die Einreiseformalitäten zu erledigen sind. Am Bahnhof halten viele Busse, und Taxientfernungen innerhalb Kowloons sind meist gering.
Seit 2018 ist die **Neubaustrecke Hongkong-Shenzhen-Kanton** in Betrieb, damit wird sich die Einreise für die meisten Bahnreisenden zum neuen Expresszugbahnhof in West-Kowloon verlagern.
Wer die Gesamtstrecke von Europa bis Hongkong per Schiene zurücklegen möchte – die Fahrzeit beträgt circa acht Tage – sollte wegen der nötigen Visa für die Transitländer und wegen der Fahrkarten unbedingt einen Chinareiseveranstalter zurate ziehen.

Grenzübertritt in Shenzhen

Wer aus China kommend in **Shenzhen** Station macht und von dort nach Hongkong einreist, überquert die Grenze nach Lo Wu (am Bahnhof Shenzhen) oder nach Lok Ma Chau zu Fuß – mit vielen Tausend anderen. Auf der Hongkonger Seite fährt dann die S-Bahn (MTR) stadteinwärts mit Umsteigemöglichkeiten ins gesamte MTR-Netz. Wer Hongkong von einem festlandchinesischen Flughafen aus erreichen will, kann Geld sparen, indem er jenseits der Grenze in Shenzhen landet. Von dort verkehren Busse zum Hongkonger Flughafen und zum Macau-Fährterminal auf Hong Kong Island (s. u.).

Fährverbindung

Aus mehreren Orten an der Perlflussmündung verkehren auch Fähren nach Hongkong. Ankunft ist dann im Hong Kong China Ferry Terminal am Westufer von Tsim Sha Tsui.

Anreise Macau

Mit dem Flugzeug

Von Europa aus gibt es keine Direktverbindungen zum internationalen Flughafen von Macau, sodass man diesen Ort gewöhnlich **über Hongkong** erreicht. Wer vom Hongkonger Flughafen nach Macau weiterreisen möchte, nimmt gleich von dort die Fähre, sie ist eine Direktverbindung ohne vorherige Einreise nach Hongkong. Eine Alternative sind Umsteigeverbindungen über andere asiatische Flughäfen, z. B. über Bangkok oder Shanghai. Auch vom Flughafen Shenzhen aus verkehren Fähren direkt nach Macau.

Mit der Fähre

Die übliche Anreise nach Macau erfolgt allerdings von einem der zwei innerstädtischen Hongkonger Fährhäfen aus mit einem Schnellboot, heute meistens **Katamarane** der Reederei Turbojet, die Fahrzeit beträgt eine Stunde. Sie verkehren zwischen 7.00 Uhr und Mitternacht viertelstündlich ab Macau Ferry Terminal im Shun Tak Centre, Sheung Wan (Hong Kong Island), oder ein- bis zweimal stündlich ab China Ferry Terminal auf Kowloon jeweils zum Macau Outer Harbour Ferry Terminal auf der Halbinsel.
Ähnliche Schnellboote der Reederei Cotai Water Jet fahren halbstündlich ab Macau Ferry Terminal und stündlich bis 14.15 Uhr ab China Ferry Terminal zum Taipa Ferry Terminal nahe den Kasinos auf Cotai. Die Fahrzeit beträgt in allen Fällen eine Stunde. Zu beachten ist, dass die Fähren am Wochenende häufig ausgebucht sind; kritisch wird es ohne Reservierung vor allem am Sonntagnachmittag und -abend. Wochentags stehen meist genügend Plätze zur Verfügung. Nach Einbruch der Dunkelheit sowie an Wochenenden sind die Fahrpreise höher.
Das neue Taipa-Terminal in Macau soll das bisherige Hauptterminal auf der Halbinsel früher oder später komplett ablösen und wurde daher auf eine wesentlich größere Kapazität ausgelegt. Hintergrund ist, dass viel mehr Fahrgäste nach Cotai fahren – wo auch die meisten Hotels sind – als ins historische Zentrum.

Mit dem Bus

Seit der Eröffnung der **Brücken-Tunnel**-Straße Hongkong-Macau-Zhuhai im Oktober 2018 können Sie auch mit dem Bus nach Macau fahren. Das ist deutlich billiger als per Fähre, aber auch umständlicher und keineswegs schneller. Fahren Sie mit einem Airport-Bus der Linien A11, A21, A22, A29 oder – nur ab MTR Tung Chung – B6 bis zum Grenzübergang (eine Haltestelle hinterm Flughafen) und nehmen Sie von dort einen Shuttlebus zum Grenzübergang am anderen Ende (65 HK-$, 40 Min. Fahrzeit); dort geht es weiter mit einem Gratisbus zu den Fährterminals. Wie bei der Fähre brauchen Sie Ihren Reisepass.

Mit dem Helikopter

Macau ist auch per Hubschrauber erreichbar (tgl. 9.30–23 Uhr ab Hongkong, Macau Ferry Terminal, retour 9–22.30 Uhr ab Macau Maritime Ferry Terminal).

Ein- und Ausreisebestimmungen

Reisedokumente

Zur Einreise nach Hongkong und nach Macau ist ein Reisepass nötig, der noch mindestens drei Monate über den Zeitpunkt der Wiederausreise hinaus gültig ist. Kinder auch unter 16 Jahren benötigen ebenfalls einen eigenen Pass mit Lichtbild. Deutsche, österreichische und Schweizer Bürger erhalten bei der Einreise einen Stempeldruck in ihren Reisepass, der die Aufenthaltsberechtigung bestätigt. Sie gilt für einen Aufenthalt sowohl für Hongkong als auch für Macau und für maximal 90 Tage.

Arbeits- oder Studienvisum

Wer ein Arbeits- oder Studienvisum braucht, erfährt alles Nötige direkt vom Hongkonger Immigration Department unter www.immd.gov.hk/eng/services/index.html.
Entsprechende Informationen zu Macau findet man unter www.fsm.gov.mo/psp/eng/Service_Imm.html unter dem Titel »Applying for Residence in Macao S.A.R.«.

Zollbestimmungen

Zollfrei eingeführt werden dürfen in **Hongkong** 19 Zigaretten oder eine Zigarre oder 25 Gramm Tabak und 1 Liter Spirituosen mit über 30 Vol.-% Alkohol. Andere Waren außer Methylalkohol und Mineralöl sind generell zollfrei.
In **Macau** gelten für Tabakwaren höhere Zollfreigrenzen: 100 Zigaretten oder 10 Zigarren oder 50 Zigarillos oder 100 Gramm Tabak. Bei Einreise aus Hongkong, wo Tabakwaren und Alkohol teurer als in Macau sind, wird gewöhnlich auf eine Zollkontrolle verzichtet. Die Sätze gelten pro einreisender Person im Alter von mindestens 18 Jahren. Bei der Wiedereinreise nach Deutschland und Österreich dürfen Reisemitbringsel im Wert von bis zu 430 € zollfrei eingeführt werden. Zollfrei sind außerdem für Personen über 17 Jahre 200 Zigaretten oder 100 Zigarillos oder 50 Zigarren oder 250 g Tabak, 1 l Spirituosen mit über 22 Vol.-% Alkoholgehalt oder 2 l Spirituosen mit bis zu 22 Vol.-% Alkoholgehalt, außerdem 4 l Wein. Zollfrei bei der Wiedereinreise in die Schweiz sind für Personen über 17 Jahre 200 Zigaretten oder 50 Zigarren oder 250 g Tabak, 2 l alkoholische Getränke mit bis zu 15 Vol.-% Alkoholgehalt und 1 l mit mehr als 15 Vol.-% Alkoholgehalt sowie Reisemitbringsel im Wert von bis zu 300 CHF.

Schutzimpfungen

Schutzimpfungen sind weder für Hongkong noch für Macau vorgeschrieben. Empfehlenswert ist jedoch eine Auffrischung der Tetanus-Schutzimpfung.

Mitnahme von Tieren

Die Einfuhr von Tieren nach Hongkong bedarf grundsätzlich einer Genehmigung durch die Landwirtschafts- und Fischereibehörde. Alle Tiere müssen nach der Einreise in eine sechsmonatige Quarantäne.

Reiseversicherung

Krankenversicherung

Das Hongkonger Gesundheitssystem ähnelt dem britischen. Bei einer Einlieferung ins Krankenhaus wird nur ein Einmalbetrag von 990 HK-$ fällig. Wenn Sie eine Reisekrankenversicherung abschließen, können Sie auch private Ärzte und Zahnärzte konsultieren, die Barzahlung erwarten.

AUSKUNFT

TOURIST INFORMATION

IN DEUTSCHLAND
Hong Kong Tourism Board (HKTB)
Auch für Österreich und die Schweiz zuständig
Dreieichstraße 59
D-60594 Frankfurt am Main
Tel. 069 9 59 12 90
www.discoverhongkong.com/de

IN HONGKONG
Mehrsprachige **Touristen-Hotline**
Tel. 25 08 12 34, tgl. 9–18 Uhr

Hong Kong Tourism Board (HKTB)
Info-Schalter:
Hong Kong International Airport, Terminal 1, Übergangsbereich zwischen Halle A und B, Ankunftsebene (nur für ankommende Passagiere); tgl. 8–21 Uhr

Hong Kong Island
The Peak Piazza (zwischen Peak Tower und Peak Galleria)
tgl. 11–20 Uhr

Hong Kong Trade Development Council
Informationen über Messen und Kongresse
www.hktdc.com

Kowloon
Star Ferry Concourse
Tsim Sha Tsui
tgl. 8–20 Uhr

Lo Wu (an der Grenze)
Lo Wu Terminal, Ankunftshalle, 2. Stock
(nur für Einreise)

Macao Tourism Information
336–337 Shun Tak Center
200 Connaught Road Central, Sheung Wan, Hong Kong Island
Tel. 28 57 22 87
tgl. 9–20 Uhr

Macau-Infoschalter
Hong Kong International Airport
Terminal 1, Level 5, Counter A 06
Tel. 27 69 79 70

IN MACAU
Touristen-Hotline
+853 28 33 30 00
http://de.macaotourism.gov.mo

Macau Government Information Counter
Largo do Senado, Edificio Ritz (Westseite des Platzes)
Tel. 83 97 11 20, tgl. 9–18 Uhr

Macau Outer Harbour Terminal
Erdgeschoss

Tel. 28 72 64 16
tgl. 9–22 Uhr

Taipa Ferry Terminal
Tel. 28 85 04 38
tgl. 9.30–13, 14.30–18.15 Uhr

Weitere Büros gibt es im Flughafen und am Grenzübergang nach China (Portas do Cerco).

Cultural Affairs Bureau
Überblick über Kulturveranstaltungen in Macau
www.icm.gov.mo/en

FÜR VISUMANTRÄGE NACH CHINA

China Travel Service (HK)
CTS House, 4. Stock
78 – 83 Connaught Road
Central, Hong Kong Island
Tel. 29 98 78 88
www.ctshk.com

77 Queen's Road Central
Hong Kong Island
Tel. 25 22 04 50

1/F Alpha House,
27–33 Nathan Road
(Eingang Peking Road)
Kowloon
Tel. 23 15 71 71

DIPLOMATISCHE VERTRETUNGEN

IN HONGKONG

Generalkonsulat der Bundesrepublik Deutschland
United Centre, 21. Stock
95 Queensway
Central, Hong Kong Island
Tel. 21 05 87 77
www.hongkong.diplo.de

Generalkonsulat der Republik Österreich
2201 Chinachem Tower
34–37 Connaught Road Central,
Sheung Wan,
Tel. 25 22 80 86
www.aussenministerium.at/hongkong

Generalkonsulat der Schweizerischen Eidgenossenschaft
Central Plaza, Suite 6206 / 07
18 Harbour Road, Wan Chai
Tel. 35 09 50 00
www.eda.admin.ch/hongkong

INTERNETADRESSEN

WWW.DISCOVERHONGKONG.COM
Die offizielle Homepage des Hong Kong Tourism Board (HKTB) informiert umfassend über alle touristischen Aspekte.

WWW.HKHA.COM.HK
Die Hong Kong Hotels Association (Vereinigung Hongkonger Hotels) listet unter »Hotel Information« alle Mitglieder auf, verlinkt auch mit den Infos des HKTB.

WWW.HADLA.GOV.HK/EN/HOTELS/INDEX.HTML
Sämtliche amtlich lizenzierten Beherbergungsbetriebe, inkl. Gästehäusern und Apartments.

WWW.TRIPSAVVY.COM/HONG-KONG-4138860
Zu Hongkong, aber auch für Macau-Reisen wichtige und häufig aktualisierte Tipps zu vielen Themen – unter anderem für alle diejenigen, deren Geldbörse nicht unendlich dick ist.

THEHONEYCOMBERS.COM/HONG-KONG
Ob zu Veranstaltungen, Speisen, Bars oder Wandertouren: Hier finden sich immer unerwartete Anregungen.

WWW.EMPORIS.DE
Informationen zu mehr als 7900 Hongkonger Gebäuden.
▶ Baedeker Wissen, S. 80

WWW.OPENRICE.COM/ENGLISH
Restaurantkritiken mit vielgestaltiger Suchfunktion, z. B. zu internationalen Restaurants und Restaurantformen.

WWW.HONGKONGHUSTLE.COM
Hier erfahren Sie, was gerade »in« ist in Sachen Mode, Bars, Nachtleben, Kunst ...

HTTP://FORUM.CHINASEITE.DE/FORUM25.HTML
Ergiebiges deutschsprachiges Forum zu Hongkong und Macau allgemein, das oft auch sehr spezielle Fragen kompetent beantwortet.

HTTP://E-CGO.ORG.HK
Barrierefreier Reiseführer für Hongkong (engl.).

ETIKETTE

Einen guten Eindruck machen

Jeder hat wohl schon mal von dem in Fernost drohenden »Gesichtsverlust« gehört. Dahinter steht die Vorstellung, dass man sich unter Umständen auf eine nicht vorhersehbare Weise blamiert. Die Bewohner Hongkongs und Macaus jedoch, die Englisch sprechen, sind auf Ausländer eingestellt und wissen z. B. über verschiedene **Sitten und Gebräuche** gut Bescheid.
Als Tourist kommt man selten in Situationen, die die **interkulturelle Toleranz** überfordern. Wer sich an die auch zu Hause üblichen Höflichkeitsregeln hält, wird auch in Hongkong oder Macau gut zurechtkommen und einen guten Eindruck hinterlassen. Eine größere Herausforderung besteht vielleicht darin, sich ohne »anzuecken« in der Masse zu bewegen. Am besten schwimmen Sie im Strom der Aus-, Ein- und Umsteigenden mit – so sind Sie schon fast ein Hongkonger.

Sprache

Natürlich kann es aus **sprachlichen Gründen** immer mal zu Missverständnissen kommen. Vorsicht auch mit der **Zeichensprache** – auch darin gibt es kulturelle Unterschiede. Ein gängiger Irrtum beispielsweise besteht darin, mit Daumen und Zeigefinger »zwei« anzeigen zu wollen. Wenn Sie auf diese Weise zwei Bier bestellen, wird man Ihnen acht Gläser hinstellen. Für »zwei« halten Sie Zeige- und Mittelfinger hoch.

Trinkgeld

Sofern ein Restaurant oder Hotel nicht ohnehin schon zehn Prozent Aufschlag für den Service berechnet, sollten Sie ein entsprechendes Trinkgeld geben, wenn Sie zufrieden waren. Zehn Prozent jedoch sind dann ein angemessener Aufschlag, nicht mehr (▶ Essen & Trinken). Auch bei Taxifahrten runden Sie am Ende auf. Gepäckträger im Hotel erhalten ebenfalls ein Trinkgeld.

GELD

Hongkong

Währung

Währungseinheit ist der Hongkongdollar (HK-$, HKD) zu je 100 Cent (c). Es gibt Banknoten zu 10, 20, 50, 100, 500 und 1000 HK-$, ferner Münzen zu 5, 10, 20 und 50 c sowie zu 1, 5 und 10 HK-$.
Mit Ausnahme der Zehndollarnoten, die wie die Münzen vom Staat herausgegeben werden, stammen die Geldscheine von drei Banken (Standard Chartered, HSBC, Bank of China) . Dies hat zur Folge, dass es von jedem Wert drei unterschiedlich gestaltete Geldscheine gibt. Sie stimmen nur in der Grundfarbe und den Abmessungen überein.
In- und ausländische Währungen können unbeschränkt ein- und ausgeführt werden, jedoch sind Beträge im Wert von über 120 000 HK-$ bei der Einreise zu deklarieren.

Geldwechsel

Wechselstuben (Licenced Money Changer) gibt es hauptsächlich im Zentrum von Kowloon (Tsim Sha Tsui) sowie in der Nähe der großen Hotels. Sie bieten häufig günstigere Kurse als die Banken, erheben jedoch oftmals Gebühren (Commission Charge). Da deren Höhe auf den ersten Blick kaum jemals ersichtlich ist, sollte man sich vor dem Umtausch in der Wechselstube genau informieren. Sicherer sind **Geldautomaten** (▶ S. 286).

Macau

Währung

Währungseinheit in Macau ist die Pataca (M-$, Pat./Ptcs, MOP) zu je 100 Avos (Avs). Es sind Banknoten zu 10, 50, 100, 500 und 1000 Patacas im Umlauf, ferner Münzen zu 10, 20 und 50 Avos sowie zu 1, 2, 5 und 10 Patacas. Während der Hongkongdollar in Macau gleichfalls in Umlauf ist (1 HK-$ = ca. 1,01 MOP), wird die Pataca in Hongkong nicht als Zahlungsmittel akzeptiert.
Die nächstgelegenen Umtauschmöglichkeiten für die Pataca bestehen vor der Rückfahrt von Macau nach Hongkong am Fährterminal im Äußeren Hafen. Die Ein- und Ausfuhr in- und ausländischer Zahlungsmittel unterliegt wie in Hongkong keinen Beschränkungen.

GESUNDHEIT

Vorsorge Im Hochsommer, wenn die Klimaanlagen bis zum Anschlag aufgedreht werden, hilft in Restaurants eine leichte Jacke zum Überziehen. Mit der Nahrungsmittelhygiene gibt es in Hongkong keine Probleme, rohe Früchte sollten Sie aber nur ohne Schale verzehren.
Die Auslandsvertretungen der Länder (▶ Auskunft) nennen Namen und Adressen von Deutsch sprechenden Ärzten in Hongkong.

Medikamente Häufig benötigte Medikamente nimmt man am besten von zu Hause mit, da sie im Ausland oft nicht unter demselben Namen verkauft werden; für den Nachkauf sollte man die Verpackung mit der Beschreibung der Inhaltsstoffe im Gepäck haben.
Medikamente werden in Hongkong gewöhnlich von Krankenhäusern oder Ärzten direkt ausgegeben, es gibt aber auch Drogerien mit einer Apothekenabteilung. Mit Filialen in zahlreichen Stadtteilen vertreten ist Watson's (z. B. 11 Cameron Road, Tsim Sha Tsui, Kowloon).
Daneben existieren weiterhin traditionelle chinesische Apotheken, die bei leichteren Beschwerden eine passende Kräuterarznei zusammenstellen können – ohne Chinesischkenntnisse eher schwierig.

Trinkwasser Hongkongs Trinkwasser ist, sofern es aus Wasserhähnen in Hotels, Restaurants und Geschäften kommt, in aller Regel bedenkenlos genießbar. Überall sonst sollte man sich auf Trink- oder Mineralwasser in Flaschen verlassen.

Rauchen In Hongkong und Macau gelten ähnliche Rauchverbote wie in Mitteleuropa: Sie betreffen Verkehrsmittel, Restaurants, Einkaufszentren und andere öffentliche, geschlossene Räume. Allerdings ist in Hongkong das Rauchen auch in öffentlichen Grünanlagen nicht gestattet. Achten Sie auf entsprechende Schilder.

NOTFALLADRESSEN

KRANKENHÄUSER MIT NOTFALLAUFNAHME

QUEEN ELIZABETH HOSPITAL
30 Gascoigne Road, Kowloon
Tel. 29 58 88 88

QUEEN MARY HOSPITAL
102 Pokfulam Road
Hong Kong Island
Tel. 28 55 38 38

LESETIPPS

Hongkong als exotischer Ort

Es gibt auf Deutsch nicht eben viel Literatur aus oder über Hongkong, und von den zahlreichen dort produzierten Filmen kamen nur sehr, sehr wenige in Europa in die Kinos. **Hongkonger Schriftsteller oder Lyriker** haben sich international noch keinen Namen machen können. Es sind im Gegenteil ausländische Autoren und Filmproduzenten, die Hongkong als Ort für ihre exotischen Erzählungen ideal fanden – mal mehr, mal weniger an der Realität orientiert.

Belletristik

John Burdett: Die letzten Tage von Hongkong. München 2007.
Der Roman beginnt »6 Millionen Sekunden« vor der Rückgabe der britischen Kronkolonie an China und erzählt die Geschichte Hongkongs als spannenden Thriller.

James Clavell: Noble House. München 2002.
Der wohl bekannteste Hongkong-Roman handelt vom Intrigenspiel um wirtschaftliche Macht – unter Nichtchinesen, wie üblich. Die Geschichte ist auch als Filmversion erhältlich (mit Pierce Brosnan in der Hauptrolle).

Ders.: Tai-Pan. München 2005.
»Tai Pan« nennt man in China den »Obersten Führer«, der die wirtschaftliche Macht in Händen hält. Ein solcher Tai Pan ist der gebürtige Schotte Dirk Struan, der als Seefahrer und begnadeter Kaufmann von der Vision beseelt ist, Hongkong, die Insel vor der Küste Chinas, zum Sprungbrett in das legendäre Reich der Mitte und zur britischen Kronkolonie zu machen. Im Jahr 1841 erreicht er schließlich sein Ziel.

Stephen Coonts: Fluchtpunkt Hongkong. München 2003.
Begleitet von seiner Frau soll Jack Grafton herausfinden, wie tief der amerikanische Generalkonsul in Hongkong in einen für die US-Regierung äußerst peinlichen Spendenskandal verstrickt ist. Kaum im Pulverfass Hongkong angekommen, stellt Grafton fest, dass sein Kontrahent nicht nur mit einem Mordfall, sondern auch mit politischen Unruhen in der asiatischen Wirtschaftsmetropole zu tun hat.

Richard Mason: Suzie Wong. Zürich 2011
Ein Hongkong-Klassiker. Es geht um eine west-östliche Liebe, verstärkt um die Exotik des total Fremden, das zu bewältigen selbst die hingebungsvollste Liebe Probleme hat. Bekannt wurde die Verfilmung mit William Holden und Nancy Kwan in den Hauptrollen.

Film **In the Mood for Love – Der Klang der Liebe.** 2000.
In dem Film, der in Hongkong spielt, kommen Hongkonger selbst zu Wort. Ein Mann und eine Frau ziehen zufällig gleichzeitig in dasselbe Haus ein. Beide sind verheiratet, aber nicht miteinander. Regisseur Wong Kar Wai zählt zu den ganz Großen des Hongkonger Kinos, ebenso wie die Hauptdarsteller Tony Leung und Maggie Cheung.

Chungking Express. 1994.
Auch bei diesem Film führte Wong Kar Wai Regie und wieder spielt Tony Leung eine der Hauptrollen. Chungking Express erzählt zwei spannende Liebesgeschichten aus dem Polizeimilieu.

POST · TELEKOMMUNIKATION

WLAN In Hongkong gibt es zahlreiche öffentliche und private WLAN-Hotspots, die eingeschränkt oder vollständig kostenfrei genutzt werden können (Lokalisierung über https://www.wi-fi.hk/en; direkt auf der Seite oder über die dort verlinkte App). Auch in den MTR-Stationen gibt es Gratis-Hotspots. Eine deutschsprachige Übersicht über diese und weitere WLAN-Services bietet das HKTB (► Auskunft).

Telefon Obwohl Ortsgespräche übers Festnetz in Hongkong gratis sind (von öffentlichen Fernsprechern 1 HK-$), telefoniert dort alle Welt nur mobil, und das schon etliche Jahre länger als in Mitteleuropa. Mobiltelefone wählen sich automatisch in eines der fünf Netze ein (Roaming-Gebühren beachten). Die Telefonkosten sind im Allgemeinen mit 1–2 Euro pro Minute bei Gesprächen nach Europa vergleichsweise niedrig. Wer länger als zwei oder drei Tage bleibt, viel telefoniert und auch angerufen werden möchte, ist mit einer Hongkonger SIM-Karte gut beraten (gilt nicht unbedingt auch für China oder Macau, erkundigen Sie sich beim Kauf nach den Konditionen). Auch HKTB bietet eine solche Karte an: die »Discover Hong Kong Tourist SIM Card«.
Hongkonger Mobilnummern beginnen mit den Ziffern 5, 6 oder 9. Mobilnummern in Macau beginnen mit der 6.

Post **Hongkongs Hauptpostamt** (mit Philatelie-Abteilung) befindet sich an 2 Connaught Place, nördlich gegenüber dem Jardine House mit direktem Zugang von der Fußgängerbrücke, die zu den Fähranlegern führt. Es ist Mo.–Sa. 8–18, So. 9–17 Uhr geöffnet. In **Macau** befindet sich das Hauptpostamt (Correios) am Senatsplatz (Largo do Senado), es ist Mo.–Fr. 8–18 und Sa. 8–12 Uhr geöffnet. Auch **Hotels** verschicken Briefe oder Postkarten ihrer Gäste. Luftpost nach Europa braucht normalerweise 7–10 Tage. Postkarten und Briefe bis 20 g nach Deutschland, Österreich und in die Schweiz müssen mit 4,90 HK-$ (Hongkong) bzw. 7,50 Patacas (Macau) frankiert werden.

PREISE · VERGÜNSTIGUNGEN

So wird's ein bisschen günstiger

Wer Flug und Hotel separat bucht, findet über das Internetportal der **Hong Kong Hotel Association** (www.hkha.com.hk) manchmal günstigere Konditionen. Am Flughafen gibt es einen Schalter der HKHA, an dem man Hotelzimmer buchen kann.

Eine **Octopus Card** lohnt sich, wenn man sich einige Tage oder länger in Hongkong aufhält. Senioren ab 65 sollten einen Senioren-Octopus verlangen, damit werden alle Fahrten erheblich billiger. Das gilt auch für Nichthongkonger! (▶ Verkehr)

Wer beim Einkaufen sparen will, sollte nicht mit Karte bezahlen, denn Rabatte werden gewöhnlich nur bei Barzahlung eingeräumt.

REISEZEIT

Im Frühling oder Herbst

Hongkong besitzt ein subtropisches Sommerregenklima mit Einfluss des NO- bzw. SO-Monsuns; 90 Prozent der Jahresniederschläge fallen in den Monaten April bis September, oft als heftige Schauer. Die Sommer sind heiß und feucht, die Winter kühl, doch im Regelfall trocken und sonnig. **Frühling (März bis Mai) und Herbst (September bis November)** sind wegen ihres ausgeglichenen Klimas die beste Zeit für einen Besuch Hongkongs.

Mit nur 5,5 °C ist der mittlere Temperaturunterschied zwischen Tag und Nacht gering. Die sommerlichen Tagestemperaturen liegen gewöhnlich zwischen 25 °C und 31 °C. Die hohe Luftfeuchtigkeit von oft um 90 Prozent macht das Klima zu dieser Jahreszeit drückend. Im Winter fallen die Temperaturen nur selten unter 15 °C und steigen bei Schönwetter sogar auf über 20 °C an. Von Januar bis März kann das Thermometer jedoch auch deutlich weniger als 15 °C anzeigen.

Taifune

Taifune entstehen über dem warmen Wasser der Tropenmeere, dann driften sie mit dem Sommermonsun nach Norden, wo sie auf die Küsten treffen. In Hongkong treten sie häufig auf. Ein Taifunsystem kann einige Hundert Kilometer im Durchmesser haben und sich auch auf das Perlflussgebiet auswirken. Am größten ist die Wahrscheinlichkeit, einen Taifun zu erleben, im August und September. Da Hongkong und Macau über reichlich Erfahrung mit Wirbelstürmen verfügen, halten sich die Schäden heute meist in Grenzen. Nach dem Abflauen kehrt rasch wieder normaler Alltag ein.Es gibt fünf Warnstufen:
Stufe 1: Ein Taifun im Umkreis von ca. 800 km kann sich in Hongkong bemerkbar machen.
Stufe 3: Windgeschwindigkeiten von durchweg über 41 km/h und Böen von bis zu 110 km/h. Ab Signal 3 werden z. B. an Fähranlegern oder auch in Hotels und Einkaufszentren Warntafeln aufgestellt, Hörfunk und Fernsehen bringen regelmäßig Warnmeldungen und genaue Infos über Größe und Weg eines nahenden Taifuns. Je nach Seegang kann der Fährverkehr mit Macau beeinträchtigt sein.
Stufe 8: Orkan mit anhaltenden Windgeschwindigkeiten von mehr als 63 km/h und Böen bis 180 km/h. Ab Signal 8 ist mit Einstellung des Flug- und Fährverkehrs zu rechnen, Schulen , Läden und Behörden werden geschlossen, der öffentliche Nahverkehr eingestellt und Hochbrücken gesperrt.
Stufe 9: Steigerung der Windgeschwindigkeiten ist zu erwarten. Signal 9 ist mit der Aufforderung verbunden, nicht mehr ins Freie zu gehen und sich möglichst auch von Fenstern fernzuhalten.
Stufe 10: Mindestwindgeschwindigkeiten von 118 km/h und Böen jenseits von 220 km/h.

SICHERHEIT

Unbesorgt unterwegs

Hongkong ist kein gefährliches Pflaster. Es gibt keine Gegenden, die Sie meiden sollten, und auch wer mitten in der Nacht durch finstere Gassen tappt, hat nichts Schlimmes zu befürchten. Eher könnte es sein, dass Ihnen im Gedränge in der U-Bahn etwas abhanden kommt, aber dagegen helfen die üblichen Vorsichtsmaßnahmen.
Am ehesten gefährdet sind wohl Männer, die alleine unterwegs sind und sich von **Schlepperinnen** (meistens älteren Damen) in Wan Chai oder Tsim Sha Tsui in ein Lokal locken lassen. Dort werden sie von einer hübschen Eva dann kräftig geneppt. Generell sollte man am Abend nur ohne Kreditkarte ausgehen.
Sollten Sie beim **Einkauf** einen Betrug bemerken, wenden Sie sich an den HKTB oder an das Consumer Council, Tel. 29 29 22 22.

SPRACHE

Kantonesisches Chinesisch

In Hongkong und Macau spricht man Kantonesisch. Das gilt zwar als chinesischer Dialekt, unterscheidet sich vom Hochchinesischen aber nicht nur in der Aussprache, sondern auch stark im Vokabular – nach europäischen Maßstäben würde es als andere Sprache gelten. An sich heißt es ja, der Vorteil der chinesischen Schrift bestehe darin, dass sie vom Dialekt unabhängig sei und daher eine landesweite Verständigung ermögliche, aber diese schöne Theorie hat für Hongkong und Macau nur begrenzte Gültigkeit. Hier ist der Dialekt in die Schriftsprache gelangt. Boulevardzeitungen beispielsweise schreiben derart nah an der gesprochenen Sprache, dass ein Chinese aus anderen Landesteilen bald kaum noch etwas versteht.
Der Unterschied zur Hochsprache erklärt auch, warum die Ansagen in der U-Bahn MTR dreisprachig erfolgen: erst kantonesisch, dann hochchinesisch, zuletzt englisch.

Amtssprache

Alle offiziellen Dokumente bis hin zu Straßenschildern sind zweisprachig, chinesisch und englisch, wobei kein Unterschied zwischen der chinesischen Hochsprache und dem Kantonesischen gemacht wird. Im Sprachstil, der Wortwahl und der Grammatik gilt die Hochsprache als richtig; Kinder lernen sie in der Schule.
Die meisten Hongkonger sprechen kein Englisch – eine Folge der Tatsache, dass viele als Flüchtlinge herkamen und keine Schule in Hongkong besucht haben. Alle Kinder müssen hingegen Englisch lernen, und jüngere Erwachsene beherrschen es oft recht gut. In Hotels und in von Ausländern frequentierten Lokalen gibt es mit Englisch kaum Verständigungsprobleme, anderswo (auch gegenüber Taxifahrern) durchaus.
Daher **ein dringender Rat:** Nehmen Sie eine Visitenkarte Ihrer Unterkunft mit, und lassen Sie sich Ihre Fahrtziele auf Chinesisch aufschreiben!

Aussprache

Die verwendete Lautschrift orientiert sich am Deutschen. Bitte außerdem beachten:
[ə] ist ein dumpfes [e] wie in »bitte«
[eei] ist ein langes, halb offenes [e], das in ein angedeutetes [i] ausläuft
[ng] wie in »bang« ist auch am Silbenanfang nur als ein Laut zu sprechen
[θ] ist das englische »th«, eine Art [s] mit der Zungenspitze zwischen den Zähnen
Lange Vokale sind durch Verdoppelung kenntlich gemacht.

Alle Sätze, die Sie auf Kantonesisch bzw. Englisch benötigen, sind in der jeweiligen Sprache aufgeführt, z. B. für Einkaufen auf Kantonesisch, für Gespräche an der Hotelrezeption auf Englisch, für »Unterwegs« in beiden Sprachen.

SPRACHFÜHRER KANTONESISCH

AUF EINEN BLICK

Ja, richtig./Ja, einverstanden.	係./好. **[hai/hou]**
Nein, falsch./Nein, nicht einverstanden.	唔係./唔好. **[m-hai/m-hou]**
Vielleicht.	可能. **[hoo-nang]**
Danke./Nichts zu danken!	多謝./唔駛唔該. **[doo-dsä/m-ssai m-goi]**
Entschuldigen Sie!	對唔住! **[döi m dsü]**
Darf ich ...?	可唔可以 **...? [hoo m hoo-i]**
Wie bitte?	你講乜嘢話? **[neei gong mat-jä waa]**
Ich möchte .../Haben Sie ...?	我想要 **.../**有冇 **... [ngo ssöng-ju/jau-mou]**
Wo ist .../Wo finde ich ...?	**...** 係邊度? **[hai biindou]**
Wie viel kostet ...?	幾多錢? **[geei-doo tsin]**
Das gefällt mir (nicht).	唔錯呀!/唔係幾好. **[m tso-a/m hai geei hou]**
gut/schlecht	好/唔好 **[hou/m-hou]**
kaputt/funktioniert nicht	壞咗/冇反應 **[wai-dso/mou fanjing]**
zu viel/viel/wenig	多得滯/好多/少少 **[doodak-dsai/hou doo/sjusju]**
alles/will nichts davon	全部/全部唔要 **[tsünbou/tsünbou m-ju]**
Hilfe!/Achtung!/Vorsicht!	救命!/睇住!/小心! **[gaumääng/taidsü/ssju-ssam]**
Krankenwagen	白車 **[bak chä], ambulance**
Polizei/Feuerwehr	差人/消防員 **[tsai-jann/sjufongjün], police/fire brigade**
Verbot/verboten	唔俾 **[m-beei], prohibited**
Gefahr/gefährlich	危險 **[ai-hiim] , danger**

BEGRÜSSUNG & ABSCHIED

Guten Morgen!/Tag!	早晨!/你好! **[dsou ssann/neei hou]**
Gute(n) Abend!/Nacht!	早抖! **[dsou tau]**
Hallo! (Anruf)	喂! **[wai]**
Auf Wiedersehen!	**Bye-bye! [baibai]**
Ich heiße ...	我叫 **... [ngo giu]**
Wie heißen Sie?	你貴姓? **[neei gwai ssing]**
Ich bin ...	我係 **... [ngo hai]**
... Deutscher/... Schweizer	**...** 德國人 **[Dakgok jann]/** **...** 瑞士人 **[Ssöissi jann]**
... Österreicher	**...** 奧地利人 **[Oudeeileei jann]**

DATUMS- & ZEITANGABEN

Montag/Dienstag	星期一/星期二 **[ssingkeei jat/ssingkeei ji]**
Mittwoch/Donnerstag	星期三/星期四 **[ssingkeei ssam/ssingkeei sseei]**
Freitag/Samstag	星期五/星期六 **[ssingkeei m/ssingkeei luk]**
Sonntag/Werktag	星期天/工作日 **[ssingkeei tiin/gung dsok tiin]**
heute/morgen/gestern	今日/聽日/噚日 **[gammjat/tingjat/tsammjat]**
Stunde/Minute	鐘頭/分鐘 **[dsungtau/fenn dsung]**
Tag/Nacht/Woche	日抖/夜晚/星期 **[jat tau/jä-maan/ssingkeei]**
Monat/Jahr/Feiertag	月/年/假期 **[jüt/niin/gah keh]**
Wie viel Uhr ist es?	幾多點**? [geei doo diim]**
drei Uhr/halb vier	三點 **[ssam diim]/** 三點半 **[ssam diim buun]**

UNTERWEGS

offen/geschlossen	開門/唔開門 **[hooi muun/m hooi muun], open/closed**
Eingang/Einfahrt	入口 **[jap hau], entrance**
Ausgang/Ausfahrt	出口 **[tschut hau], exit**
Abfahrt/Abflug/Ankunft	開車/起飛/到達 **[hooi chä/heei feei/ doo daat], departure/arrival**
Toiletten/Damen/Herren	洗手間/女/男 **[ssai soou gan/nöi/ naam], washrooms/ladies/gentlemen**
(kein) Trinkwasser	**(**非**)**飲用水 **[(feei) jamm jung ssöi], (no) drinking water**
links/rechts	左邊/右邊 **[tso biin/jau biin]**
geradeaus/zurück	直行/回去 **[dsik haang/wui höi]**
nah/weit	遠/近 **[jüün/gan]**
Bus/Bushaltestelle	巴士/巴士站 **[ba-ssi/ba-ssi dsaam], bus/bus stop**
U-Bahn/Straßenbahn/Taxi	地鐵/電車/的士 **[deei-tit/diin-tschä/ dek-ssi], MTR/tram/taxi**
Stadtplan/(Land-)Karte	地圖 **[deei tou]**
Bahnhof/Schiffsanleger	火車站/碼頭 **[fo chä dsaam/maa tau], train station/pier**
Flughafen	機場 **[geei-tschööng], airport**
Fahrplan/Fahrschein	時刻表/車飛 **[ssi-hak biuu/chä feei], timetable/ticket**
einfach/hin und zurück	單程/來回 **[daan tsäng/loi wui], single/return**

ESSEN & TRINKEN

Die Speisekarte, bitte.	餐牌唔該**. [tsanpai m-goi]**
Könnte ich bitte ... haben?	**...** 唔該 **[m-goi]**
Flasche/Dose/Glas	樽/罐/杯 **[dsun/guun/bui]**

Messer/Gabel	刀/叉 **[dou/tsa]**
Löffel/Essstäbchen	匙羹/筷子 **[tsii gang/faaidsi]**
Salz/Pfeffer/Zucker	鹽/胡椒粉/糖 **[yiim/huu-jiu faan/tong]**
Essig/Sojasauce	醋/豉油 **[tsou/ssii jau]**
Milch/Zitrone	牛奶/檸檬 **[au naai/ningmöng]**
Vegetarier(in)/Allergie	素食/敏感 **[ssou ssek/man-gam]**
Ich möchte zahlen, bitte.	唔該你埋單**. [m-goi neei maai dan]**
Rechnung/Quittung	帳單/收條 **[dsöng dan/ssau tiu]**
Trinkgeld	貼士 **[tip ssi]**

EINKAUFEN

Apotheke/Drogerie	藥房**/Watson's [jök fong/wottsns]**
Bäckerei/Markt	麵包舖/街市 **[min bau poo/gai ssii]**
Einkaufszentrum/Kaufhaus/Supermarkt	購物中心/百貨公司/超級市場 **[kau mat dsung ssam/bak foh gung ssi/tsiuu kap ssi chöng]**
Fotoartikel/Zeitungsladen	影視舖/報攤 **[jiing ssi poo/bou taan]**
100 Gramm/1 Kilo	一百克/一公斤 **[jat-bak hak/jat gunggan]**
teuer/billig/Preis	貴得滯/平/價錢 **[gueh dak dsai/pääng/gatsiin]**
mehr/weniger	多/少 **[doh/ssiu]**

ÜBERNACHTEN

Ich habe ein Zimmer reserviert.	**I've reserved a room.**
Haben Sie noch ein ...?	**Do you still have a ...?**
Einzelzimmer	**single room**
Doppelzimmer	**double room**
Frühstück/Halbpension	**breakfast/European plan**
Vollpension	**American plan, full board**
zum Meer/zum See	**oceanfront/lakefront**
Dusche/Bad	**shower/bath**
Balkon/Terrasse	**balcony/terrasse**
Schlüssel/Zimmerkarte	**key/room access card**
Gepäck/Koffer/Tasche	**luggage/suitcase/bag**

BANKEN & GELD

Bank/Geldautomat	銀行/柜員機 **[ann hong/guai jüün geei], bank/ATM**
Geheimzahl	密碼 **[mat ma], PIN**
Bargeld/Maestro-Karte/Kreditkarte	**cash/debit card/credit card**
Banknote/Münze	**bank note/coin**
Kleingeld/Wechselgeld	**small change/change**

GESUNDHEIT

Arzt/Zahnarzt/Kinderarzt	**doctor/dentist/pediatrician**
Krankenhaus/Notfallpraxis	**hospital/emergency clinic**
Fieber/Schmerzen	**fever/pain**

Durchfall/Übelkeit	**diarrhea/sickness**
Sonnenbrand/-stich	**sunburn/sunstroke**
Rezept	**prescription**
Schmerzmittel/Tablette	**pain killer/pill**

ZAHLEN

0	零 **[ling]**	15	十五 **[ssap-m]**
1	一 **[jat]**	16	十六 **[ssap-luk]**
2	二 **[ji]**	17	十七 **[ssap-tsat]**
zwei Stück	兩個 **[lönggo]**	18	十八 **[ssap-baat]**
3	三 **[ssam]**	19	十九 **[ssap-gau]**
4	四 **[sseei]**	20	二十 **[ji-ssap]**
5	五 **[m]**	70	七十 **[tsat-ssap]**
6	六 **[luk]**	80	八十 **[baat-ssap]**
7	七 **[tsat]**	90	九十 **[gau-ssap]**
8	八 **[baat]**	100	一百 **[jat-bak]**
9	九 **[gau]**	200	二百 **[ji-bak]**
10	十 **[ssap]**	1000	一千 **[jat-tsin]**
11	十一 **[ssap-jat]**	2000	兩千 **[löng-tsin]**
12	十二 **[ssap-ji]**	10 000	一萬 **[jat-maan]**
13	十三 **[ssap-ssam]**	1/2	一半 **[jat buun]**
14	十四 **[ssap-sseei]**	1/4	四分一 **[sseei fan jat]**

VERKEHR

Octopus Card

Wer in Hongkong einreist, länger als 24 Stunden bleibt und auf den öffentlichen Nahverkehr setzt, besorgt sich am besten schon am Flughafen oder am Grenzübergang eine Octopus Card, und zwar in der »On loan«-Variante, die man vor der Ausreise wieder zurückgeben kann. Das ist eine Plastikkarte mit einem darauf gespeicherten Guthaben von anfangs 100 HK-$. Für die Karte selbst zahlt man 50 HK-$ Pfand. Damit lässt sich in allen öffentlichen Verkehrsmitteln und sogar beim Einkauf in vielen Läden bezahlen, man vermeidet das Hantieren mit niemals genau passendem Kleingeld (kein Wechselgeld bei Busfahrten!), und die U-Bahn gewährt obendrein noch einen Rabatt. Schon bei der Fahrt vom Flughafen in die Stadt wird die Karte nützlich sein.

Wieder aufladen kann man sie in allen Bahnhöfen am Automaten sowie in den Filialen von Circle K und Seven Eleven. Bei der Ausreise gibt man die Karte zurück und erhält das Restguthaben plus Pfand ausbezahlt, abzüglich einer kleinen Bearbeitungsgebühr.

Personen ab 65 Jahren besorgen sich einen »Elder«-Octopus. Der kostet inklusive Pfand nur 70 HK-$, davon sind 20 HK-$ nutzbares Guthaben. Damit kommt man jedoch schon recht weit, da die Einzelfahrten sehr viel billiger werden und standardmäßig nur noch 2 HK-$ kosten. Die Benutzung der Star Ferry ist damit sogar gratis.

Hongkong

MTR Derzeit elf U- und S-Bahn-Linien (durchgehend chinesisch und englisch beschildert) erschließen gemeinsam als MTR (für Mass Transit Railway) einen Großteil des Stadtgebiets und verbinden es mit den Satellitenstädten in den New Territories. Wer eine **Octopus Card** (s. o.) besitzt, hält sie an der Sperre auf eine Sensorfläche. Wer keine hat, zieht eine Plastikfahrkarte aus einem Automaten. Dabei ist die Zielhaltestelle anzugeben, denn die Fahrpreise sind der Entfernung nach gestaffelt. Man behält die Karte, bis man das System wieder verlässt: Die Fahrkarte ist am Drehkreuz in einen Schlitz zu stecken und wird einbehalten, während die Octopus Card wieder auf eine Sensorfläche gehalten wird; ein Display zeigt abgebuchten Betrag und Restguthaben. Betriebsschluss ist zwischen 24 und 1 Uhr.

Busse Die Buslinien werden von fünf Gesellschaften betrieben. Liniennummern werden auf der Insel und auf Kowloon separat gezählt, etliche Nummern kommen daher zweimal vor. Buslinien, die durch einen der Hafentunnel fahren, haben rote, dreistellige Nummern. Der Fahrpreis ist beim Einsteigen (immer durch die Tür beim Fahrer) entweder abgezählt einzuwerfen (kein Wechselgeld), oder man zahlt wie bei der MTR mit der Octopus Card. Haltestellen werden nicht ausgerufen, aber in vielen Bussen auf einem Display angezeigt.
Auf den meisten Linien verkehren **Doppelstockbusse.** Auf dem oberen Deck ist es nicht erlaubt zu stehen. An den Haltestellen sind der Routenverlauf, die Verkehrszeiten, der Fahrpreis sowie die ungefähre Busfrequenz angeschrieben. Es gibt jedoch keine Information zur Abfahrt des nächsten Busses. Betriebsschluss ist gegen 24 Uhr (für viele Linien deutlich früher!), danach verkehren Nachtbuslinien. Die größte Gesellschaft ist Kowloon Motor Bus.

Minibusse Es gibt Minibusse mit grünem und solche mit rotem Dach. Erstere sind ähnlich zu benutzen wie die großen Busse, Letztere halten bei Bedarf, aber die Kommunikation mit dem Fahrer ist nur auf Kantonesisch möglich – vielleicht verzichten Sie besser auf das Abenteuer.

Straßenbahnen Die **Doppelstockwagen der Tram** verbinden die Stadtteile im Inselnorden von Kennedy Town im Westen bis Shau Kei Wan im Osten. Die Wagen fahren jedoch nicht die ganze Strecke. Manche machen Richtung Westen am Western Market oder in Shek Tong Tsui kehrt oder fahren ostwärts nur bis Causeway Bay oder North Point. Die Endhaltestelle wird vorne am Waggon angezeigt. Eine Zweiglinie führt nach

VERKEHR HONGKONG

MTR
www.mtr.com.hk

TRAM
www.hktramways.com

KOWLOON MOTOR BUS
Eine vollständige »List of bus routes in Hong Kong« unter en.wikipedia.org
www.kmb.hk/en

PEAK TRAM
www.thepeak.com.hk/en/home.asp

FÄHREN
Fahrpläne und Preise aller Fähren:
www.td.gov.hk/en/transport_in_hong_kong/public_transport/ferries/index.html

---

Happy Valley. Der Einstieg ist hinten, bezahlt wird beim Ausstieg – entweder bar (kein Wechselgeld) oder per Octopus Card. Es gilt ein Einheitstarif. Betriebsschluss ist um Mitternacht. Ein dichtes Netz mit klimatisierten Straßenbahnen, bekannt als **Light Rail Transit,** erschließt die westlichen New Territories zwischen Yuen Long im Norden und Tuen Mun im Süden. Hier ist die Octopus Card besonders nützlich. Bezahlt wird beim Betreten und Verlassen des Bahnsteigs. Informationen ▶ MTR.

Peak Tram

Der Andrang bei diesem nostalgischen Verkehrsmittel ist erheblich, auf Schlangestehen sollte man sich einstellen. (Der Weg auf den Peak ist rascher zu Fuß zu bewältigen, wenn man über ausreichend Kondition verfügt.) Am besten kauft man gleich eine Rückfahrkarte. Besser sind Octopus-Card-Inhaber dran: Sie müssen sich nicht vorher entscheiden, ob sie vielleicht auf anderem Wege zurückkehren wollen, und erhalten für die Fahrt aSicherbwärts dennoch die Rückfahrkartenermäßigung. In Kombination mit der Fahrkarte wird ein »Sky Pass« für die Aussichtsplattform des Peak Tower angeboten (▶ Peak). Um Mitternacht ist Betriebsschluss.

Fähren

Zwischen Kowloon und der Insel verkehren vier Fährlinien: von Tsim Sha Tsui nach Central, Pier 8, und nach Wan Chai (Star-Ferry-Schiffe) sowie zwei Linien ab North Point: nach Kowloon City bzw. nach Hung Hom. Ab Central, Pier 2 bis 6, werden sieben weitere Destinationen angefahren, darunter die Inseln Lamma, Cheung Chau und Lantau. Weiteren Fährverkehr gibt es unter anderem ab Aberdeen (nach Lamma Island), ab Ma Liu Shui (beim MTR-Bahnhof University; diverse Anleger im Bereich des Tolo Harbour) und ab Sai Kung (zu einigen Inseln). Die Star Ferry und die anderen Hauptfährlinien akzeptieren die Octopus Card.

Taxis

Rote Taxis verkehren in der Stadt, grüne in den New Territories und blaue auf Lantau. Ein grünes Taxi darf seine Passagiere auch in die

Stadt fahren, dort aber keine Passagiere aufnehmen. Entsprechendes gilt für die Autos mit den anderen Farben. Die Tarife der drei Taxigruppen unterscheiden sich geringfügig. Der Grundtarif bei innerstädtischen Taxis beträgt 24 HK-$ für die ersten 2 km. Gepäck im Kofferraum kostet extra, die Fahrt durch einen mautpflichtigen Tunnel wird doppelt in Rechnung gestellt, damit der Fahrer wieder zurückkehren kann.
Taxis kann man leicht vom Straßenrand aus heranwinken, aber aufgepasst: Ein doppelter gelber Streifen am Straßenrand bedeutet absolutes Halteverbot – auch für Taxis. Ein gelber Streifen untersagt das Halten zu den Stoßzeiten.

Straßenverkehr, Mietwagen

In Hongkong gilt Linksverkehr. Die Parkmöglichkeiten sind sehr begrenzt und teuer. Für einen Mietwagen ist ein internationaler Führerschein erforderlich. Als Tourist sollte man überlegen, ob man auf das Selbstfahrabenteuer nicht besser verzichtet.

Macau

Busse

Der öffentliche Nahverkehr wird bislang ausschließlich mit Bussen abgewickelt. Drei Anbieter betreiben zusammen 26 Linien. Bezahlt wird beim Einstieg. Wie auch in Hongkong ist der Betrag abgezählt einzuwerfen, aber zur Erleichterung von allen Vielfahrern hat Macau seine Version der Octopus Card eingeführt: den **Macau Pass** (Pfand: 30 Ptcs, Guthabenminimum beim Kauf: 100 Ptcs). Die Anschaffung lohnt jedoch nicht, wenn man nur einen Tag bleibt, da man die meisten Strecken ohnehin zu Fuß bewältigen wird.
Hinzu kommen Gratisbusse der Hotels und Kasinos. Alle größeren Häuser bieten einen kostenlosen Abholservice ab den Fährterminals (Outer Harbour Terminal: andere Straßenseite, Zugang durch Fußgängertunnel). Zur City of Dreams in Cotai verkehrt zudem ein kostenloser Pendelbus ab dem Hotel Sintra (an dem Platz westlich gegenüber vom Grand Lisboa).

Stadtbahn

Eine Stadtbahn, genannt Light Rail Transit, ist im Bau. Sie wird die Fährterminals und den Flughafen v. a. mit den großen Kasinohotels verbinden. Die Inbetriebnahme des ersten Teilstücks (auf Cotai) hat sich mehrfach verzögert; zurzeit gibt es keinen neuen Termin.

Taxis

Der Grundtarif fürs Taxi beträgt 19 Ptcs für die ersten 1600 Meter. Fahrten nach Coloane kosten einen Zuschlag, ebenso der Transport von Gepäck im Kofferraum.

REGISTER

E

F

G

H

I

N

P

Q

R

BILDNACHWEIS

Peter Adams/ AWL Images Ltd S. 262
adobe fotolia / myimagination S. 180
adobe fotolia / Pattanasak Suksri S. 143
adobe fotolia / Ernest Tse S. 23
AFP/Getty Images S. 210 o.
Avenue Images / Derek Allan S. 257
Avenue Images / Fumio Okada S. 237
Avenue Images / Luca Innvernizzi Tetto S. 232 u. re.
Avenue Images/ nico tondini S. 232 o.
Claudio Cassaro/Huber Images S. 128
Tim Draper/Huber Images S. 3 o., 7, 105, 175
Philipp Engelhorn/laif S. 15
fotolia / choikk S. 165
fotolia / livertoon S. 233 u.re.
fotolia / Marcel S. 102
fotolia / Stripped Pixel S. 244
fotolia / uckyo S. 233 o.re.
Freyer S. 97, 252
Getty images / Bloomberg Collection S. 16/17, 150
Getty Images / Gary Conner, Photolibrary S. 205
Getty Images / Tom Cockrem, Lonely Planet Images S. 148
Getty Images / Richard l'Anson, Collection Lonely Planet Images S. 223
Getty images / Jason Loucas S. 232 li.
Getty images / Iain Masterton, Collection Canopy S. 27
Getty Images / Tuul & Bruno Morandi, The Image Bank S. 153
Getty Images / Martin Puddy, The Image Bank S. 100
Getty images / Mark R. Thomas / Axiom Photographic Agency S. 267
Getty images / Anthony Wallace, Collection AFP S. 20/21
Hans Peter Huber/Huber Images S. 119
Imagine China S. 79
laif /Lucas Vallecillas /VW Pics/Redux U 7
Paul Langrock/Zenit/laif S. 178 o.
Holger Leue S. 279 u.
Roland & Sabrina Michaud / akg-images S. 160/161
mauritius images / age fotostock / Doco Dalfian S. 69
mauritius images / age fotostock / José Fuste Raga S. 157
mauritius images / age fotostock / Justin Guariglia S. 278
mauritius images / Alamy S. 221, 230 u., 233 o. li.,
mauritius images / Axiom Photographic S. 29
mauritius images / imageBROKER S. 108
mauritius images / Masterfile RM / Siephoto S. 56, 63
mauritius images / Rene Mattes S. 137
mauritius images / Photononstop / Frederic Soreau S. 3 u., 24/25
mauritius images / Steve Vidler S. 18/19, 54, 110, 189, 203
mauritius images / John Warburton Lee S. 285
MGTO S. 282
Christian Nowak S. 230 o.
picture-alliance/dpa S. 210 u.
Thomas Rötting / Sylvia Pollex S. 117, 168
Maurizio Rellini/Huber Images S. 47, 74
Dagmar Schwelle/laif S. 114
shutterstock Francesco Bonino S. 138
shutterstock CatchaSnap S. 8/9
shutterstock estherspoon S. 92
shutterstock GuoZhongHua S. 271
shutterstock ist_al_dente S. 12/13
shutterstock K .Shun S. 40
shutterstock kit leon S. 145

shutterstock leung-chopan S. 49, 178 u.
shutterstock Luciano Mortula S. 2, 200/201
shutterstock ma hei lit S. 11
shutterstock Mossay May S. 173
shutterstock OSTILL S. 88
shutterstock PatChan_HK S. 51
shutterstock Sean Hsu S. 215 o.
shutterstock seaonweb S. 132
shutterstock Simon Poon S. 14
shutterstock S. 67, 77, 85, 94, 99, 121
Wiltshire S. 190 (2x), 195

Titelbild:
Maurizio Rellini/
Schapowalow

VERZEICHNIS DER KARTEN UND GRAFIKEN

IMPRESSUM

Ausstattung:
94 Abbildungen, 15 Karten und grafische Darstellungen, eine große Reisekarte

Text:
Dr. Hans-Wilm Schütte,
Heiner F. Gstaltmayr

Bearbeitung:
Baedeker-Redaktion
(Miriam Muschkowski)

Kartografie:
Franz Huber, München
Klaus-Peter Lawall, Unterensingen
MAIRDUMONT Ostfildern
(Reisekarte)

3D-Illustrationen:
jangled nerves, Stuttgart

Infografiken:
Golden Section Graphics GmbH,
Berlin

Gestalterisches Konzept:
RUPA GbR, München

Chefredaktion:
Rainer Eisenschmid,
Baedeker Ostfildern

15. Auflage 2019
Völlig überarbeitet und neu gestaltet

Anzeigenvermarktung:
MAIRDUMONT MEDIA
Tel. +49 711 450 20
Fax +49 711 450 23 55
media@mairdumont.com
http://media.mairdumont.com

Trotz aller Sorgfalt von Redaktion und Autoren zeigt die Erfahrung, dass Fehler und Änderungen nach Drucklegung nicht ausgeschlossen werden können. Dafür kann der Verlag leider keine Haftung übernehmen.
Kritik, Berichtigungen und Verbesserungsvorschläge sind jederzeit willkommen. Schreiben Sie uns, mailen Sie oder rufen Sie an:

Verlag Karl Baedeker / Redaktion
Postfach **3162**
D-**7375**1 Ostfildern
Tel. **0711 4502-26**2
info@baedeker.com
www.baedeker.com

Printed in Italy

ATMOSFAIR

Reisen verbindet Menschen und Kulturen. Doch wer reist, erzeugt auch CO2. Der Flugverkehr trägt mit bis zu **10**% zur globalen Erwärmung bei. Wer das Klima schützen will, sollte sich nach Möglichkeit für die schonendere Reiseform entscheiden (wie z.B. die Bahn). Gibt es keine Alternative zum Fliegen, kann man mit atmosfair klimafördernde Projekte unterstützen.

atmosfair ist eine gemeinnützige Klimaschutzorganisation unter der Schirmherrschaft von Klaus Töpfer. Flugpassagiere spenden einen kilometerabhängigen Betrag und finanzieren damit Projekte in Entwicklungsländern, die den Ausstoß von

nachdenken • klimabewusst reisen
atmosfair

Klimagasen verringern helfen. Dazu berechnet man mit dem Emissionsrechner auf **www.atmosfair.de** wieviel CO2 der Flug produziert und was es kostet, eine vergleichbare Menge Klimagase einzusparen (z.B. Berlin – London – Berlin **13** €). atmosfair garantiert die sorgfältige Verwendung Ihres Beitrags. Alle Informationen dazu auf www.atmosfair.de. Auch der Karl Baedeker Verlag fliegt mit atmosfair.

BAEDEKER VERLAGSPROGRAMM

Viele Baedeker-Titel sind als E-Book erhältlich:
shop.baedeker.com

A
Algarve
Allgäu
Amsterdam
Andalusien
Australien

B
Bali
Barcelona
Belgien
Berlin · Potsdam
Bodensee
Bretagne
Brüssel
Budapest
Burgund

C
China

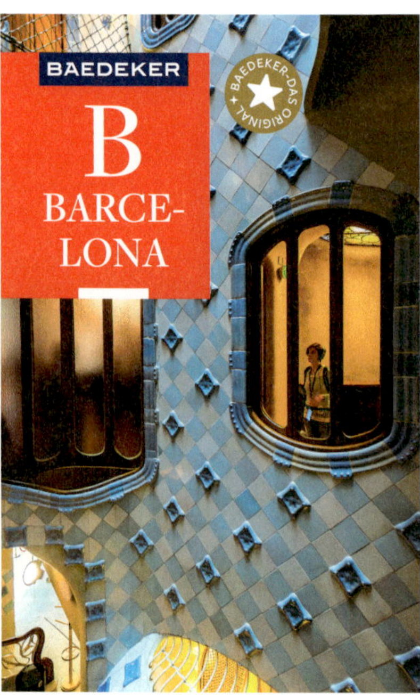

D
Dänemark
Deutsche Nordseeküste
Deutschland
Dresden
Dubai · VAE

E
Elba
Elsass · Vogesen

F
Finnland
Florenz
Florida
Frankreich
Fuerteventura

G
Gardasee
Golf von Neapel
Gomera
Gran Canaria
Griechenland

H
Hamburg
Harz
Hongkong · Macao

I
Indien
Irland
Island
Israel

Istanbul
Istrien · Kvarner Bucht
Italien
Italienische Adria
Italienische Riviera

J
Japan

K
Kalifornien
Kanada · Osten
Kanada · Westen
Kanalinseln
Kapstadt · Garden Route
Köln
Kopenhagen
Korfu · Ionische Inseln
Korsika
Kreta
Kroatische Adriaküste · Dalmatien
Kuba

L
La Palma
Lanzarote
Leipzig · Halle
Lissabon
London

M
Madeira
Madrid
Mallorca
Malta · Gozo · Comino
Marokko
Mecklenburg-Vorpommern
Menorca
Mexiko
München

N
Namibia
Neuseeland
New York
Niederlande
Norwegen

O
Oberbayern
Österreich

P
Paris
Polen
Polnische Ostseeküste · Danzing · Masuren
Portugal
Prag
Provence · Côte d'Azur

R
Rhodos
Rom
Rügen · Hiddensee
Rumänien

S
Sachsen
Salzburger Land
Sankt Petersburg
Sardinien
Schottland
Schwarzwald
Schweden
Schweiz
Sizilien
Skandinavien
Slowenien
Spanien
Sri Lanka
Südafrika
Südengland
Südschweden · Stockholm
Südtirol
Sylt

T
Teneriffa
Tessin
Thailand
Thüringen
Toskana
Türkische Mittelmeerküste

U
USA
USA · Nordosten
USA · Nordwesten
USA · Südwesten

V
Venedig
Vietnam

W
Wien

Z
Zypern

Meine persönlichen Notizen

Meine persönlichen Notizen

Yuen Long; Po-Lin-Kloster; Tiantan-Buddha
Kau Wa Keng
So Uk
Ching Cheung Road
Corn wall Street
Wang Tau Hom
Tsz W
Rambler Channel
Mei Fo
Lai Chi Kok
Shek Kip Mei
Kowloon Tong
Lok Fu
Lantau Island
Container Terminal
Cheung Sha Wan
Yau Yat Tsuen
Kowloon City
Sham Shui Po
Boundary Street
Road West
Prince Edward
Ma Tau Wai
Markets
Stonecutters Island
Kowloon Highway
Empress Theatre
Argyle Street
Tai Kok Tsui
Mong Kok
Ho Man Tin
Ma Tau
KOWLOON
Yau Ma Tai
Ferry Street
Nathan Road
King's Park
Waterloo Road
Princess Margaret Rd.
Fat Kwong Street
Pak Tai Temple
To Kw
Temple Street Night Market
Gascoigne Road
2 km
© BAEDEKER
Park Island
Jordan
Hung Hom
Indoor Games Hall & Swimming Pool
Austin Road
Mus of History
Miramar Tower
Hung Hom Stn.
Chatham Road
Tsim Sha Tsui
Salisbury Road
HK Cultural Centre
Avenue of Stars
HK Museum of Art
Discovery Bay
Peng Chau
Mui Wo, Cheung Chau
Western Harbour Crossing
Airport Railway
Cross Harbour Tunnel
Macau
Sheung Wan
Star Ferry
Connaught Rd. West
Queen's Road West
Chung Wan (Central District)
Victoria Harbour
Island Eastern
Green Island
Sai Ying Pun
Hollywood Road
Sheung Wan
H.K. University
Queen's Road Central
Harcourt Rd.
Victoria Park Rd.
Yung Shue Wan (Lamma Island)
Victoria Road
Kennedy Town
Pun Shan Kui (Mid-Levels)
Lan Kwai Fong
Admiralty
Gloucester Rd.
Hennessy Road
Causeway
Yee Wo St.
Tai Ha
Zoological Gardens
Hong Kong Park
Mt. Davis 269
552 Victoria Peak
Race Course
So Kon Po
Wan Chai
Magazine Gap Rd.
Peak Tram
Tai Hang Road
494 High West
Pok Fu Lam Road
Mt. Gough 479
Peak Rd.
Pau Ma Tei (Happy Valley)
Pok Fu Lam
Pok Fu Lam Country Park
Wong Nai Chung Gap
Sandy Bay
Kong Sin Wan
501 Mt. Kellett
HONG KONG ISLAND
Mt. Cameron 439
Mt. Nicholson 395
Aberdeen Tunnel
Telegraph Bay
Victoria Road
Aberdeen Country Park
Aberdeen Reservoirs
Wah Fu
Nam Fung Rd.
Aberdeen
Wong Chuk Hang Rd.
Shouson Hill
Aberdeen Main Rd.
Wong Chuk Hang
Ocean Park
Golf Course
Island Rd.
Repulse Bay Rd.
Aberdeen Harbour
South Horizons
Tung Pok Liu Hoi Hap (East Lamma Channel)
Fo Yeuk Chau
Aberdeen Channel
Brick Hill 284
Deep Water Bay
Ap Lei Chau
196
Cable Car
Ocean Park
Tong Po Chau (Middle I.)
138
Pak Kok San Tsuen
Ap Lei Pai
Luk Chau Wan
Yung Shue Wan
Lamma Island
Cheung Chau Island
Luk Chau
Sok Kwu Wan (Lamma I.)
Lamma Island
Tau Chau
Hung Shing Ye
Luk Chau Tsuen